U0454152

经济法视野中的合作社

陈　岷　赵新龙　李勇军　著

全国百佳图书出版单位

图书在版编目（CIP）数据

经济法视野中的合作社／陈岷，赵新龙，李勇军著.—北京：
知识产权出版社，2016.8
ISBN 978 - 7 - 5130 - 4393 - 9

Ⅰ.①经… Ⅱ.①陈… ②赵… ③李… Ⅲ.①合作社法—研究
Ⅳ.①D913.991.04

中国版本图书馆 CIP 数据核字（2016）第 195083 号

责任编辑：彭小华　　　　　　　　　　责任校对：潘凤越
特约编辑：郭广通　　　　　　　　　　责任出版：刘译文
封面设计：SUN 工作室

经济法视野中的合作社

陈　岷　赵新龙　李勇军　著

出版发行：**知识产权出版社** 有限责任公司　　网　　址：http：//www.ipph.cn
社　　址：北京市海淀区西外太平庄 55 号　　　　邮　　编：100081
责编电话：010 - 82000860 转 8115　　　　　　　 责编邮箱：huapxh@ sina.com
发行电话：010 - 82000860 转 8101/8102　　　　　发行传真：010 - 82000893/82005070/82000270
印　　刷：三河市国英印务有限公司　　　　　　　经　　销：各大网上书店、新华书店及相关专业书店
开　　本：787mm×1092mm　1/16　　　　　　　 印　　张：13
版　　次：2016 年 8 月第 1 版　　　　　　　　　印　　次：2016 年 8 月第 1 次印刷
字　　数：240 千字　　　　　　　　　　　　　　定　　价：48.00 元
ISBN 978 - 7 - 5130 - 4393 - 9

出版权专有　侵权必究

如有印装质量问题，本社负责调换。

目　录

第一章

经济法中的政府与合作社关系

第一节　政府与合作社关系定位的理论与实践

经济法是国家干预经济之法，合作社作为市场主体，其二者之间是何关系乃是合作社发展中不可回避的问题。由于政府系国家的主要构成要素，是国家权力存在的形式，"国家与合作社关系"基本上是通过"政府与合作社关系"体现出来的，因而人们使用这两个概念时只是侧重点有所不同，内涵上并无大的区别。"国家与合作社关系"概念更多的是从宏观上定义二者之间的地位及联系，"政府与合作社关系"则更多表明了现实中国家如何对待合作社。在无特定说明时，本书所使用的"政府与合作社关系"概念与"国家与合作社关系"概念基本同义。

一、国外关于政府与合作社关系的观点及政策

（一）国外关于政府与合作社关系的观点

通过对合作社历史考察可以发现，现代合作社运动，萌发于资本主义发展较早的英、法、德等国。1844 年诞生于英国的罗虚戴尔公平先锋社标示着现代意义的合作社产生。到了 20 世纪初，合作社运动才超越欧洲大陆在世界各

地普及开来。

实践离不开理论指导，合作社运动也不例外。对于如何开展合作社运动，人们从不同视角对其展开了探讨，而这其中，怎样处理政府与合作社的关系是不可缺少的一个方面。比较而言，在西方发达国家，由于合作社运动发展的时间较长，对合作社运动的研究较为发达，思想流派较多，关于政府与合作社的理论也较为丰富。在政府与合作社的关系方面，国外学者的观点并不统一，尤其是西方国家与发展中国家学者的看法不尽相同。

对于如何处理政府与合作社的关系，西方各合作社思想流派所研究的核心问题是政府应否支持合作社。有的是对此持肯定态度的赞成派，这主要包括空想社会主义派、国家社会主义派。有的则不那么赞成政府对合作社给予支持，其主要有基督教社会主义派、德国信用合作派中的舒尔茨派、美国的竞争尺度学派等。

空想社会主义批判了原始积累时期资本主义的社会弊端，幻想出现一个财产归全体成员所有，没有剥削、没有贫困、协同劳动、平等和谐的理想社会，合作社就是这种理想社会的组织基础。例如，19 世纪初三大空想社会主义者之一的罗伯特·欧文就曾主张，合作运动要寻求政府的支持。[1]

国家社会主义学派认为合作社是抵抗剥削，克服资本主义经济危机和失业现象的有效手段。合作经济组织作为弱者的联合，无论是社会主义国家还是资本主义国家，其发展都与政府各种形式的支持密切相关。虽然劳动者有创办合作社的能力，但是与资本家抗衡则财力不足，因此，国家应扶持合作社，做"穷人的银行家"，建立一种社会工场，由工人自己管理，共同从事生产。由于合作是人们为满足个人利益而作出的志愿选择，国家只能对合作经济给予力所能及的扶持与引导，而不能用行政命令强制进行。[2]

反对派之所以反对政府的支持主要是担心在政府的支持下，合作社能否还具有独立性，同时，这种支持也会妨碍市场的公平竞争，不利于消除市场中的垄断。基督教社会主义学派试图将合作思想与基督教相结合。他们认为合作社提倡互相帮助，人人友爱与基督教的精神相吻合；劳动者贫困的原因是劳动成果被资本所有者占有，劳动者自己要掌握资本，得到全部劳动成果就必须组织合作社自己生产和经商。按照基督教社会主义派威廉·金的观点，政府干预只会束缚合作社的能量。[3]基督教社会主义派的卫·阿·胡部则认为，合作社不

---

〔1〕 慕永太主编：《合作社理论与实践》，中国农业出版社 2001 年版，第 214 页。

〔2〕 陈胄：《合作社立法源流考察——合作社二元立法路径比较研究》，华侨大学 2008 年硕士学位论文。

〔3〕 慕永太主编：《合作社理论与实践》，中国农业出版社 2001 年版，第 214 页。

应要政府任何帮助，政府只能给予合作社立法保护和公正的管理。[1]而创设了美国"竞争"论的学者诺斯·G. 埃德温则提出，资本主义制度下的合作社应把自己看作竞争的尺度，政府对合作社的支持应只限于提供法律保护。[2]如果合作社长期依赖政府支持和优惠来赢得发展，那么，合作社就可能发展过度而超过真正的需要。合作社的存亡应该完全由市场决定。[3]通过政府扶持、援助合作社使得合作社地位强化的做法并非长效机制。合作社是否成功，不是看其有多少成员或依经营规模来判断，而是视其业绩如何。而且，在资本主义体系中，合作社只是对资本主义企业的一个补充，其他商业组织形式不应被合作社取代。[4]

至于其他的一些派别，有的虽然没有明确表态，但实际上也是有各自倾向的。例如，合作共和派赞赏合作社的自主发展；萨皮罗派则认为应准许合作社实行合法垄断，使合作社在各自市场上占据较大份额，事实上暗含了政府应对合作社给予支持。[5]

就发展中国家而言，许多国家都制定了合作社法及细则，政府设有专门机构来发起、推进合作运动，甚至派政府官员来管理合作社机构。在这样的实践中，形成了"国家与合作社之间是伙伴关系"这一学说。该学说的倡导者认为，为最终实现自助，合作社必须寻求外界帮助，而这最初的外界帮助只能来源于国家。[6]

对于政府与合作社的关系，国际合作联盟的观点与"国家与合作社之间是伙伴关系"学说极为相近。国际合作联盟认为，政府与合作社之间应是有效的合作伙伴关系。[7]为此，一是政府为合作社提供法律保护，按照合作社原则，制定和执行进步的合作社法，并采取步骤防止合作社官方化；二是支持建立一个自立的、强大的合作社工作部门作为政府与合作社之间沟通的桥梁；三是帮助合作社发展和建立各种互助合作基金，培养专业化管理人才；四是支持合作社的教育与培训，在各类学校与一般教育课程中加入合作社知识教育；五是宣传倡导合作社价值与基础精神，对于为合作社发展作出突出贡献的人给予

---

〔1〕　蒋玉珉：《合作经济思想史论》，安徽人民出版社 2008 年版，第 73 页。

〔2〕　王树桐、戎殿新主编：《世界合作社运动史》，山东大学出版社 1996 年版，第 113 页。

〔3〕　任强：《合作社的政治社会学》，浙江大学 2012 年博士学位论文。

〔4〕　郭富青："现代合作社组织运作的法律机制"，载《河南社会科学》2006 年第 11 期。

〔5〕　王震江：《中国农村新型合作社发展中的政府作用》，清华大学 2004 年硕士学位论文。

〔6〕　张晓山，等著：《合作经济理论与中国农民合作社的实践》，首都经济贸易大学出版社 2009 年版，第 75 页。

〔7〕　夏英："各国政府与合作社的关系及政策定位"，载《中国合作经济》2004 年第 4 期。

适当的荣誉和必要的奖励等。[1]

联合国大会在 2001 年通过了《旨在为合作社创造发展环境的准则草案》，其关于合作社的立法指导原则指出，各国政府需要为合作社的发展建立一个有利的环境，并随着条件的变化维持该环境。作为该环境的组成部分，应寻求在各国政府和合作社运动之间建立有效的伙伴关系。为此，合作社普通法或具体适用于合作社或合作社应归属管理的法律应确保合作社享有与其他类型的实体和企业一样的真正平等，且不会因其特殊性质而受到歧视。各项法律应承认合作社运动的充分自主性和自律管理能力；确认政府对合作社运动内部事务的干预应仅限于普遍及平等地适用于所有社团和企业的措施，以便确保这些措施是合法的。为确保政策的一致性，需要在政府内部建立若干协调机制，并与合作社运动建立联系。此外，在起草普通法或任何特别法中与法律部门合作；与合作社运动建立联络，进行协商和合作。

（二）国外处理政府与合作社关系的制度与政策

对于政府与合作社关系的处理，有学者认为西方国家经历了三个阶段。在西方国家合作运动早期，合作社与政府的关系基本上是合作社保持独立，政府不参与合作社的发展事务，合作社作为一种自助组织，是社会弱势群体自我经济保护的工具。政府对于合作社的有限支持主要限于促进合作社立法，通过间接手段"追认"其合法性。在合作运动全面兴起时期，政府扶持合作社，合作社保持自治，目的是通过扶持手段直接促进合作社发展，以加快农村工业化、现代化的进程。例如，1929 年美国通过了《农产品销售法》，依该法成立了农场局，拨款 5 亿美元向合作社提供贷款，鼓励合作社建造仓库、储存过剩的农产品。法国的《农业指导法》等法律引导农民成立专业合作社，通过许诺"首先保证社员的需要""优先得到政府服务"以及提供优惠贷款和增加市场补助金的额度等经济手段，吸引小农户加入合作社。自 20 世纪后期开始，合作社不断创新、自主经营，政府提供服务。例如，20 世纪 90 年代以来，澳大利亚政府对合作社的职责重点转向服务，其做法是通过政府研究和咨询机构向合作社社员提供市场信息，同时还积极反馈社员的需求，并通过合作社实施其地区经济发展规划。[2]

也有学者将西方国家政府与合作社的关系，概括为是政府对合作社的干预。所谓干预，主要体现在三个方面：一是立法，以法令限制、引导或支持合

---

[1] 高帆："中国农业弱质性的依据、内涵和改变途径"，载《云南社会科学》2006 年第 3 期。

[2] 范鹏："部分西方发达国家政府与合作社关系的历史演变及其对中国的启示"，载《中国农村经济》2009 年第 8 期。

作社的经济活动；二是援助，政府以赠款、贷款、担保、购买合作社股份、照顾订货合同、转让土地及建筑物以及纳税优惠等多种形式，给合作社以财政援助；三是参与培训。[1]

实践中，有的西方国家政府与合作社的关系显然是一种协作关系。加拿大通过立法明确了政府与合作社的规范管理和协作关系，政府为合作社提供各种服务，如信息、培训和农产品出口等，还直接支持兴办一些合作社。[2]

印度学者杜伯哈什认为，依据政府对合作社的态度可将政府与合作社的关系分为两类：在常规态度国家，政府只对合作社给予法律上的认可，保护社员的合法权益，防止合作社滥用权力，政府的功能只限于对合作社的注册、仲裁及调查；而在积极态度国家，政府除具有常规态度下的功能外，还具有对合作社促进、推广、监督、审计、培训及教育功能。[3]在现实中，发展中国家政府与合作社的关系，更多地表现为一种相互利用、相互依赖的关系。在孟加拉国，政府在组织上、资金上给予合作社大力扶持，而合作社则积极配合政府的各项工作，甚至行使部分政府职能，成为介于政府和民众之间的一个半官方组织。在泰国，合作社在农村的发展得到重视，其被作为发展农村经济，解决农民经济问题的一条有效途径。[4]

有学者认为，概而言之，就世界范围来说，实践中的政府与合作社的关系模式可分为三类：第一类是社员自主型。政府把合作社看成独立的法人，不干预合作社的内部事务，只通过法律、政策进行指导、监督，并对合作社的发展给予必要的支持。典型的如欧洲及北美国家政府与合作社的关系。第二类是政府控制型。合作社对政府依赖性较强，政府则对合作社实施控制，在对合作社的管理方面，政府甚至指派合作社的管理人员，直接参与合作社的内部管理事务，参与合作社的经营决策。亚洲和非洲一些国家的政府与合作社关系多属于此种类型。第三类是政府指导型。在此种类型的关系中，政府不会直接干预合作社的内部管理事务，但政府会通过法律和制定政策来管理合作社和强化对合作社活动的监督。部分亚洲国家，如孟加拉、印尼等政府与合作社的关系即属于此类。[5]

---

〔1〕 慕永太主编：《合作社理论与实践》，中国农业出版社2001年版，第215～216页。

〔2〕 丁国光："加拿大合作社上下级之间及其与政府的关系"，载《农村财政与财务》1998年第8期。

〔3〕 张晓山，等著：《合作经济理论与中国农民合作社的实践》，首都经济贸易大学出版社2009年版，第76页。

〔4〕 毕美家、管爱国编著：《亚洲农村合作社经济》，中国商业出版社1991年版，第78页、第220页。

〔5〕 李生、王乐君主编：《农业基本法律问题研究》，工商出版社2000年版，第244～246页。

不难发现，就世界合作社运动发展趋势来看，不论是发达国家还是发展中国家，政府与合作社关系发展的主流是政府支持但不控制合作社，即使是将合作社作为社会改造工具的国家，也已逐渐转变为政府推动型，只是政府参与的程度偏重。[1]

二、国内关于政府与合作社关系的主要观点与立法实践

（一）国内关于政府与合作社关系的主要观点

20 世纪 50 年代，我国曾大力推行过合作社运动。对于政府与合作社的关系，刘少奇曾有过论述。刘少奇指出，政府与合作社的关系是相互帮助的关系。工厂应在资金、干部、房子等各个方面帮助合作社，合作社也要帮助工厂，但在经营组织方面，工厂方不能干涉合作社。合作社不是国家贸易的附属机关，它只要服从法令，遵守合同，在计划上与贸易机关取得配合就够了。[2] 因此，国家应在许多方面去帮助合作社，反转过来，合作社又应在各方面帮助了国家。

20 世纪 80 年代，随着改革开放的深入，新型合作经济又在我国出现。为促进合作社健康发展，理论界对如何处理政府与合作社的关系展开了新的讨论。对于政府与合作社的关系，所取得的共识是：合作社的发展，离不开政府的支持，合作社需要政府的支持。但除了政府对合作社支持关系外，二者之间还有何关系？学者们的观点存在较大的差异。

一种观点认为，各级政府部门（包括相关立法机构）在合作社发展中扮演如下角色：合作社法律、行政和政治合法性赋予者；鼓励和支持合作社发展的公共财政扶持者；合作社发展战略指导者；相关公共服务提供者；有时基层政府甚至可能承担类似准合作社企业家角色，较为直接地介入合作社具体运营。[3] 有学者认为：政府对合作社履行管理、监督、指导、服务与支持的职责。[4] 另有学者指出，政府与合作社存在六个层面的关系：政府应是合作社的支持者与合作者，政府应是合作社的服务者与监管者，政府应是合作社的协调者与教育者。[5] 还有人认为，对于合作社与政府而言，建立传统发展模式、市

---

〔1〕 朱晓娟：《论合作社的法律主体性》，中国民主法制出版社 2009 年版，第 202 页。

〔2〕 中共中央文献研究室：《刘少奇论合作社经济》，中国财政经济出版社 1987 年版，第 87 页。

〔3〕 徐旭初："如何看待政府与合作社关系"，载《北方农资周刊》2015 年 1 月 15 日，第 12 版。

〔4〕 陈荣文："我国合作社立法中的若干问题研究"，载王保树主编：《中国商法年刊（2006）》，北京大学出版社 2007 年版，第 314 页。

〔5〕 王和群："'合而不同'的合作者——浅论农民专业合作社与政府的关系"，载中国农经信息网，http://www.caein.com/，2015 年 11 月 8 日最后访问。

场导向模式、"法团主义"模式之上的"混合模式"是一种比较理想的合作社发展政策取向，可以实现双赢。法团主义是指政府与社会组织关系处于这样一种状况，一方面政府承认社会组织的自治性和权威，另一方面也通过社会组织或者与社会组织合作推行一些政府政策。[1]

（二）我国有关政府与合作社关系的立法规定

我国合作社立法，法律层次的为《农民专业合作社法》，规章主要包括《农村信用合作社管理规定》《农村资金互助社管理暂行规定》《城镇住宅合作社管理暂行办法》等。在这些法律、规章中，对政府与合作社的关系有所规定。至于政府与合作社存在哪些关系，这些规范的规定并不相同。

《农民专业合作社法》涉及政府与合作社关系的主要为两个条款。其中第8条规定，国家通过财政支持、税收优惠和金融、科技、人才的扶持以及产业政策引导等措施，促进农民专业合作社的发展。第9条规定，县级以上各级人民政府应当组织农业行政主管部门和其他有关部门及有关组织，依照本法规定，依据各自职责，对农民专业合作社的建设和发展给予指导、扶持和服务。按照该两款，政府与农民专业合作社的关系为支持、扶持、引导、指导和服务的关系。

《农村信用合作社管理规定》第6条规定，农村信用社依法接受中国人民银行的监督管理。《农村资金互助社管理暂行规定》第7条规定，农村资金互助社从事经营活动，应遵守有关法律法规和国家金融方针政策，诚实守信，审慎经营，依法接受银行业监督管理机构的监管。第53条规定，银行业监督管理机构按照审慎监管要求对农村资金互助社进行持续、动态监管。第54条规定，银行业监督管理机构根据农村资金互助社的资本充足和资产风险状况，采取差别监管措施。按上述条款，政府与从事金融业务的合作社之间主要存在监管关系。

《城镇住宅合作社管理暂行办法》第15条规定，国家对用于社员居住的合作住宅，在税收政策上给予减免优惠，具体办法由国家税务局制定。地方人民政府也相应减免市政建设配套费等有关费用。第26条规定，住宅合作社或社员个人擅自向社会出售、出租住宅，由城市人民政府房地产行政主管部门根据情节轻重，分别给予警告、罚款、没收非法所得的处罚。对倒卖住宅的由有关部门依法处理。按上述条款，政府与城镇住宅合作社间主要存在监督与支持关系。

关于合作社的立法，除了全国性的立法以外，一些地方也制定相应的规

---

[1] 任强：《合作社的政治社会学》，浙江大学 2012 年博士学位论文。

范，以促进本地区合作社的发展，这些立法主要是用来规范农民专业合作社及住宅合作社等类型合作社发展的。在这些地方性立法中，对政府与合作社的关系也有所涉及，但所规定的关系种类并不相同。有的仅强调了一种关系，例如，浙江省 2004 年制定的《浙江省农民专业合作社条例》第 5 条规定，各级人民政府应当鼓励和支持合作社发展，在资金、科技、人才、用地、供水、供电、交通等方面制定具体措施予以扶持。依此条款，明确规定了政府与合作社间存在支持与扶持关系。有的则指出，政府与合作社间存在二种关系，如监督、支持的关系。《北京市城镇住宅合作社管理办法》第 4 规定，市人民政府住房制度改革办公室会同有关部门，负责制定政策，进行建社审批、工作协调与指导，对执行情况实施监督。第 8 条规定，合作住宅的建设、维修、管理资金，采取社员集资、单位资助的办法筹集，政府在政策上给予扶持。住宅合作社向社员个人出售的合作住宅，投资方向调节税适用零税率，向社员个人出售和出租合作住宅免征营业税。住宅合作社可根据国家和本市有关规定，申请合作住宅建设贷款。各级计划、规划和建设主管部门应对住宅合作社的住宅建设给予支持，优先安排。第 9 条规定，社员第一次购买合作住宅，免缴契税；购房后自住期间，免缴房产税、土地使用税。还有的规定了三种以上的关系，例如，《浙江省台州市农民专业合作社管理办法（试行）》第 5 条规定，县级以上人民政府农业主管部门负责本行政区域合作社的指导、管理和监督。

第二节　经济法中政府与合作社关系定位的理论基础

在经济法视野中对政府与合作社关系的分析，离不开对经济法功能的理解，对合作社法律属性及价值的认识。因为，对经济法功能的探讨，才可弄清合作社为什么能够成为经济法的规范对象，明了经济法与合作社的关联，对此，有学者论道，合作经济作为社会统一市场的必要组成部分，自然应包括在国家经济法律手段的调整范围之内。[1]而对合作社的法律属性及价值的把握，则能确定经济法会对合作社产生哪些作用，也即政府在干预经济中应给予合作社何种对待。因此，若在经济法中对政府与合作社基本关系进行定位，必须以认清经济法所具有的功能，以及合作社固有的属性及价值为前提。

---

〔1〕 蒋玉珉:《合作社制度创新研究》，安徽人民出版社 2008 年版，第 182 页。

一、经济法的功能

（一）关于经济法功能的主要学术观点

法作为行为规范，自然具备一定的功能，否则其社会价值就无从谈起。作为法律体系之下的独立部门法，经济法自然也有一定的功能。那么，所谓"经济法的功能"是何义呢？一种观点认为，经济法的功能乃指立法者为了社会经济高速、可持续发展，而预设于经济法规范之中，并期望通过其实施，来造成一种积极的客观经济后果，这种后果有利于整个社会经济的高速、可持续发展。[1]其实，该观点所界定的是经济法的作用而不是经济法的功能。

所谓法的功能，通常是指法内在具有的功用与效能，即法所固有的功用和性能，是法的天然和内在的属性。[2]虽然不少人在法学理论研究中将法的功能与法的作用等同使用，[3]但就内涵而言，二者之间是存在本质差别的。因为，法的作用是法的功能的发挥状况。就法的作用来说，其具有外在的、实然的、中性的、不确定的特点，而法的功能则具有内在的、应然的、有益性的、确定性的特点。[4]概括地说，经济法的功能应是经济法本身所固有的对社会经济的功用和性能。严格说来，"功能"一词体现了某一事物通过其运行而对其他事物发生影响的客观能力，是中性的，即其本身无所谓是积极的或消极的。只是在功能发挥过程中，即事物影响外在环境时，才从主体（人）的角度观察分析出积极影响和消极影响。[5]

经济法具有哪些功能呢？学者们从不同的层面对其进行了归纳。有的从经济法应实现的特有价值取向和在特定政治经济领域、时代的背景中对其功能进行研究；有的则从经济法与其他部门法的关系出发对经济法的功能与其他部门法的异同进行辨析；还有的是以其他学科的视角运用其他社会科学术语和概念来构建经济法功能。[6]因为研究的出发点不同，对于经济法具有哪些方面的功能，学界观点差别较大。

不少人认为，经济法的功能只为两个方面，但为哪两个方面，又有多种观点。一种观点认为，经济法的最基本功能包括分配利益的功能与维护利益的功

---

〔1〕　刘水林、雷兴虎："论经济法的社会经济功能"，载《法学评论》2004 年第 2 期。

〔2〕　周旺生："法的功能与法的作用辨异"，载《政法论坛》2006 年第 5 期。

〔3〕　张文显主编：《法理学》，高等教育出版社 1999 年版，第 197 页。

〔4〕　葛洪义主编：《法理学》，中国政法大学出版社 2012 年版，第 88～90 页。

〔5〕　付子堂：《法律功能论》，中国政法大学出版社 1999 年版，第 267 页。

〔6〕　唐峻："我国经济法功能研究述评"，载《当代法学》2011 年第 5 期。

能。[1]另一种观点则认为，经济法的目的是在协调个人利益与社会利益的基础上实现和保障社会整体利益，由此，决定了经济法具有平衡协调和综合系统调整两项最基本的功能。平衡协调是指经济法的立法和执法从整个国民经济的协调发展和社会整体利益出发，调整具体经济关系、协调经济利益关系，以促进、引导或强制实现社会整体目标和个体目标的统一；综合系统调整是指经济法能以全局观念，对社会经济关系进行综合系统的调整，并实现"微观规则"与"宏观调控"两种手段的有机结合。而在平衡协调和综合系统调整两大功能的基础上，还可以延伸出其他一些具体的经济法功能，如最充分体现社会公平之功能，即经济法通过对社会经济关系的调整，能够创造一个有利于社会个体共同发展的公平环境。[2]也有的认为，经济法基本功能是保障国家调节、公平合理地实现再分配。[3]因为市场分配机制缺陷的后果日益恶化导致分配失衡，内在的产生了对再分配的制度性需求，从而催生了现代国家经济调节职能的产生和经济法制度的全面确立。而经济法所具有的独特功能在于：通过规范和保障国家调节，确保国家依法作用于社会经济，在市场分配基础上弥补其缺陷，对国民收入进行必要的再分配，以促进社会经济的协调稳定发展。[4]

有学者认为，经济法功能至少应包括控制或者调控、整合和分配这三大功能。法律是有规范功能和社会功能的，在此方面，经济法作为国家干预法，更多的是从宏观的角度对社会进行一定程度的干预；而为了调和矛盾和保障社会的和谐发展，经济法的整合功能则体现为克服市场经济内生局限和政府谋求私利的行为，调和利益集团之间的歧见，拉近各阶层之间裂变后的距离，化解各类矛盾于无形之中；而通过国家的介入，经济法将利益在国家、集团和个人之间作出公平的分配，整合社会各阶层的利益冲突，以促使社会和谐、有序地发展。[5]

有人认为，经济法具有五个方面的功能。至于哪五个方面，有观点认为，经济法具有利益整合功能、利益平衡功能、社会公平功能、利益导向功能、传递功能。利益整合功能，即通过对市场机制与竞争机制的保护与强化，使社会可供分配的资源与产品得到更大的丰富与更多的增加；通过社会资源的分配与安排，使经济力的配置符合社会整合的要求；通过收入税调节等手段赋予富人

〔1〕 岳彩申、袁林："经济法利益分配功能之解释"，载《社会科学研究》2002 年第 3 期。

〔2〕 陶广峰，等编著：《经济法》，北京师范大学出版社 2010 年版，第 44~46 页。

〔3〕 李微："论经济法的功能"，载徐士英、王健主编：《新世纪经济法的反思与挑战》，中国法制出版社 2008 年版，第 97 页。

〔4〕 王红霞："经济法功能实证研究——实证社会学的进路"，载《法学评论》2008 年第 2 期。

〔5〕 唐峻："我国经济法功能研究述评"，载《当代法学》2011 年第 5 期。

更多的社会义务与社会责任，使其负担更高的社会安全成本与社会秩序成本。利益平衡功能，即不仅要超越公平与效率的局限，而且完全可以包括这两个目标的要求。社会公平功能，即力争创造一个有利于各社会个体共同发展的公平环境，从而实现社会整体利益与个体利益的平衡。利益导向功能，即对社会活动参与者的某种经济行为的鼓励和促进。传递功能，通过规定各种优惠或限制条件，即规定人们能做什么，不能做什么，该怎么做，不该怎么做，告诉经济主体有关经济行为的信息。相对应地，经济法的价值取向为：自由、效益、公平、发展。[1]还有观点认为，经济法具有以下五个方面的功能：维护市场公平竞争秩序，维护市场主体的财产所有权、平等竞争权和自由交易权，维护消费者和弱势群体的合法权益，维护社会公共利益和社会经济的可持续发展。[2]

　　一种观点认为，经济法的功能可分为规范功能和社会功能两大类。就规范功能而言包括五个方面：指引功能、评价功能、预测功能、强制功能、教育功能；而经济法的社会经济功能则包括分配功能、信息传递功能、激励功能、节约交易费用功能、整合经济功能。[3]

　　也有人将经济法的功能分为两大类：一是同其他法一样所具有的功能，即广泛意义上具有的法的一般功能；二是经济法的某些特定功能。这些特定功能按照其作用的领域，可以划分为政治功能、经济功能、社会功能、文化功能等不同类别。经济法对经济领域发生的作用可以归纳到经济法的经济功能之中，包括经济促进、经济分配、信息传递、激励、节约交易费用、经济整合、控制市场竞争、保障经济秩序等诸功能。经济法对社会领域发生的作用可称之为经济法的社会功能，则包括社会整合、社会保障、民生改善等各项功能。[4]

　　（二）经济法的两种基本功能

　　要认清经济法的功能，必须对经济法的产生原因给予清醒的认识。因为，从经济法的产生中可弄清经济法之所以出现，其所要解决的问题，进而认识经济法功能之所在。作为一个法律部门，经济法产生于何时？现在相当多的人认为其产生于 19 世纪末 20 世纪初。[5]缘何此时会出现经济法，不得不说与商品经济的发展有关。19 世纪中期以后，主要资本主义国家的商品经济大都进入市场经济阶段、垄断阶段。在自由资本主义时期，国家不介入社会的经济生

---

　　[1]　曹胜亮、吴秀英、段崴主编：《经济法》，武汉理工大学出版社 2006 年版，第 35~39 页。

　　[2]　秦国荣："维权与控权：经济法的本质及功能定位"，载《中国法学》2006 年第 2 期。

　　[3]　刘水林、雷兴虎："论经济法的社会经济功能"，载《法学评论》2004 年第 2 期。

　　[4]　肖京："经济法的经济社会二元功能之冲突与平衡"，载《法学论坛》2012 年第 6 期。

　　[5]　曹胜亮、吴秀英、段崴主编：《经济法》，武汉理工大学出版社 2006 年版，第 7 页；史际春主编：《经济法（第三版）》，中国人民大学出版社 2014 年版，第 40 页。

活，而是履行"守夜人"的职责，即政府在市场上仅具有界定和保护产权、维护合同秩序、公正裁判纠纷、惩罚违法犯罪、提供公共设施等职能。[1]至于资源配置、资本流向、经济运行完全依靠市场机制即"看不见的手"来调节，这使得以维护契约自由、个人利益和自由竞争为宗旨的民法有了很大的发展。但是，市场调节具有自发性、盲目性和滞后性的缺陷，其本身所存在的垄断、外部性、公共产品短缺和信息不充分、社会分配不公、宏观经济运行不稳等问题在资本主义发展到垄断阶段时被充分暴露，这严重威胁着国家安全和秩序。对于这些问题，仅靠市场本身是无法解决的。要打破垄断、地方封锁，建立统一、开发的市场体系，离不开国家的干预；而消除垄断和不正当竞争，保护消费者权益，也需要国家干预。在此情形下，必须通过"国家之手"保护市场弱者的权益，消除市场失灵，促进经济与社会的协调发展，创造一个有利于各社会个体共同发展的公平环境。对此，有国外学者论到，经济法是以公法手段来纠正普遍的不平等关系，通过规制经济支配者的活动，从经济从属关系的角度限制其恣意行为，并提高经济从属者的经济地位。[2]而在法治社会中，国家通过政府的管理对经济活动所实施的干预必须被纳入法律框架，经济法的产生就不可避免。

虽然人们对于经济法具有哪些功能的认识不尽相同，但经济法至少具有规制市场经营者行为和调控宏观经济的功能。之所以具有这两个功能，是由经济法调整的关系所决定的。目前，关于经济法的定义存在不同的表述。例如，有人认为，经济法是调整在国家协调本国经济运行过程中发生的经济关系的法律规范的总称。[3]另有人提出，经济法是调整在国家调节社会经济过程中发生的各种社会关系，促进社会经济实现国家意志预期目标的法律规范的总称。[4]还有人指出，经济法是调整公共经济管理关系、维护公平竞争关系、组织管理性的流转和协作关系的法部门。[5]在各种定义中，虽然人们对经济法所调整的关系有着不同表述，但经济法所调整的关系包含市场监管关系与宏观调控关系，已成为人们的共识。[6]就此，从微观层面而言，经济法对市场监管关系的调整，意味着经济法具有规制市场经营者行为的功能，在宏观层面，对宏观调控关系的调整，则表明经济法具有调控宏观经济的功能。

---

[1] 王全兴：《经济法基础理论专题研究》，中国检察出版社 2002 年版，第 79 页。

[2] [日]丹宗昭信，等编：《现代经济法入门》，谢次昌译，群众出版社 1985 年版，第 6~7 页。

[3] 杨紫烜、徐杰主编：《经济法学（第七版）》，北京大学出版社 2015 年版，第 20 页。

[4] 漆多俊主编：《经济法学（第二版）》，复旦大学出版社 2015 年版，第 2 页。

[5] 史际春主编：《经济法（第三版）》，中国人民大学出版社 2014 年版，第 21 页。

[6] 邱本："论经济法的共识"，载《现代法学》2013 年第 4 期。

1. 规制市场经营者行为的功能

在市场经济中，经济的效率是通过竞争实现的。但若任市场自由竞争，则不可避免出现市场失效景象，这已为市场经济发展的实践所证明。在市场竞争中，市场参与者的能力及地位是不同的，但强势的市场参与者不可滥用其优势地位。否则，将降低市场竞争的效率。例如，竞争的优胜劣汰会导致经营集中以致垄断出现，而垄断者则不仅会利用自身市场支配地位限制中小企业进入市场，破坏市场公平竞争，影响社会资源优化配置，且也因消除了市场竞争，使得消费者选择机会减少。[1]又例如，一些经营者为谋取利益不择手段进行不正当竞争，损害竞争对手的利益。再比如，市场经济中存在信息不充分现象，这一方面会导致过度竞争，有的企业因对行业供求情况不是非常清楚而盲目进入，另外，市场信息优势者会基于市场信息劣势者信息的不对称获取额外利益。对此，可运用经济法中的反垄断法、反不正当竞争法、消费者权益保护法、产品质量责任法等对社会经济进行个别调整的市场监管，通过政府的力量规制市场经营者行为，促进市场有效的运转，避免社会资源浪费，使得各市场参与者得到公正的对待。而此，正是经济法应有的功能。

2. 调控经济功能

实践表明，市场机制不仅在微观层面存在缺陷，就宏观视角而言，也会导致社会经济运行秩序紊乱、经济结构不平衡。垄断的存在、信息的不充分、公共产品的短缺等缺陷在宏观层面的反应则是市场机制不可能自动保证供求总量均衡、积极稳定增长和充分就业的实现。[2]针对该市场机制的缺陷，仅靠调整私人经济关系是无法予以克服的。经济法是适应经济及社会调节要求的法，通过政府的直接调控，其能解决经济运行中产生的矛盾，弥补民法自动调节作用的局限性。因为，政府通过经济法中的财政法、金融法、税收法、投资法、产业结构调整法等法律，可使得社会经济高效均衡的发展。而经济法作为经济国家的衍生物，是调整国家干预和参与经济活动、直接体现国家意志的经济关系的法。经济法赋予了政府直接介入经济活动的权力，通过直接调整政府和经济主体的社会关系以促进社会经济协调、稳定和发展。[3]就此，日本学者金泽良雄论道，经济法的出现是资本主义趋于成熟以及国家与市民社会趋于一致的结果。[4]作为立足于社会本位的法部门，"经济法的规范既体现国家意志，又尊重当事人意志。从社会整体的角度去处理生产领域的法律问题，正好显示了它

---

〔1〕 李曙光主编：《经济法（第2版）》，中国政法大学出版社2013年版，第220页。
〔2〕 王全兴：《经济法基础理论专题研究》，中国检察出版社2002年版，第84页。
〔3〕 谭玲主编：《市场监管法律问题研究》，中山大学出版社2006年版，第31页。
〔4〕 ［日］金泽良雄：《经济法概论》，满达人译，甘肃人民出版社1985年版，第31页。

的根本特征。"[1]可以认为，调控经济功能是由经济法的本质属性所决定的，也是经济法的基本功能。

（三）小结

经济法的出现与市场经济本身的缺陷不无关系，它是对市场自身无法解决的问题所赋予政府干预的权利，是对市场经济予以规制。这种规制是限制、奖励与惩罚结合并用，从而实现宏观调控目标和立法目的。[2]而干预的结果势必影响着人们在市场经济中的收益，故不少人认为经济法具有利益分配功能。因为，经济法是对既存法律秩序（特别民商法秩序）的调整，是对原有法律秩序下的社会资源、利益和权利的一种再分配，故经济法是分配法，具有利益再分配功能。[3]

但也应当看到，政府的干预应是适度的。一方面，政府不是万能的，其也存在失灵现象，这主要表现为内部性、寻租行为、信息不完善、不完全竞争、官僚机构不断膨胀、政策效率递减等。[4]另一方面，政府在调节经济运行时若缺乏经验，违背了客观经济规律，决策不正确，反而更加容易出现破坏社会经济结构和市场正常的运行秩序的情况。因此，当市场机制失效时，政府干预应加强，而当市场机制功能恢复时，政府干预则需递减。[5]但无论如何，政府对市场的干预应是适度的，不可取代市场竞争。

二、合作社的法律属性及价值

（一）合作社的定义与法律属性

1. 合作社的定义

在当代，作为一种组织形式，合作社在世界范围内已广泛存在。研究现代合作社的发展轨迹可以发现，其产生于 19 世纪中叶。依据合作社所经营的业务，可对其类型进行划分，这其中，最主要的为消费合作社、生产合作社及信用合作社等类型。一般认为，最早的消费合作社出现于英国。1844 年，英国的纺织工人基于工厂主通过变相实物工资制和小宅子制度[6]对他们进行剥削，为改善自身的社会处境和经济状况，设立了第一家现代合作社——罗虚戴尔公

---

[1] 程信和："公法、私法与经济法"，载《中外法学》1997 年第 1 期。
[2] 曹胜量、吴秀英、段蔵主编：《经济法》，武汉理工大学出版社 2006 年版，第 25 页。
[3] 张德峰："经济法的利益分配和再分配功能"，载《法学杂志》2009 年第 7 期。
[4] 王全兴：《经济法基础理论专题研究》，中国检察出版社 2002 年版，第 85 ~ 88 页。
[5] 李曙光主编：《经济法（第 2 版）》，中国政法大学出版社 2013 年版，第 76 页。
[6] 小宅子制度，就是工厂主在工厂附近修建一些低矮狭小的住房，以高价强行出租给工人。参见王树桐、戎殿新主编：《世界合作社运动史》，山东大学出版社 1996 年版，第 46 页。

平先锋社，该社为一消费合作社。19世纪的法国，小生产者尤其是农民众多，这些小生产者在市场经济中处于不利的竞争地位。为增强自身市场竞争能力，改变经济状况，小生产者们设立了生产合作社。因此，生产合作社最早出现地为法国。同样是19世纪，德国的农民严重短缺资金无力改进生产条件，导致生活状况难以得到有效改善。在当时合作社运动倡导者的发起下，德国在世界范围内首先出现了信用合作社。

那么，合作社是怎样的一种实体呢？国际合作社联盟的定义最有影响。自国际合作社联盟成立以来，对合作社有数次界定。1995年，为庆祝联盟成立100周年，国际合作社联盟在英国曼彻斯特召开第31届代表大会并通过了《关于合作社特征的宣言》。在《关于合作社特征的宣言》中，国际合作社联盟对合作社的定义和基本价值进行了重新界定。对于合作社，《关于合作社特征的宣言》将其界定为"是由自愿联合的人们，通过其共同拥有和民主控制的企业，满足他们共同的经济、社会和文化需要及理想的自治联合体。"合作社原则则为"自愿和开放的社员原则""社员民主控制""社员的经济参与""自治、自立""教育、培训和信息服务""合作社间的合作""关心社区"七项。

对于合作社究竟是怎样的一种实体？在各国和地区的合作社制度设计中往往给予明确规定，但所做的表述存在较大差异。例如，德国《工商业与经济合作社法》第1条将合作社定义为"以通过共同的业务经营促进其成员经济收益或者成员的社会或文化利益为目的的不限定成员人数的团体"。越南《合作社法》将合作社定义为"是指具有共同需要和利益的劳动者，根据法律规定，志愿提供资金或劳动，在互助的形式下，以将来有效地进行生产、经营、服务活动和提高生活水准以及促进国家的社会经济发展为目的，谋求集体和个人实力的增强而组建的自治经济实体"。《意大利民法典》第2511条将合作社表述为"以互助为目的的资本可变的公司"。《芬兰合作社法》也有类似规定，该法第1条规定："合作社是其社员设立的公司，注册资本无限额要求，它是通过开展诸如社员利用公司的服务来参与各项经济活动达到促进社员经济利益的目标。"《瑞士债法典》第828条规定："合作社，是指由不确定数目的自然人和贸易公司组成的法人组织，其首要宗旨在于由其社员的共同努力以增进和确保社员们确定的经济利益。"《菲律宾合作社法典》第3条规定："合作社是一个其成员有共同的利益，为了达到一个合法的共同的社会和经济目标而自愿组合在一起，按照普遍遵守的合作社原则，平等地缴纳规定的资本，共享收益、共担风险的团体"。我国台湾地区"合作社法"则明确规定："本法所称合作社，为依平等原则，在互助组织之基础上，以共同经营方法谋社员经济之利益与生活之改善，而其社员人数及股金总额均可变动之团体。"我国《农民专业合作社法》第 2 条将农民专业合作社界定为"是在农村家庭承包经营基础上，同类农产品的生产经营者或者同类农业生产经营服务的提供者、利用者，自愿联合、民主管理的互助性经济组织。"

与各国和地区合作社立法关于合作社的定义存在差别一样，学界对合作社的认识也不尽相同。不少美国学者认为，合作社是企业的一种。例如，美国威斯康星大学合作社研究中心就将合作社界定为"是其成员自愿拥有和控制，在保本和非营利的基础上由他们自己为自己经营的企业。"[1]美国农业部农村商业和合作社发展中心指出："合作社是一种使用者所有，使用者控制和基于使用进行分配的企业。"[2]美国学者汉斯曼则将合作社界定为是一种由客户掌握所有权的企业。[3]而一些日本学者则认为，其是一种组织。例如，日本的金泽良雄将协同组合（合作社）界定为"是小规模事业者和消费者与大企业抗衡而成立的互助性组合的组织"。[4]

我国学者关于合作社的认识也存在多种观点。不少人认为合作社是一种经济组织。例如，有人将合作社定义为是劳动群众在志愿互利的基础上，联合起来共同筹集资金，共同劳动，并共享劳动成果的互助性集体经济组织。[5]有人认为，合作社是指劳动者在互助基础上，自筹资金，共同经营，共同劳动并分享收益的经济组织。[6]有人将合作社视为一种社团。例如，有学者将合作社定义为是按照自愿、平等的原则，在互利和互助的基础上，由社员投资设立的，以共同经营的方法促进社员经济和生活条件改善的社团。[7]另有人将合作社界定为是指二个以上社员为了各自独立的经济活动或生活需要而共同出资经营组成的团体。[8]还有人认为合作社是法人中的一种。例如，有学者将合作社定义为以城乡劳动者为主体志愿组织起来，实行民主控制或管理，在生产、生活上谋求互助合作或有关服务的自助法人。[9]

在考量合作社设立的初衷及职能、运行模式的基础上，借鉴各国和地区合

---

〔1〕 杜吟棠主编：《合作社：农业中的现代企业制度》，江西人民出版社 2002 年版，第 23 页。

〔2〕 徐旭初：《中国农民专业合作经济组织的制度分析》，经济科学出版社 2005 年版，第 44 页。

〔3〕 ［美］亨利·汉斯曼：《企业所有权论》，于静译，中国政法大学出版社 2001 年版，第 19 页。

〔4〕 ［日］金泽良雄：《经济法概论》，满达人译，中国法制出版社 2005 年版，第 239 页。

〔5〕 马俊驹主编：《现代企业法律制度研究》，法律出版社 2000 年版，第 359 页。

〔6〕 王利明：《民法总则研究》，中国人民大学出版社 2003 年版，第 439 页。

〔7〕 郭富青："制定我国合作社立法的构想"，载王保树主编：《中国商法年刊（2006）》，北京大学出版社 2007 年版，第 347 页。

〔8〕 屈茂辉，等著：《合作社法律制度研究》，中国工商出版社 2007 年版，第 5 页。

〔9〕 朱晓娟：《论合作社的法律主体性》，中国民主法制出版社 2009 年版，第 24 页。

作社立法中对合作社的定义，总结学界对合作社的认识，本书将合作社定义为是通过与其成员的非营利性交易，民主地满足其成员共同经济和社会需求的自治组织。将合作社定位于"组织"，能够恰当地确定其外延，包含各种类型的合作社；指出合作社要与成员开展交易活动，方能表现其本质特征，这里的交易既有货物交易，也包含劳务、技术交易；强调"民主"地满足需要，是指出合作社为社员服务的广泛性，是人对资本的控制，而不是资本对人的控制；将需要分为经济需求与社会需求，是承认合作社服务目的多样性；定位于"自治"组织，是明确其独立于政府、其他企业。

2. 合作社的基本法律属性

基于对合作社的认识不同，人们对合作社属性的归纳也存在较大差别。例如，有学者认为，合作社是根据合作原则组建并运行的，贯穿互助精神的社团法人。从社会学角度，合作社乃是一种团体、组织或团体及组织形式；从经济角度观察，合作社是一种特殊企业或经济组织；从法学角度观察，合作社是社团法人之一种。[1]另有学者则认为合作社本质性属性表现为五个方面：合作社由利用合作社服务的人们拥有和控制，用以满足共同的经济和社会需要；入社自愿，退社自由；实行一人一票的民主管理；按照交易额比例返还盈余；自治性。[2]还有人认为，合作社的属性为四个方面：民主控制、非营利性、非政治性，以及法人地位。[3]但也有人认为合作社的四大基本属性是人合性、非营利性、互助性、法人性。[4]

基于本书对合作社的定义，合作社的基本法律属性应为三个方面：

（1）合作社是互助性组织。之所以被称为合作社，系因其是互助的产物。合作社产生于商品经济中，是商品经济的一种制衡力量。从商品经济发展历程来看，完全任其自由发展势必导致市场竞争加剧，促使生产规模不断扩大、社会分工更细、专业化更强。为增强竞争实力，在市场竞争中占据优势地位以获取更多的利润，"资"的联合大量出现了，例如，股份公司即是"资的联合"的主要表现形式。与此相对应，那些缺乏资金的市场竞争弱势群体，主要是小生产者和劳动者，为在市场竞争中生存下去，也不可避免地寻求联合。"雇佣工人和低收入者的消费者作为个人在市场竞争中一般处于弱者的地位。合作社就是这些竞争弱势群体尝试用合作优势来增强自己的竞争地位和自己处境而创

---

〔1〕 漆多俊主编，《中国经济组织法》，中国政法大学出版社2003年版，第151页。

〔2〕 马跃进："合作社的法律属性"，载《法学研究》2007年第6期。

〔3〕 陈大钢："应当重视合作社法的研究"，载《法治论丛》2007年第2期。

〔4〕 朱月娟、李勇军："合作社的基本属性及其价值"，载《商业时代》2012年第29期。

立的"[1]。由于缺乏资金，这种联合只能是人的联合，即通过不断加强人们之间的互相帮助，解决生产及生活中存在的问题，进而增强在市场中的竞争力。

这种"人的联合"是一种自愿的联合，即"合作社的建立以其成员的需求而不是以投资者的资本增值为基础，它以自愿联合起来的使用者为导向，是用户所有、用户所控、用户所享、促进用户共同经济与社会利益的自助组织"[2]对此，《关于合作社界定的声明》有着明确规定："合作社是自愿的组织，向一切能够使用其服务并愿意承担社员责任的人们开放，没有性别的、社会的、种族的、政治的或宗教的歧视。"首先，从目的上而言，"人的联合"主要出于社员个体生产、生活的需要对其提供相应的服务。"联合"所提供的服务是规模化、专门化的，能否对社员有利，带来经济利益，最有发言权的是社员。基于人们有不同的生产、消费偏好，且人们的生产、消费偏好又在私权范围内，国家或政府是不能强求一致的，否则，人们的生产、消费积极性会受到伤害，社会也将缺乏活力。因此，人们应在哪些方面进行联合，通过联合获得哪些服务，应遵循民商事立法中的意思自治原则，完全依照人们的真实意愿，由其自主决定是否设立及加入合作社。其次，"人的联合"是平等主体之间的联合。[3]"人的联合"中的"人"包括自然人和法人等市场主体。经过资产阶级大革命，在天赋人权思想的洗礼下，近现代民法确立了这些主体法律地位平等、私法自治原则。在现代社会中，一切自然人，无论国籍、年龄、性别、职业；一切经济组织，无论中小企业还是大企业，都具有平等的权利能力；[4]作为民商事活动主体，自然人、法人还是其他组织能够自由地基于其意志去进行民事活动，组建合作社、参加合作社系民商事活动，自然也不例外。

与其他经济组织相比，合作社的社员加入和退出更加自由。[5]虽然公司、合伙企业等组织的投资者在设立、进入、退出公司、合伙企业时也要遵循自愿原则，但受到了较多法律限制。公司是按照自愿原则设立的，然而股东不能退股，股份只能转让；合伙企业的合伙人可以退伙，但受到诸多限制。传统的合作社不仅强调入社自愿，退社也是完全自由的。应当承认，合作社社员的退出自由，不利于合作社长期稳定发展。在制度设计上，由于退社时社员可将股金带走，一方面，自有资本数量易于变化，带来了合作社资本和生产经营活动的不稳

---

〔1〕 何光：《中国合作经济概观》，经济科学出版社1998年版，第2页。

〔2〕 苑鹏："试论合作社的本质属性及中国农民专业合作经济组织发展的基本条件"，载《农村经营管理》2006年第8期。

〔3〕 李长健："我国合作社立法的若干理论问题"，载《法治论丛》2007年第2期。

〔4〕 王利明主编：《民法》，中国人民大学出版社2005年版，第35页。

〔5〕 屈茂辉，等著：《合作社法律制度研究》，中国工商出版社2007年版，第6页。

定；另一方面，降低了合作社信用能力，造成合作社难以融资。为削减退社给合作社带来的负面影响，现在各国合作社法在遵循自愿原则的基础上，也适度地对退社规定一定附加条件，社员的退社自由已不完全是绝对的了。我国《农民专业合作社法》第19条规定，成员要求退社的，应当在财务年度终了三个月前向理事长或者理事会提出；其中企业、事业单位或者社会成员退社，应当在财务年度终了的六个月前提出。在美国新一代合作社实践中规定，社员缴纳的股金，允许转让但不可抽回。

（2）合作社是自治性组织。一般而言，合作社是弱势群体为改善自身的生产经营条件和生活状况，自愿联合经营的组织。其不是为执行公共权力而建立起来的政府部门，更不是政党组织，或政府部门的一个下属机构，也不是事业单位。作为经营实体，为实现服务于社员的宗旨，合作社有属于其自身的资产及名称，在市场上是以竞争者面目出现的，故应将其定位于从事一定经济活动为目的的私法主体。合作社的法人资格经登记而取得，其一经成立，便在名称、财产、意思和责任上独立于其社员，也独立于其工作人员。对于作为民商事主体的合作社，政府应充分尊重其自治性和独立性，赋予其应有的权利。

至于如何自治，《关于合作社特征的宣言》规定，合作社是由其成员控制的自治和自助的组织，如果它们与其他组织（包括政府）达成协议或通过社外渠道筹措资本，社员的民主控制和合作社的自治原则不应因此受到损害。具体而言，合作社的运行必须符合章程的要求，因为治理的基本规则由合作社章程规定。只要章程不违反法律规定，只要合作社的行为不违反法律规定，政府就不应干预合作社的运行。依照合作社治理机理，合作社的内部治理结构是由决策、执行、监督等机构组成的。由于合作社的资产来自于社员，这些机构自然应为社员所控制，合作社的所有决策，必须体现多数社员的意愿。

作为独立的实体，合作社有权依据章程决定自身的经营、盈余分配及发展。对于合作社的成立和解散、社员加入和退出，政府则应充分尊重社员的意愿，切不可越俎代庖。即使一些合作社的活动是在政府授权下进行的，合作社也有权在授权范围内独立决策。若作为法人和市场主体的合作社丧失了独立性、自治性，则将背离合作社存在的意义，最终也不可能获得真正的发展。因为，如此的合作社是得不到社员发自内心的关心和利用的。

（3）合作社是非营利性组织。从根本上来说，合作社是以增进成员利益为目的的非营利性组织。之所以被界定为非营利性组织，是由合作社宗旨决定的，而合作社的宗旨则是通过为社员服务从而满足他们的经济和社会需求，不得追求资本的回报，即对社员的服务具有非营利性。在不追求资本回报的情形下，合作社如何满足社员的经济、社会需求呢？对此，《纽约州合作社法》第

3 条（d）项的规定是，"合作社公司应归为非营利性组织。其主要目的不是为自己获取利润，或者给投资资本分配利润，而是提供服务和手段使其社员通过合作社运营能获得包括合理且公平对价的产品和服务等经济上的优势"。因而合作社在与社员交易时，可以不产生盈余，只收取相应的成本费用；若按市场价格交易取得盈余，则应将取得的盈余按照社员与合作社的交易额返回给社员。就此，有德国法学家曾作如下概括：合作社经济具有自动、自治、自身责任、服务于社员之救助性质，营利性居于其次。[1]基于合作社内部经营活动的非营利性，社员通过与合作社的交易才有效地降低了其个体性生产经营、消费活动成本，从而增强了其在市场中的生存能力。

还应当认识到，合作社不以营利为目的主要是针对合作社与社员之间的交易而言，合作社对外交易，仍应遵循市场交易规则，追求交易的利益最大化。而对外交易利益的最大化则能更好地为社员服务，更有利于社员经济和社会需求的满足。针对此，不少人认为，作为法人，合作社是非营利法人，更准确地说为非营利法人中的中间法人，[2]或称其为互益性法人。[3]

（二）合作社的价值

有学者认为，合作社的价值包括两个方面：经济价值与伦理价值。合作社的经济价值是指合作社组织形式及合作原则中的伦理理念在社员、社区的物质文明中的功能与作用，合作社的经济价值具有利用性和交换性，通过社员共同交易活动实现。合作社的伦理价值是指合作社组织形式及合作原则中的伦理理念在社员、社区的政治文明及精神文明建设中的功能与作用，合作社的伦理价值体现在民主、公平、教育、连锁等理念中。[4]其实，将合作社的经济价值之外的其他价值称为社会价值更为准确些。因为，社会价值包含的外延更宽广，合作社除具有经济价值、伦理价值外，还有着其他价值，如促进社会稳定等，这些价值与伦理价值一起被称为社会价值则更全面。

1. 合作社的经济价值

合作社的存在，一方面，促进了一些产业经营个体的规模化、专业化。例如，就农业合作社而言，其的存在可实现适度的土地规模经营。[5]适度的规模化、专业化，无疑能够降低经营成本，节约市场交易费用，从而实现生产力的

---

〔1〕［德］贝·格罗斯费尔德等："德国合作社制度的基本特征"，载《中德经济法研究所年刊（1990）》，南京大学出版社1991版，第62～64页。

〔2〕金锦萍：《非营利法人治理结构研究》，北京大学出版社2005年版，第24页。

〔3〕陈晓军：《互益性法人法律制度研究》，法律出版社2007年版，第2页。

〔4〕蒋玉珉：《合作社制度创新研究》，安徽人民出版社2008年版，前言。

〔5〕杨雅如：《我国农村合作社的制度供给问题研究》，人民出版社2013年版，第140～142页。

提升。另一方面，能够促进市场更充分的竞争。竞争不仅是市场经济发展的推动力，同样是合作社产生与发展的推动力。合作社作为市场经济的一种制衡力量，是与市场竞争相伴而生的。由弱者创设而成的合作社通过联合，帮助社员形成更大的经济规模，占有更大的市场份额，拥有更强的市场力量，从而得到更多的经济机会。而此，适应了商品和市场经济的竞争要求，则能够提高社员的市场竞争地位。[1]此外，合作社的存在还能够使一些市场参与者适应经济全球化趋势，增进竞争、交流与合作，进而加速全球化的进程。[2]

2. 合作社的社会价值

合作社的存在，能够强有力地促进社会和谐。因为，作为满足社员参与市场竞争、解决民生等问题需要的民事主体，合作社天然地具有缓和社会矛盾，救助弱者，促进社会均衡发展的功效。相应地，政府可以利用其潜力，协助政府实现社会发展目标，特别是消除贫困，创造充分和有效的就业及促进社会融合。[3]例如，发展农村合作社不仅能够维护农民自身的利益，提高农民的收入，使其得以平等的地位参与竞争，促进农产品、农资等商品流通，进而有利于农业发展，开拓农村公共空间，满足农民公共的社会需要和文化需要外，其还能形成对其他利益集团一定的制衡和制约，从而实现社会的稳定与协调。[4]

此外，合作社的存在还能够促进社会的文明与进步。按照国际合作社联盟所发表的宣言，合作社价值包括合作社的基本价值和伦理价值两部分。其基本价值是自助、自担责任、民主、平等、公平和团结。伦理价值为诚信、公开、社会责任与关怀他人。合作社的价值观是合作社存在与发展的基石。合作社之所以能够在市场经济中生存下去，重要的一点就在于实践了这些价值观。遵循了这些价值，合作社则能聚集更多的人，有效降低经营成本，增强其在市场中的竞争力，更好地为社员服务，赢得社员的认可，并长久地存在下去。自助意味着主动掌握自己命运的信念；自担责任是主动负责和对合作社具有责任感；民主是将合作社命运掌握在合作社全体社员手中的根本保证；平等则表明合作社是建立在"平等"基础上，社员平等地享有参与合作社、了解合作社情况的权利；公平是合作社要公平地对待每个社员，团结要求社员树立共同利益的观念。诚信意味着讲信用，言行一致，公开是合作社定期向社员、社会公众、

〔1〕　秦艳慧：《合作社立法问题研究》，载梁慧星主编：《民商法论丛（第36卷）》，法律出版社2006年版，第31～32页。

〔2〕　欧阳仁根、陈岷，等著：《合作社主体法律制度研究》，人民出版社2008年版，第108～110页。

〔3〕　牛若峰，等著：《中国的"三农"问题》，中国社会科学出版社2004年版，第152页。

〔4〕　杨雅如：《我国农村合作社的制度供给问题研究》，人民出版社2013年版，第142页。

政府提供有关业务信息，社会责任与关怀他人是合作社在所有活动中强化社会责任。合作社所推崇的这些价值，是所有国家都倡导的价值，而合作社对这些价值的践行，无疑能够推进整个社会的文明与进步。[1]

第三节　经济法中政府与合作社关系的基本定位

基于经济法所具有的功能，以及合作社的法律属性及价值，本书认为，经济法中政府与合作社关系，主要表现为三个方面，即合作社是政府支持、扶持的对象，合作社是政府实施产业政策的载体，合作社是政府监管的对象。

一、合作社是政府支持、扶持的对象

（一）政府支持、扶持合作社的理由

在早期的合作社理论中，一种观点认为，之所以要支持合作社，在于合作社是市场竞争的标尺。依据该观点，农民通过合作社进入市场，不仅仅改善了其在市场中的地位，提高了其收入，更重要的是使市场竞争更为激烈，这迫使其他市场参与者也不得不提高效率，从而使得整个市场的效率得到了提高。因此，合作社实际上扮演了市场竞争标尺的社会公共品提供者的角色，政府应给予公共政策的支持。[2]现在不少学者认为，政府之所以要支持、扶持合作社，是由于合作社具有互助性质，体现了社会公平的原则，加之其在市场竞争中的弱势地位，因而政府扶持是必要的。[3]

合作社与其他经济组织尤其是大型公司相比，在经济方面往往处于相对弱者的地位。这种弱者地位，一方面是合作社本身在经营规模及经济实力上大多数处于同行业中的中小企业的状况；另一方面更是体现在合作社往往是由在市场竞争中处于弱者地位的社员所组成。因此，为了维护公平的市场竞争秩序，追求法律的实质公平，有必要通过法律的形式，明确国家对合作社的鼓励和支持，以有利于合作社以及合作社所在的特定行业或区域的发展。例如，《意大利共和国宪法》第45条规定："共和国承认不以进行私人投资为目的的互助合作社的社会职能。法律得以各种适当的措施奖励和支持互助运动的成长，并

---

〔1〕 管爱国、刘惠译："国际合作社联盟关于合作社定义、价值和原则的详细说明"，载《中国合作经济》1995年第12期。

〔2〕 郭红东、钱崔红："关于合作社理论的文献综述"，载《中国农村观察》2005年第1期。

〔3〕 杨雅如：《我国农村合作社的制度供给问题研究》，人民出版社2013年版，第146页。

通过必要的监督来保证互助运动能保持自己的性质和目的"。[1]而国家支持与扶持合作社要形成规范化与稳定化，则必须通过一定的法律形式体现出来，经济法则是这些支持与扶持合作社法律的重要组成部分。

经济法是国家干预经济的法，其对经济的干预主要分为两个方面：对市场规制与对经济调节。而不论是对市场规制还是对经济调节，事实上对经济性弱势群体都有着保护的作用。法律是一种矫正机制，在市场规制法的矫正下，社会关系中主体之间的不平等被削弱，经济力量、社会地位等方面的差距会被大大地缩小。[2]经济法是以社会利益为本位的法，在承认经济主体的资源和个人禀赋等方面存在差异的前提下，其所追求的是一种结果公平。相应地，经济法在法律调整方式上，不以强制性（如禁止、限制、命令）规范为主，而是更多体现为促进性（如引导、鼓励、帮助、提供服务等）规范。[3]基于合作社所追求的目标，为维护社会整体利益，促进社会和谐发展，经济法对其的支持与扶持就成为必然。

（二）政府支持与扶持合作社的方式

至于如何支持与扶持合作社，国际合作联盟指出应从五个方面展开：一是政府为合作社提供法律保护，按照合作社原则，制定和执行合作社法，并采取步骤防止合作社官方化；二是支持建立一个自立的、强大的合作社工作部门，作为政府与合作社之间对话的渠道，起沟通作用；三是帮助合作社建立和发展各项互助合作基金，培养专业化管理人才；四是支持合作社的教育和培训，在各类学校和一般教育课程中，应加入合作社的内容；五是宣传倡导合作社价值和精神，对于为合作社发展贡献的人授予适当的荣誉和必要的奖励等。[4]

现实中，各国和地区合作社的支持、扶持主要体现在以下方面：一是财政扶持和税收优惠。例如在法国，合作社有两项税收优惠政策：一是免公司税，二是减半征收地方税。[5]二是金融支持。例如通过政策性银行、商业银行对合作社提供优惠贷款，或设立合作金融机构对合作社提供资金帮助。三是反垄断豁免，合作社不同于一般公司企业，对其的联合行为不能完全适用反垄断法，应给予适度的反垄断豁免。四是其他方面的支持与扶持，如培训人才、提供信息等。

---

〔1〕　戴学正，等主编：《中外宪法选编》（下册），华夏出版社 1994 年版，第 88 页。

〔2〕　韩志红：《经济法调整机制研究》，中国检察出版社 2005 年版，第 159 页。

〔3〕　刘小红："论《农民专业合作社法》的立法完善"，载《农业经济问题》2009 年第 7 期。

〔4〕　夏英："各国政府与合作社的关系及政策定位"，载《中国合作经济》2004 年第 4 期。

〔5〕　全国人大农业与农村委员会代表团："法国农业合作社及对我国的启示"，载《农村经营管理》2005 年第 4 期。

在如何支持合作社方面，学界也有不少研究。有学者认为，国家制定有关合作社的政策与法律，不应把调整合作社的内部经济关系作为重点。为此，政府应提供制度性服务、政策上的优惠、在其他方面帮助合作社发展。政府所提供的制度性服务，包括制定合作社示范章程予以引导等。[1]此外，不少人指出，政府对合作社的支持、扶持要注意把握"度"。因为，保持一定的"度"才能不影响合作社的独立性。从国内外合作运动发展的历史经验看，准确把握国家对合作经济干预的"度"，是正确处理国家与合作经济的关键。[2]过"度"地干预，合作社将丧失其独立，性质甚至都会被改变。例如，印度合作社的官办性质非常突出，政府不仅直接投资合作社，而且比重相当大，各级政府均设有合作局、处机构，以及专员职务，能够直接管理合作社。[3]对此，有学者认为，政府与合作社的关系是政府支持合作社、但不强行推动；合作社独立经营、不依赖政府外援去生存。[4]政府虽应在设立等方面对合作社给予支持和扶持，但对合作社的支持和扶持，不是强制实行合作，直接插手合作社的内部事务，左右合作社的经营管理，而是创造合作社发展的良好环境，将政府对合作社的支持与扶持、监督、指导与服务纳入法制的轨道。为此，在合作社法中应明确政府与合作社的关系，既要规定政府扶持和引导合作社的义务，也要规定政府对合作社进行干预时的赔偿责任，赋予合作社损害赔偿请求权。[5]

在我国合作社发展中，一些地方也存在着政府过度干预合作社的现象。该现象应如何减少乃至消除呢？不少学者认为，合作社与政府的关系应当按照政府调控和管理市场，市场引导合作社的生产经营活动的原则运行。在我国合作社发展初期，政府依靠行政力量积极推动合作社的发展是十分必要的，但是政府推动方式不是政府直接介入合作社的创设活动或干预合作社的生产经营活动，而是主要负责有关合作社的法律、法规和政策的制定，将合作社的性质、特征、成立条件、经营管理机制、监管办法、国家对它的各项政策等用法律的形式确定下来。[6]当合作社发展到一定程度，政府要从直接参与中逐步退出，注重从外部环境方面为合作社的发展创造条件，同时完善市场运作体系，建立公平有序的市场规则，做好市场的宏观管理和微观监管，做好基础设施建设，

---

〔1〕 应瑞瑶、何军："中国农业合作社立法若干理论问题研究"，载《农业经济问题》2002 年第 7 期。

〔2〕 慕永太主编：《合作社理论与实践》，中国农业出版社 2001 年版，第 220 页。

〔3〕 王树桐、戎殿新主编：《世界合作社运动史》，山东大学出版社 1996 年版，第 308 页。

〔4〕 苑鹏："《农民专业合作社法》关于政府与合作社关系的立法定位"，载《青岛农业大学学报（社会科学版）》2008 年第 3 期。

〔5〕 朱晓娟："法律语境下的合作社"，载《北方法学》2007 年 6 期。

〔6〕 陈岷，等著：《合作社法律制度研究》，法律出版社 2013 年版，第 202 页。

提供经营信息和技术服务，为合作社的健康发展营造良好的法律制度环境和市场环境，从而降低合作社的制度创新的成本。因此，在我国合作社发展初期，政府大力扶持是需要的，但当其进入稳定发展时期以后，政府就必须适时地退出，[1]以让合作社保持必要的独立性。

二、合作社是政府实施产业政策的载体

（一）产业及产业政策的界定

所谓产业，通常是指国民经济中以社会分工为基础，在产品和劳务的生产经营上具有某些相同特征的企业及其活动的集合，是一个多层次的经济系统。[2]

关于产业政策，有人认为是一国政府规划、诱导和干预产业的形成和发展的经济政策，目的在于引导社会资源在产业之间和产业内部优化配置，建立有效、均衡的产业结构，促进国民经济持续、稳定和协调发展。[3]也有人认为其指政府通过相应政策手段，对资源配置和利益分配进行干预，对企业行为进行某些限制和诱导，从而对产业发展的方向施加影响的一系列政策。[4]一国的经济是由多产业部门组成的，且各产业部门之间在规模上存在一定比例关系，如此，一国经济才能协调发展，否则，势必造成资源的浪费。就此而言，简单地说，所谓产业政策应是一国为促进产业协调发展对各产业发展所作出的安排。至于所实施的具体产业政策的手段，则包括规划、引导、促进、调整、保护、扶持、限制等。[5]

（二）合作社成为政府实施产业政策载体的缘由

1. 可充分利用社会力量高效实施政府产业政策

基于合作社能够成为政府的合作者，政府可以利用合作社这一组织形式做一些政府力所不能及的事情，让合作社利用自身的力量，承担一些政府的经济发展规划项目，协助政府实现社会发展目标。[6]由于合作社能够形成组织体系，联系面广，因而通过合作社可以有效地利用相关资源实现政府在某一产业政策方面的目的。例如，在第一次世界大战中，参战国政府大都对主要食品和

---

〔1〕　郭富青："现代合作社组织运作的法律机制"，载《河南社会科学》2006年第11期。

〔2〕　简新华主编：《产业经济学》，武汉大学出版社2001年版，第1页。

〔3〕　史际春编著：《经济法》，中国人民大学出版社2010年版，第205页。

〔4〕　姜昕、杨临宏主编：《产业政策法》，中国社会科学出版社2008版，第9页。

〔5〕　史际春编著：《经济法》，中国人民大学出版社2010年版，第205页。

〔6〕　王和群：" '合而不同' 的合作者——浅论农民专业合作社与政府的关系"，载中国农经信息网，http://www.caein.com/，2015年11月8日最后访问。

日用品实行定量配售制，合作社，主要是消费合作社，便被当局看作是执行这项任务最适宜的组织形式。于是，大批的消费合作社被动员为战争服务。[1]在日本，农协则承担着推行农村基本经济政策的重任，即政府通过农协将分散的农户组织起来，并将他们置于国家的管理和影响之下。例如，日本政府的限制大米生产、管理水田旱作的计划，以及对农业生产的保护措施，对先进农业生产技术的推广等都是通过农协完成的。[2]在泰国，许多农业发展项目包括海外援助项目，政府依靠合作社开展，泰国的大米是由合作社为主经营的，包括大米的出口业务也是国家委托全国农业合作联社有限公司出口的。[3]

合作社能够成为政府实施产业政策的载体，理论来源之一为"法团主义"观点。依据法团主义，合作社可为政府推行政策或与政府合作。在此方面，印度合作社的发展比较典型。印度合作社运动的一个特点是：政府将合作社作为实现"一体化和公平社会"政策的主要手段，不仅予以一般的支持，而且直接进行投资。[4]例如，印度乳制品行业的巨大成功就是政府通过合作社实施产业政策的结果。为实行"白色革命"，提高牛奶产量，实现增加国民营养，改善国民体质，并增加农民收入和就业的目的，印度政府进行了"白色革命"。"白色革命"的核心是"洪流计划"，即将"一滴一滴"的牛奶从农村千家万户收集到加工厂形成"洪流"，而"洪流计划"的实施又是通过国家乳业发展协会与印度奶业合作社联盟进行的。[5]

2. 合作社所在产业多为弱质产业

通常而言，合作经济所发挥作用的领域主要集中在农业生产、农产品流通、农村金融、消费领域、住宅建设、农村社会保障等方面。而这些领域所涉及的产业在国民经济中占有重要地位且往往又属于弱质产业。制定、实施产业政策的目的是在一些产业部门有效扩大供给和大幅度提高劳动生产率，进而促进这些产业的发展，其实质是促进这些产业的强大及具有更强的竞争力。而这些目的的实现，依靠大量的、呈散沙状的个人经营是无法实现的。在合作经济所发挥作用的领域，往往存在着大量的个人经营行为。而通过合作社实施产业政策，则可将千家万户个人经营组织起来，较之政府通过与大量的个人经营者直接打交道去推行产业政策效率要高得多。相应地，通过合作社实施产业政策，能够进一步形成产业规模并有效地提升整个产业的技术水平。例如，合作

〔1〕 王树桐、戎殿新主编：《世界合作社运动史》，山东大学出版社1996年版，第97~98页。
〔2〕 王玉梅：《农民专业合作社之法理探究与实践》，科学出版社2012年版，第192页。
〔3〕 毕美家、管爱国编著：《亚洲农村合作社经济》，中国商业出版社1991年版，第247页。
〔4〕 王树桐、戎殿新主编：《世界合作社运动史》，山东大学出版社1996年版，第304页。
〔5〕 任强：《合作社的政治社会学》，浙江大学2012博士学位论文。

社是政府实施农业产业化的经济载体，合作社发展壮大了，政府的农业产业化发展规划和政策措施，通过合作社得到全面贯彻实施，从而大大加快农业产业化进程。[1]20世纪60年代，法国制定了《农业指导法》。依据该法，法国对农业的扶持资金要大部分用于农业合作社，以鼓励农民通过合作社联合起来。[2]在印度，合作社在国民经济中的地位很重要，其帮助和促进了政府农业计划的实施和开发任务的完成。[3]我国《农民专业合作社法》第8条规定，国家通过产业政策促进农民专业合作社的发展；第49条规定，国家支持发展农业和农村经济的建设项目，可以委托和安排有条件的有关农民专业合作社实施。农业部、国家发展改革委、科技部、财政部、水利部、商务部、国家林业局发布的《关于支持有条件的农民专业合作社承担国家有关涉农项目的意见》（农经发〔2010〕6号）则提出，对适合农民专业合作社承担的涉农项目，都应将农民专业合作社纳入申报范围，明确申报条件，积极支持有条件的农民专业合作社承担涉农项目。

具体而言，国家在进行产业立法及制定产业政策时，可从产业结构、产业组织、产业技术、产业布局等方面体现出对合作经济发展的支持，有关的政策应向合作经济倾斜。例如，在产业结构政策方面，赋予合作社在农业生产、农产品流通、农村金融、消费领域、住宅建设、农村社会保障中的主体地位；再比如，在产业组织政策方面，通过允许合作社形成区域性乃至全国性的合作社联合组织以增强其竞争实力，同时应当对其适用《中小企业促进法》的相关规范。此外，还可通过合作社，形成产业的纵向联合。

三、合作社是政府监管的对象

（一）政府监管合作社的必要性

基于合作社的属性及价值，各国和地区往往对合作社给予必要的支持与扶持，但此种支持与扶持则会诱导一些其他社会组织假冒合作社的名义存在。有的合作社虽有合作社之名，实为其他经济组织。在我国就有此种现象，例如，有学者调研的山东某生猪运销合作社，已有了一定的规模，但就其运营模式来看，是一个家族合伙企业。[4]对此，政府有必要予以干预以维护市场的公平竞

---

[1]　慕永太主编：《合作社理论与实践》，中国农业出版社2001年版，第224页。

[2]　全国人大农业与农村委员会代表团："法国农业合作社及对我国的启示"，载《农村经营管理》2005年第4期。

[3]　王树桐、戎殿新主编：《世界合作社运动史》，山东大学出版社1996年版，第308页。

[4]　张晓山，等著：《合作经济理论与中国农民合作社的实践》，首都经济贸易大学出版社2009年版，第4～5页。

争。而政府的干预要走法治化之路，则须通过经济法将干预措施固定下来。

在现代市场经济条件下，国家干预经济的手段是多种多样的，其中最主要的手段之一即是对市场主体给予必要的管理。由此，导致了经济法律领域大量"管理型立法"的存在。[1]合作社作为一种社会存在，是市民社会中个体力量的组合，同时也是市场主体之一，故国家必然要对其进行规范。[2]此外，作为社会中间层的合作社，其行为也天然接近于联合行为，内在地蕴含着不正当竞争、垄断风险，对社会具有无意或有意的破坏性。[3]随着合作社迅速发展，其对社会稳定、国民经济发展必然会产生重要影响。这就需要政府对合作社发展中产生的问题，早发现、早认识、早解决，加强对合作社的管理指导，规范和监督其经营运行，建立长效稳定的经营机制，确实保障社员的利益，以提高合作社建设能力，增强其发展力、凝聚力，促进合作组织健康有序发展。[4]可以认为，政府适当的监督管理，是合作社走向规范、健康发展的有力保障。[5]

（二）合作社监管内容

就政府行使职权而言，合作社与政府之间存在着不平等的隶属关系。隶属关系不仅包括行政管理关系，还包括对与合作社有关的犯罪行为的刑罚。这些关系包括因合作社的设立、变更而在合作社与有关行政主管机关之间发生的行政许可关系、登记关系；因合作社经营管理行为违反行政法规而在合作社与有关行政执法机关之间发生的行政处罚关系；合作社及其社员因投资经营合作社而实施犯罪行为的刑罚关系。[6]具体而言，大致可将对合作社的监管分为两个方面，一是对合作社市场准入的监管，即规范合作社的设立；二是监管合作社的经营行为，也即规制合作社的经营，制止空的合作社及假的合作社存在。

1. 规范合作社的设立

合作社作为自成一类的社会组织，有着独特的属性，其内部组织及运行与其他社会组织尤其是公司等企业相比明显不同。对其设立，各国和地区合作社法均给予明确规定。合作社的设立问题主要包括应具备的条件及程序。通过对

---

〔1〕 刘小红："论《农民专业合作社法》的立法完善"，载《农业经济问题》2009 年第 7 期。

〔2〕 陈岷，等著：《合作社法律制度研究》，法律出版社 2013 年版，第 66 页。

〔3〕 苏永钦：《经济法的挑战》，亚南图书出版公司 1985 年版，第 185 页。

〔4〕 王和群："'合而不同'的合作者——浅论农民专业合作社与政府的关系"，载中国农经信息网，http://www.caein.com/，2015 年 11 月 8 日最后访问。

〔5〕 慕永太主编：《合作社理论与实践》，中国农业出版社 2001 年版，第 226 页。

〔6〕 陈岷，等著：《合作社法律制度研究》，法律出版社 2013 年版，第 56 页。

设立条件和程序的规定，确保所设立的合作社具备独特的属性，以与其他社会组织能够区别开来。因此，对合作社设立的管理是政府的职权所在，也是政府必须应履行的义务。由此，方能为合作社健康发展奠定基础。

2. 规制合作社的经营

在我国，随着《农民专业合作社法》的出台，政府相关扶持政策逐步到位，刺激了合作社的非正常增长，空头社和翻牌社现象比较普遍，一些不属于"合作社"或者不具有人合性、非营利性、互助性和法人性等属性的经济组织也打着"合作社"的旗号开展活动。这些"合作社"的存在，因其争夺国家在合作社方面所给予的优惠政策或财政补贴，在一定程度上变相地稀释了国家政策和补贴对合作社的鼓励和促进作用，[1]严重扭曲了合作社建立的初衷。[2]为防止空假合作社的存在，不少国家和地区对合作社的经营活动往往给予一定的监管。例如，为保证合作社遵守利润返还原则，法国法律规定财政部下属的税务稽查部门负责对合作社与非社员进行的交易进行监督检查。[3]

至于如何规制合作社的经营行为，有学者认为，政府对合作社的监督管理，应主要体现在以下方面：一是明确监督管理单位；二是界定监督管理内容，主要包括制度管理监督、财务管理监督、民主管理监督；三是强化监督管理措施；四是制订合作社所依据的法律法规。[4]另有人提出，就合作社而言，经济法通过管理而进行的干预主要表现在以下方面：明确合作社的治理结构，规定合作社的分配制度，设置合作社的责任制度等。[5]事实上，对合作社经营行为的规制，应是重点准确地掌握合作社经营情况，看其运作是否符合合作社原则的要求，是否能够正常的运作，是否能够公平地实现合作社社员的合法权益。

---

〔1〕 朱月娟、李勇军："合作社的基本属性及其价值"，载《商业时代》2012年第29期。

〔2〕 杨雅如：《我国农村合作社的制度供给问题研究》，人民出版社2013年版，第136页。

〔3〕 全国人大农业与农村委员会代表团："法国农业合作社及对我国的启示"，载《农村经营管理》2005年第4期。

〔4〕 慕永太主编：《合作社理论与实践》，中国农业出版社2001年版，第227页。

〔5〕 刘小红："论《农民专业合作社法》的立法完善——以经济法的干预方式为进路"，载《农业经济问题》2009年第7期。

第二章

合作社法律支持体系之构建

在合作社与政府关系问题上，自 19 世纪初合作运动出现以来就存在分歧。150 多年来，研究合作社的学者对这一问题争论不休。但实际上有两点共性毋庸置疑：第一，合作社存在于一个既定的社会结构中，特定的社会政治制度、经济体制、立法实践在很大程度上影响甚至决定合作社的功能及发展方向，也决定了合作社与国家之间的关系。第二，有关国家与合作社之间互动关系理论来源于实践并指导实践，对其进行研究时必须将其置于整个国家学说的理论框架中加以考虑。[1]因此，在定位我国的合作社与国家之间的关系时，必须借鉴西方国家尤其是发展中国家合作运动与国家之间互动关系的经验。

2013 年、2014 年、2015 年连续三年的中央一号文件，都与农业息息相关，旨在增强农村发展活力，加快农业现代化建设。由此可见，党中央、国务院对农业发展及惠及、改善民生的措施高度重视。在 2013 年的一号文件中，首要提出的就是国家大力支持、发展多种形式的农民专业合作社，并为鼓励合作社的创建和发展提供了大量优惠政策。[2]随后的 2014 年度一号文件又相继提出了保证合作社"不差钱""不差地""不差人"的政策目标，为合作社的快速发展提供了有利条件。在 2015 年的《加快农业现代化意见》中又进一步

---

〔1〕 高萍："合作社与国家互动关系的思考"，载《生产力研究》2006 年第 11 期。

〔2〕 中国农民专业合作社网，http：//www.jgs.moa.gov.cn/cfc/，2016 年 5 月 19 日最后访问。

指出了要加快构建包括家庭农场、农民专业合作社在内的新型农业经营体系，努力提高农民的自治化程度，继续拓宽合作社的现有服务领域以及大力引导农民以土地经营权入股合作社。上述政策文件的相继出台，都表明了中央政府对"三农"问题的高度重视和大力支持，它们同《农民专业合作社法》一样都对合作社的发展实践提供了政策、法律保障。而合作社的治理结构是其健康发展的首要问题，且其在现行法律框架内还不是独立的法人。与一般工商企业相比，具有人合性、互助性。正因如此，根据合作社自身特点，探索其治理结构问题意义深远。它有利于新型农业经营体系的构建，顺利推进农业现代化，提高农民收入，维护农户合法权益。[1]

第一节　政府支持合作社关系的历史分析

一、西方国家政府支持合作社的理论审视

西方合作运动始于 19 世纪初，自由放任、反对国家干预的理论在当时占主导地位：认为"管得最少的政府是最好的政府"；认为国家的作用应仅限于维持法律和程序，保护国民免受外来侵略，扮演警察或"守夜人"的角色。在这种形势下，西方合作运动作为对"自由放任"的资本主义经济制度的一种反抗力而产生。根据当时资本主义发展阶段所决定的国家学说及相应的政策，资本主义政府不会给予合作运动以任何援助；但由于合作社"不是同资本直接进行斗争的组织"，[2]统治阶级对它不像对直接从事政治运动的工会运动那样敌视，这种状态决定了西方合作运动在早期发展中必须立足于利用自身资源。西方合作运动一方面强调群众的自发参与，另一方面又强调自助与互助；这与依靠国家援助的主张不相容。西方合作运动自下而上地产生与其国民教育水平和国民素质已达到相当高的程度有必然联系。"较高的国民教育水平和国民素质必然会造就出一批优秀的领导人。西方合作组织的建立与发展与各国合作运动积极分子的努力是分不开的。"[3]正是基于当时的经济、社会、文化条件，西方合作组织才得以在没有任何国家援助的情况下产生、巩固和发展。

---

〔1〕　孙亚聪：《我国农民专业合作社治理结构法律问题研究》，河北经贸大学 2015 年硕士学位论文。

〔2〕　列宁：《列宁全集》第 16 卷，人民出版社 1961 年版，第 263 页。

〔3〕　张晓山、苑鹏：《合作经济理论与实践》，中国城市出版社 1991 年版，第 40 页。

随着资本主义社会的发展，要求国家对经济进行干预的国家学说逐渐占了上风，西方合作运动也随着变化。合作运动的领导人感到有必要重新检验经典合作社与国家之间的关系准则。他们认为合作社的自助原则并不一定与国家援助相对立；从某种意义上来说，国家的帮助只会促进合作社的自力更生，因而合作运动应积极从政府那里寻求最大限度的支持。

由于统治阶级及合作社的提倡者"没有估计到阶级斗争、工人阶级夺取政权，推翻剥削者的阶级统治这样的根本问题"，[1]因而统治阶级逐渐感到合作运动并不会对其统治构成威胁，反而会缓和阶级矛盾、改进资本主义经济制度。政府对合作社开始积极干预，试图将合作运动纳入资本主义经济体系之中。干预主要包括以下形式：（1）政府通过与合作社有关的法令来限制、引导或支持合作社的经济活动。这方面最重要的是有关合作社纳税标准的立法。（2）政府给予合作社各种形式的财政援助如政府的赠款、贷款、担保、购买合作社的股份、照顾合作社一些订货合同、转让土地及建筑物。（3）政府参与合作社的教育与培训计划。这样，西方国家在采取多种形式对合作社进行干预的同时，尊重合作社的自主权和独立性，使合作社具有活力，充分发挥其作用。[2]

从理论上看，西方赞成政府支持合作社的流派主要为空想社会主义派、国家社会主义派。以欧文为代表的合作社空想社会主义流派和以路易·布朗（Blance Louis，1811~1882）为代表的国家社会主义派的初衷，都是为了修补资本主义的不足，企图改良社会，从而维护资本主义的稳定发展。从支持的方式和内容看，他们基本上都是要求国家从财政资金方面给予直接的支持。他们看到了资本主义社会的种种弊端，憎恶资本家的无情剥削，同情被压迫、被剥削的贫穷弱者，但并不反对私有制和资本主义制度。于是前者为改造社会天才地设计了这种很好的形式，后者看到这种形式将劳动者从资本家剥削压榨中解救出来的有效性，因而都主张发展合作社。前者寄希望于资本主义国家和资产阶级慈善家，后者看到"劳动者虽然有组织生产合作的能力，但没有与资本家对抗的财力，因而必须请求政府拨给专款进行建设"。[3]

二、发展中国家关于政府支持合作社的理论

发展中国家西方模式的合作社与政府之间的关系从未流行过，因为其从合

〔1〕 列宁：《列宁全集》第33卷，人民出版社1961年版，第427页。

〔2〕 高萍：《国家与合作社之间的互动关系——从国家对合作社的扶持政策看合作社立法》，山西财经大学2004年硕士学位论文。

〔3〕 杨坚白主编：《合作经济学概论》，中国社会科学出版社1992年版，第36页。

作社发展的初始阶段就将合作运动纳入整个国家的发展框架中——既出于政府的主观考虑，也由发展中国家的客观条件所决定。这些国家一方面把发展合作社作为加速工业化、促进经济发展、消除二元结构的一种手段；另一方面将合作社视为民主在经济上的对应部分，合作社的发展将有利于实现社会公平、正义的目标。这样必然导致国家对合作运动的直接干预。同时，发展中国家人民平均文化水平较低、民主意识薄弱，合作运动很难自下而上自发地产生。许多发展中国家都制定了合作社法及细则，政府设有专门机构来发起、推进合作运动，甚至派政府官员来管理合作社机构。在这样的实践中，形成了"国家与合作社之间是伙伴关系"这一学说；[1]在发展中国家的合作运动实践的基础上产生了"伙伴关系说"——在发展中国家，合作社要实现自助，必须寻求外界帮助，而这最初的援助来自国家。

在国家对待合作社的态度上，印度学者杜伯哈什（Dubhashi）认为存在两种情况：常规态度和积极态度。前者指国家只对合作社给予法律上的认可，保护社员的合法权益，防止合作社滥用权力。政府的功能只限于对合作社的注册、仲裁、调查。后者除此之外，还具有对合作社的促进、推广、监督、审计、培训及教育功能。在国家对合作运动采取积极态度时，如何保持合作社自身的独立性呢？杜伯哈什认为，合作运动的自治有两个基本方面：一是保持与加快合作社自治的进程要求，将越来越多的功能从政府有关部门转移到合作社的自身机构；二是这种功能的转移必须与合作社机构行使此功能的能力相协调。西方合作学者 Valco 提出两种类型的合作社："经济合作社"（西方模式的合作社）与"福利合作社"（发展中国家的合作社）。他认为在真正的"经济合作社"到来之前，"福利合作社"则有很大的发展空间。[2]

在这种特定的背景和历史条件下，国家干预对合作社的发展必不可少，合作社"作为第一推动力来弥补个人主动性的不足"。[3]国家对合作社的宣传讲解可启发群众的合作意识；国家对合作社的有关立法有利于合作社作为法人独立地开展活动，对外承担责任；国家对合作社的各种优惠政策、信贷机构、财政支持可启动合作社的经济。但国家对合作社的干预也引发了许多弊端：第一，有关合作社的宣传教育、群众意识的启发应是合作社发展的前提条件。一些国家通过行政命令甚至强制手段、以搞运动的政治方式来组织合作社，违背了合作社社员自愿参加的原则，挫伤了群众的积极性。第二，一些国家将合作

---

〔1〕　［印度］P. 杜伯哈什：《合作的原则与哲学》，1970 年版，第 172 页。
〔2〕　［印度］P. 杜伯哈什：《合作的原则与哲学》，1970 年版，第 177 页。
〔3〕　张晓山、苑鹏：《合作经济理论与实践》，中国城市出版社 1991 年版，第 45 页。

社作为控制经济的手段，合作组织具有浓厚的"官办"色彩；社员感受不到自己是主人，对合作社丧失兴趣。第三，政府提供大量的资金及财政援助通常是吸引人们参加合作社的重要原因之一；而政府资助一旦停止，合作社就面临解体的危险。第四，合作社的资源有很大一部分来源于政府贷款甚至无偿拨款，合作社内部的营私舞弊、贪污腐化极易发生。

以上弊端不同程度地削弱了合作社的自主权及生命力——这就需要我们慎重地思考、总结国家对合作社的态度以及干预程度。

三、马克思主义合作理论关于政府支持合作社的论述

马克思主义理论家是一贯主张由国家援助发展合作社的。恩格斯在《法德农民问题》中提出坚持国家教育原则。他说："我们在这方面为了农民的利益而必须牺牲一些社会资金，这从资本主义经济的观点看来好像是白费金钱，然而这却是善于投资，因为这种物质牺牲可能使花在整个社会改造上的费用节省十分之九。因此，在这个意义上说来，我们可以很慷慨地对待农民。"[1]列宁认为，建立合作社的重要意义在于："第一，在原则方面（生产资料所有权操纵在国家手里），第二，在采用尽可能使农民感到简便易行和容易接受的方法过渡到新制度方面"。[2]他认为在无产阶级夺取政权后，党的一个重要任务就是文化工作，而此工作的经济目的就是实现合作化。为此，"在政策上这样对待合作社，就是使它不仅能一般地、经常地享受一定的优待，而且要使这种优待成为纯粹资财上的优待（如银行利息的高低等），贷给合作社的国家资金，应该比贷给私人企业的多些（即使稍微多一点也好），甚至和拨给重工业等等的一样。"这只是合作化初期的一般性任务，以后要随着实践找出更好更有效的支持方式。同时，他还强调，支持应是名副其实的，支持的对象是"确实有真正的居民群众参加的合作社"。[3]

刘少奇的合作社思想很大程度上继承了列宁的思想，但对合作社的认识更深刻，并结合中国的国情提出了切实可行的实施方案。在政府与合作社的关系上，他认为：(1)党和政府要坚持把发展合作社放在国家经济建设的重要战略地位上，"合作社问题对于今后农民的趋向和我们国家的前途是一个具有决定意义的问题"。[4](2) 要给合作社以独立法人地位和应有的政治地位、社会地位。刘少奇认为，合作社是一个独立的群众经济组织，不是工会，它与政府的

〔1〕 马克思、恩格斯：《马克思恩格斯选集》第4卷，人民出版社1972年版，第312页。

〔2〕 列宁：《列宁选集》，第4卷，人民出版社1972年第2版，第682页。

〔3〕 列宁：《列宁选集》，第4卷，人民出版社1972年第2版，第683~687页。

〔4〕 刘少奇：《刘少奇论合作经济》，中国财政经济出版社1987年版，第139页。

关系是：工厂应在资金、干部、房子等各方面帮助合作社，合作社也要帮助工厂，但在经营组织上厂方不能干涉合作社。工会也要帮助合作社，并监督合作社，看其是否符合社员利益，可以提出建议，但不能支配合作社。农会、妇联会与合作社的关系也是这样。合作社不是国家贸易的附属机关，它只要服从法令，遵守合同，在计划上与贸易机关取得配合就够了。[1]（3）国家在经济方面帮助合作社，并将这种帮助上升为一种国家制度。第一，国家银行给合作社以大量的贷款，并在贷款的利息上给以优待，国家并可创设专门对合作社进行存放款项及其他业务的合作银行，去扶助和指导合作社。第二，国家经济机关委托合作社在有利条件下办理各种业务；并在合作社组织健全后，使合作社与国家商店进行适当的分工，把目前由贸易局及国家工厂所负担的一部分零售和收购的业务，分给合作社去做。第三，国家经济机关与合作社订立交换货物的合同时，给合作社以适当的优待及优先权。第四，国家运输机关及税收机关给合作社以适当的优待及优先权。国家对合作社的上述各种帮助，应该定为新民主主义的国家政策和国家制度之一，以保障这种帮助的经常和可靠。（4）重视合作社立法问题。他指出："要使合作社走向巩固，走上轨道，必须制定合作社法"，"政府亦须分别地制定关于各种合作社的法律，严格保护各种合作社的财产，保障各种合作社章程的实行，规定国家税收及经济、运输等机关对于各种合作社的优待，取缔冒名合作社去进行投机操纵剥削人民的行为"。在刘少奇同志的直接指导下，当时出台了许多扶持合作社发展的优惠政策，他还亲自指导制定了《中华人民共和国合作社法（草案）》。

四、当前国内外学者关于政府支持合作社理论的观点

截至目前，国外文献对合作社发展中政府作用的探讨较少。西方国家的市场经济已经相当完善，政府对合作社的支持和监管都是按照明确的法律规定实施的，政府行为不当要受到法律追究。因而，很少出现政府"缺位"或"越位"现象；而且西方农业商品化程度较高，不少国家的合作社都是自发产生的，甚至不需要政府的特别支持。[2]加拿大合作学者保罗·卡斯尔曼曾总结国家对待合作社有四种态度：（1）对立，即国家不认可合作社的存在，甚至加以歧视；（2）无差别，即国家将合作社与其他企业形式同等看待；（3）过度热情，国家在帮助合作社方面走得太远，以致达到控制及包办合作社事务的程度；（4）恰如其分，政府不仅理解合作社存在的经济意义，而且也理解合作运动的

〔1〕　刘少奇：《刘少奇论合作经济》，中国财政经济出版社1987年版，第87页。
〔2〕　王震江：《中国农村新型合作社发展中的政府作用》，清华大学2004年硕士学位论文。

社会意义及长期效应，认为合作社达到自助及自立从长远看对政府有利。他认为在实践中要把握好过度热情和恰如其分的度很难；从理论上讲，如果政府援助一旦撤销，合作组织就有消亡的危险，这时政府的态度就过度热情了。[1]目前国内尚没有人专门明确地研究新型农村合作社发展中政府的作用。我国一些学者从理论和实践上探讨合作社与国家的关系，具有代表性的有张晓山、徐更生、卢文、许锦英等，其观点归纳起来主要如下：(1)国家干预合作社的方式应该是间接的而非直接的。(2)应该更多采用法律的和经济的手段，尽量避免采取直接行政命令。(3)国家应在创造良好的外部环境方面多做工作，尽量避免介入合作社的内部事务。(4)将合作社的性质、特征、成立条件、经营管理机制、监管办法、国家对它的各项政策等用法律的形式确定下来，是非常必要的，有利于合作社的健康、持续发展。(5)在我国，合作社的发展要有党和政府的支持，国家对合作社的干预、协调和帮助是必不可少的，尤其在合作社成立之初；但是，政府支持合作社的目标要正确，在完成"第一推动力"后，要毫不犹豫地退出。[2]

合作社与政府关系的历史分析表明，组织合作社是各国长期实践中选择的共同道路。当市场形势严峻、外部市场的交易费用高对商品化发展不利时，各社会主体就会进行各种形式的联合和合作，形成一种合作组织，便有了其经济上的必然性。借鉴国外的成功经验，对于我国具有十分重要的意义。同时，由于我国特殊的国情又要求我国合作社的建设应该具有中国特色；所以我们应把合作思想与我国国情紧密结合，借鉴国外发达国家政府对合作社的扶持政策和方式，探索适合我国特点的合作社发展道路。与此同时，我们可以得出如下结论：合作社在起步阶段，需要政府作为第一推动力，经济活动步入正轨后国家就应适时抽身而减少干预，处理国家与合作社之间关系的主动权在政府手里。正如有些合作专家所说，"现实是离开了党组织和政府的主动参与，旧体制的解体和新体制的成长都是难以想象的……政府的补充和调控作用也是其他任何组织难以替代的。关键在于清醒地把握政府的参与度和最终的发展目标"。[3]

〔1〕 张晓山、苑鹏：《合作经济理论与实践》，中国城市出版社1991年版。

〔2〕 王震江：《中国农村新型合作社发展中的政府作用》，清华大学2004年硕士学位论文。

〔3〕 尚志县农村改革试验区办公室：《探索的足迹——农民专业合作组织建设试验资料汇编一》，1998年，第13页。转引自高萍：《国家与合作社之间的互动关系——从国家对合作社的扶持政策看合作社立法》，山西财经大学2004年硕士学位论文。

第二节　我国政府支持合作社规范的分析

我国的合作经济思想有两个来源：一个是大约 19 世纪末 20 世纪初从西方传入的经典（源本）的合作制思想，另一个是 20 世纪二三十年代从苏联传入的集体制合作化思想；两者都对我国产生了重大和深远的影响。由市场规律所决定，国际合作运动是按照经典的合作制轨迹发展的。[1]随着我国改革开放的深入和市场经济的发展，20 世纪 90 年代，依据经典的合作经济思想及其制度设计，正本清源，纠正历史扭曲，有关部门在若干省、自治区进行试点建立起一批新型农民合作经济组织，取得一些经验和成效，但在解决和探索政府如何处理与农民合作社的关系、如何对待农民合作社的问题上还缺乏清晰的理论认识和行动指南。

一、政府促进合作社发展的动因与职能分析

（一）合作社在本质特征等方面与政府工作目的存在一致性

由于合作社的本质特征及其在经济建设、文化建设、地方行政管理建设等方面与政府工作目的都存在一致性，政府应当给予合作社一定的扶持政策并在较宽领域范围内促进合作社的发展。

合作社具有以下几个方面的正效应，契合了政府的发展目标：[2]（1）农民专业合作社的本质特征符合社会公共利益的要求。合作社的本质是处于弱势的农民自愿联合，通过共同所有和民主管理事业体（企业）来实现共同的经济、社会、文化的需求和愿望。如我国农民专业合作社的本质是以服务成员为宗旨，以生产经营活动为纽带，以销售、加工环节为合作重点，以维护成员利益、增加成员收入为主要目的，是市场经济条件下农民进行自我服务、自我发展、自我保护的一种行之有效的组织形式，是在市场经济条件下农村经营体制的创新和农业产业化的重要组织形式，是对农村生产关系适应生产力要求的完善和调整。政府工作在很大程度上是为社会提供公共利益的服务，合作社在很多方面具有服务公众的特征；它的发展有利于配合政府的工作，并能在一定程度上弥补政府工作的不足。（2）有利于调节市场的不平衡，增加贫困者的收

---

〔1〕　夏英："政府扶持农民合作社的理论依据与政策要点"，载《农村经营管理》2004 年第 6 期。

〔2〕　刘倩、赵慧峰，等："政府促进农民专业合作社发展的动因与职能分析"，载《农业经济》2008 年第 3 期。

入。合作社依据国家有关产业政策，按照市场信息，引导社员尤其是农民有组织地进入市场，使单兵作战的个体小生产与千变万化的大市场进行有效对接，在一定程度上和一定范围内解决了社员的市场困境，减少了中间环节，节约了交易成本，也避免了市场波动给农民造成的经济损失。同时，由于合作社本身对外追求经济效益，对内则是以服务为宗旨，根据交易量返还的原则，将加工或销售增值部分的大部分利益返还给成员，增加了社员收入。因此，合作社使社员收入增加，这与政府的工作目标有很强的一致性。（3）有利于加强出口贸易，促进国家贸易收支平衡。合作社能够把社员特别是农业初级生产者联合起来，并在选育良种、栽培、管理及加工、贮藏、运输等各个环节采用一些国内外新技术，提高农业生产的科技含量；同时根据 WTO 规则制定统一的质量标准，保证农产品的质量，从而加强了我国农产品出口贸易。因此，改善了国家经济地位，有利于国家贸易收支平衡。（4）有利于鼓励自助，弥补政府管理的不足。政府可借助合作社内部组织管理的天然优势，以较低的行政成本实现某些难度较大的政府目标如社区公共建设。从而，合作社就填补了基层行政管理的真空，以前属于政府的各类工作依靠合作组织被很好地完成。因此，合作社成为弥补当前基层行政管理方面薄弱环节的一种非常有效并且可行的选择。（5）有利于保护环境，实现可持续发展目标。对于发展中国家而言，以牺牲经济发展为代价来解决环境问题是不能被接受的。在解决环境问题上，个体活动、合伙活动以及公共团体和政府的作用都是必不可少的。从这种意义上来说，作为自主性合作组织的合作社，在解决环境问题方面所发挥的作用将越来越大。（6）有利于改善人民物质生活和精神生活，实现社会和谐发展。合作社在减少失业和促进社会稳定的同时，都十分重视提高成员的科学文化知识，丰富了广大农村的文化生活。

（二）合作社的发展需要政府的支持

合作社凭自身力量发展比较困难，需要国家力量的介入和扶持，支持其发展。首先，从总体上看，合作社数量有限，缺乏整体带动力。要想在短期内大规模增加合作社尤其是农民专业合作社的数量，增强其带动力，靠农民自发组织是不可能实现的，政府必须给予扶持帮助。其次，从个体上看，各合作社之间规模、实力差距大，需要规范、引导与扶持。一方面，合作社与企业相似，也存在规模的大小与实力的强弱之分；另一方面，目前我国存在的许多合作社无论是组织形式还是利益机制都不规范，加之不完善的市场运作机制和农民的知识水平限制，靠自身力量向规范化方向发展十分困难。因此，为了促进农民专业合作社的发展，政府应充分发挥其职能，根据农民专业合作社的发展水平给予相应扶持与帮助。

二、政府支持合作社关系的立法定位：基于《农民专业合作社法》的分析

《农民专业合作社法》关于政府与合作社关系定位的基本原则是：政府支持合作社，但不强行推动；合作社独立经营，不依赖政府外援去生存。对于政府在推进农民专业合作社发展中的基本职能定位是发挥有限而必不可少的作用，核心就是"指导""扶持"和"服务"，各级政府提供相应的业务机会扶持、财政资金补助、金融支持和税收优惠。[1]

（一）政府支持合作社的基本态度

《农民专业合作社法》中关于政府与合作社关系基本原则的有关规定见诸总则的部分条款。其第1条明确规定了国家对合作社的态度是"为了支持、引导农民专业合作社的发展，规范农民专业合作社的组织和行为，保护农民专业合作社及其成员的合法权益，促进农业和农村经济的发展"。因此，政府对合作社的发展给予支持和引导是这部法律中政府对合作社态度的一个基本定位。总则第8条指出，"国家通过财政支持、税收优惠和金融、科技、人才的扶持以及产业政策引导等措施，促进农民专业合作社的发展"，"国家鼓励和支持社会各方面力量为农民专业合作社提供服务"。此条第1款更加具体明确了国家支持合作社的基本扶持手段即政府将通过使用多种政策工具改善合作社内部的人力资本、物质资本、技术等生产要素供给状况以及合作社外部相关产业的竞争环境等，促进合作社市场竞争力的提升；而第2款则表明国家支持各种社会组织资源，人民团体、民间组织、企事业单位等积极参与到为合作社提供服务中来，发挥他们在推进合作事业中积极的辅助作用。事实上，国际经验也表明，动员社会力量关注合作事业、有效发挥各种社会资源的特殊作用并与政府资源一道形成合力，相互促进，共同推进合作事业发展，会更为有力地促进国家合作事业的健康发展。

（二）政府促进合作社建设与发展的基本职能

《农民专业合作社法》对于政府在推进农民专业合作社发展中的基本职能定位是：发挥有限而必不可少的作用，核心就是六个字——"指导""扶持""服务"。这种职能定位是由政府在经济中的基本职能、工业化中期政府的农业政策方针以及合作社的基本属性等多种因素共同决定的。这种职能定位，从广泛的法律意义上说，即是法律支持体系的构成部分。法律支持体系不仅包括

---

〔1〕 苑鹏："《农民专业合作社法》关于政府与合作社关系的立法定位"，载《青岛农业大学学报（社会科学版）》2008年第3期。

法律中明确规定的条款，还包括法律法规以及政府制定的相关规范性法律文件中涵盖的支持合作社发展的规范。

政府对于农民专业合作社的指导主要体现在宏观层面，通过政策、法规、制度建设、舆论宣传等手段引导农民专业合作社始终坚持合作社的基本原则、坚持为成员服务的宗旨，谋求全体社员的共同利益，使广大处于经济弱势地位的小农通过加入合作社获得自身经济利益的增进。政府对于农民专业合作社的扶持主要体现在政府使用各种政策工具，改善合作社的外部市场环境、提升合作社的市场竞争力、促进市场的充分竞争。政府扶持合作社的目的是提升合作社为社员提供服务的自助能力，让合作社用自己的手解决自己的问题，而不是代替合作社参与市场竞争。政府对于农民专业合作社提供服务已经成为当今各国政府发挥作用的重点领域，其目标是改善合作社的运行环境和经营能力，向合作社提供公共物品服务。服务范围涵盖合作社从创立阶段到运行阶段的各个环节。

（三）政府促进合作社建设与发展的职责落实

《农民专业合作社法》第9条规定："县级以上各级人民政府应当组织农业行政主管部门和其他有关部门及有关组织，依照本法规定，依据各自职责，对农民专业合作社的建设和发展给予指导、扶持和服务。"该条款明确了在推进农民专业合作社发展中，地方政府及其有关部门和其他有关单位的各自职责。首先，统领负责农民专业合作社建设和发展工作的是县级以上各级人民政府。它意味着指导、扶持农民专业合作社的建设和发展将成为各级人民政府的一项经常性工作。其次，农业行政主管部门在推进农民专业合作社建设和发展中具有不可推卸的责任。最后，在推进农村合作事业发展中一直扮演重要角色的供销社、科协等有关组织，应当在各级人民政府的直接领导下，与农业行政主管部门等各政府有关部门积极合作、密切配合，共同促进当地合作事业发展。

（四）政府支持合作社发展的主要政策路径

《农民专业合作社法》专门设置了"扶持政策"一章，为农民专业合作社的发展提供政策服务:(1)业务机会扶持。《农民专业合作社法》第49条规定:"国家支持发展农业和农村经济的建设项目，可以委托和安排有条件的有关农民专业合作社实施。"(2)财政资金补助。《农民专业合作社法》第50条规定:"中央和地方财政应当分别安排资金，支持农民专业合作社开展信息、培训、农产品质量标准与认证、农业生产基础设施建设、市场营销和技术推广等服务。对民族地区、边远地区和贫困地区的农民专业合作社和生产国家与社会急需的重要农产品的农民专业合作社给予优先扶持。"(3)金融支持。《农民专业合作社法》第51条规定:"国家政策性金融机构应当采取多种形式，为农民专业合作社提供多渠道的资金支持。具体支持政策由国务院规定。国家鼓励商业性金融机构采取多种形式，为农民专业合作社提供金融服务。"（4）税收优惠。《农民专业合作社法》第52条规定："农民专业合作社享受国家规定的对农业生产、加工、流通、服务和其他涉农经济活动相应的税收优惠。支持农民专业合作社发展的其他税收优惠政策，由国务院规定。"对合作社实行所得税、营业税、印花税、增值税等税种的减免，是许多国家通用的一种做法，此条款规定既遵循了国际惯例也肯定了政府以往的实践。该条款表明，农民专业合作社享受国家已有的关于农业生产领域和其他涉农经济活动的税收优惠，主要包括免征所得税、减免增值税和减免营业税。

第三节　合作社法律支持体系的运作机理研究

合作社法律支持体系是合作社与国家关系的集中体现，也是合作社法律制度的重要内容；对其运行机制的研究有助于揭示政府与合作社二元架构的规律性。从市民社会与政治国家以及权利与权力互动的法理框架考察，合作社法律支持体系具有其外在的合理性。从运行机制内部看，其是由一系列的构成要素组成；并且这些要素之间呈现有机互动的关系，形成一个信息反馈系统。在"政府—支持性法律规范—合作社"的框架下，合作社法律支持体系的运行是由政府收益线和合作社收益线的矛盾态决定的。

一、合作社法律支持体系的法理分析

合作社法律支持体系，是国家为支持合作社发展，通过制定一系列规范性法律文件所体现出来的法律规范的总称。合作社法律支持体系自成系统，我们从产业化背景下的农村合作经济组织切入，借鉴系统论的机制分析法展开动态分析，揭示其运作机理。合作社法律支持体系的产生，有其外部合理性。它在一系列互动因素中发展起来并受这些互动因素的影响，这构成合作社法律支持体系运行的外在机制。

（一）市民社会与政治国家：合作社法律支持体系合理性解读的宏观法理分析

市民社会与国家的分离和互动发展，奠定了法治运行的基础，[1]这一结论

---

〔1〕　马长山："市民社会与政治国家：法治的基础和界限"，载《法学研究》2001年第3期。

对于我们考察合作社法律支持体系具有重要的基石作用。农村社会是由庞大而又分散的农民个体通过血缘、地缘或业缘等因素为纽带而联结起来的，由于几千年的传统文化和历史惯性而具有坚强的韧性。农村家庭联产承包责任制及改革开放把农村经济社会剥离出来进行强调，农民的经济意识也得到尊重、鼓励和引导。经济意识的觉醒使得农村的权利意识逐步复苏，并且通过种种方式去争取。但单个农民和小范围农民集体奋斗的高成本和低效率教育了尚处在懵懂状态的农村的权利意识。但是，一个事实无疑是无法忽略的：农民利益、农民权利及其与国家利益、国家权力的冲突日渐明朗。这一既斗争又合作的态势教育了农民和国家：农民必须组织起来，才能有效表达自己的利益和权利观念，农民也认识到自己所追求的首要目标是经济权利和经济利益以及破除与此有关的其他限制；国家必须尊重农民的利益和权利尤其是经济利益和经济权利，节制国家的利益和权力，并且引导和支持农民通过组织化的合理合法的手段表述自己。这个结果多少具有一些在农村领域内市民社会与政治国家的萌芽和雏形。

在农村，市民社会与政治国家这一分析框架显然更加复杂，蕴含了更多的不确定性因素。作为沟通市民社会与政治国家重要渠道的合作社，目前显然不具备协调二者利益冲突的能力。它受制于自身的地位、成员、经济实力、追求目标以及权力膨胀的压抑，但是，它却同时作为市民社会和政治国家良性互动的重要结构性因素。合作社处在一种尴尬的地位：自身沟通能力的欠缺和自身承担的历史使命出现分裂和悖论。在市民社会和政治国家这一框架有效的既定前提下，解决合作社沟通二者出现的分裂和悖论，显然只能依赖政治国家的扶持：政府的权力触角深入农村的"市民社会"内部，培育作为市民社会重要的结构性支柱的合作社。但由于权力本质上的"恶"性和无限膨胀的欲望，必须有一种合适的规则方式来限制权力运行的边界，防止政治国家在深入农村社会时借助扶持合作社而吞噬试图培育的合作社。这种"合适的规则和方式"必须独立于政治国家和市民社会之外，而不能是权力的附属和衍生，否则其本身的德行值得怀疑并且易酿成人治的悲剧。法律因其自身的特性，具有天然承担起这一职责的历史逻辑：它在制定中，可以吸收权利与权力利益斗争下的合理因素；一俟其制定后，又成为超越于二者之上的规则体系。所以，作为政治国家代表的政府必须采取适当的方式对合作社进行支持，而支持的载体又必然选择法律的形式。因此，合作社法律支持体系在农村领域内市民社会和政治国家这一分析框架下具有必然性和合理性。"为了维护公平的市场竞争秩序，追求法律的实质公平，有必要通过法律规范的形式，明确国家对合作经济的鼓励和支持，以有利于合作经济以及合作经济所媒介的特定行业或区域经济的发展"。[1]

（二）权利与权力：合作社法律支持体系合理性解读的微观法理分析

合作社作为经济主体，是凭借其经济权利索取收益和从事经济活动的。经济权利是经济主体取得和维护自身经济利益的资格，来源于经济活动中应遵循的"等价交换"的游戏规则。经济权利的实现表现为经济权利的占有和使用的过程。只有权利的占有，没有权利的使用，权利在经济上得不到实现，权利占有本身也是没有意义的；[2]但"回首过去，对农民来说那是一个权利分布极度失衡的时代，一个权利没有保障的时代"。[3]合作社作为农民经济利益实现的重要组织载体，继受了农民权利尤其是经济权利缺失的惯性；同时现有经济权利更多是具有占有上的意义，在实现意义上的价值是不完整的。

合作社权利的这种状态极易导致两个问题：一是权力对合作社权利的侵犯；二是其他经济组织的权利对合作社权利的侵犯。这两种侵犯大致表现为两种形态：一是对于合作社应该有而实际上并不具有的权利而言，这种侵犯表现为"合法的侵犯"。合作社缺少相应的权利对抗，如地方政府对其经济利益上的侵犯；二是对于合作社具有但并非处于完整状态的权利而言，这种侵犯表现为"事实上的侵犯"。合作社的权利无法得到行使，如其缔约能力上的薄弱性。合作社权利上的缺失和不完整，从根本上限制了其发展，使合作社和其他类型经济组织发生市场交易关系时处于权利不平等的状态。救济的唯一途径也只能来自于权力，而非权利；因为权力是一种纵向关系，而权利是一种横向关系，试图依靠作为交易对象的权利所有者的自觉性来保证合作社的利益是纯粹的幻想。

权力救济合作社权利时，也面临着极大的风险，"权力系统往往维持的是一种不很公平的利益划分状态，界定的权利在一定程度上使得部分甚至大部分社会成员处于不利地位"，同时"权力对权利的界定有一定的灵活性，掌握权力的人难免在界定利益关系的过程中为自己或自己想要关照的人作出一定的倾斜"，[4]也容易产生对合作社权利的侵害，因此对权利的救济必须依托法律规范的形式。从政府权力救济合作社权利、维护权利之间的公平、防止权力对权

---

〔1〕　欧阳仁根："试论我国合作经济法律体系的构建"，载《中国农村观察》2002 年第 2 期。

〔2〕　宋东林、金成晓："经济权利论"，载《经济学家》1999 年第 4 期。

〔3〕　王少杰："权利的贫困与'三农'问题——给予'三农'问题的法治思考"，载《西北第二民族学院学报》2004 年第 1 期。

〔4〕　谢志平、林翠，等："论利益、权利、权力及其关系人类经济活动基础的辩证分析"，载《湖南大学学报（社会科学版）》1999 年第 1 期。

利侵犯的角度看，也赋予了合作社法律支持体系的合理性和必要性。

（三）时空场域：合作社法律支持体系作用效力的活动范围

探讨合作社法律支持体系的时空场域，实质上是解决其发挥作用的效力问题。合作社法律支持体系不是超时空的抽象存在物，它是一个实际存在并发挥作用的法律规则体系。在不同的时空条件下，合作社法律支持不应该以同一的面貌出现，这是违反事物是在运动中发展变化的基本辩证法原理的。

首先，合作社法律支持体系的时间性是指合作社法律支持体系实践过程中的持续性、间隔性和顺序性，其特点是一维性和不可逆性。它表现为在不同的历史发展阶段，在农村经济发展的不同周期，在合作社面临的不同时段，合作社法律支持体系的内容和形式表现为不同的存在。在农村经济发展的初期阶段，显然需要加大支持的力度，相应的合作社法律支持体系的范围、程度、力度都要加大，而不能是泛泛而谈、体现太多的原则和抽象，要具体明确和具有可操作性。合作社法律支持体系体现出随社会经济发展而依序演进的时间性。

其次，合作社法律支持体系的空间性是指合作社法律支持体系在不同区域并存的秩序，其特点是三维性或可逆性，具体表现为地域间合作社法律支持体系的并存、交流、冲突和融合。当前的农村经济发展，明显地呈现出级差状态：东部、中部和西部的农村经济发展水平差距扩大，南方和北方的农村经济发展水平差距扩大。这要求对不同地区的合作社法律支持体系要制定不同的支持规定，而不能千篇一律。

在合作社法律支持体系作用的时空场域上，呈现出不同的景象。我们分别从对象效力、空间效力和时间效力上展开分析。

（1）合作社法律支持体系的对象效力，即合作社法律支持体系的适用对象有哪些、对什么样的组织有效。合作社法律支持体系的直接适用对象是明确的，也体现了其价值取向，是围绕对合作社进行支持而设置的一系列支持规则；对于合作社的认定，政府支持、促进合作社的立法与政策措施，都必须以"第三条宣布的价值与原则为指引"，[1]即国际劳工组织发布的《合作社促进建议书》中提出的认定标准。[2]但合作社法律支持体系涉及的责任主体则比较广泛，包括中央政府及地方政府、农业部门、财政部门、税收部门、银行、科

---

〔1〕 唐宗焜："中国合作社立法政策与导向问题"，载《经济研究参考》2003 年第 43 期。

〔2〕 唐宗焜："合作社促进建议书"，载《中国集体经济》2003 年第 4 期。该建议书为国际劳工组织发布，第 3 条规定建议，应该鼓励以如下依据促进与强化合作社的界定：(a)自助、自担责任、民主、平等、公平与团结的合作社价值和诚信、开放、社会责任与关怀他人的伦理价值；(b)由国际合作社运动所发展了的合作社原则，即本文件《附录》所阐明的原则。这些原则是：自愿与开放的社员资格；民主的社员控制；社员经济参与；自治与独立；教育、培训与信息；合作社之间的合作；关注社区。

技部门等以及其他负有支农责任的部门。

（2）合作社法律支持体系的空间效力，即合作社法律支持体系效力的地域范围。就合作社法律支持体系而言，大致可以分为两部分：在全国范围对合作社统一生效的法律规范和在特定地域对合作社生效的法律规范，而后者又可细化到市县。

（3）合作社法律支持体系的时间效力，即效力的起止时限。我们应特别注意到合作社法律支持体系的周期性。经济发展的周期性和阶段性决定了合作社法律支持体系也必然具有经济发展的特征。应该根据经济发展的不同阶段进行调整，使合作社在得到有效支持的同时不至于生产出其他"副产品"。如在合作社得到充分发展后，就不能继续坚持初期的支持规定，而必须更改降低支持的规定和标准，否则对其他经济组织构成不公平和低效的制度障碍。

在我国农业劳动力过剩、农业基础薄弱的条件下，以农民为主体的农民专业合作，不仅可以帮助农民抵御生产中的自然风险，还可以提高其在市场谈判中的弱势地位，增强其博弈能力，从而把更多的农业收益留在农村，进而增加农民收入。但我国的农民专业合作社尚处在发展的初级阶段，合作社的重要作用没得到应有的发挥。我国合作社数量不多、大多规模较小，不适应现代市场经济条件下大生产的要求，构建真适应社会化大生产的、治理完善的高效农民专业合作社还任重道远。合作社面临的第一挑战仍是生存竞争，在合作社普遍效益低的情况下往往忽视合作社的治理问题。其次，农民专业合作社的盈利能力不高。社员缺少利益的激励是导致农民专业合作社盈利能力差的原因之一。在很多地方的农民专业合作社的实践中，专业合作社未给农户带来收益的增加和降低生产成本、交易成本的预期。虽然我国《农民专业合作社法》已经颁布，但是由于历史条件和立法理念的限制，法律规定仍显粗陋。尤其是对农民专业合作社治理结构和治理机制的规定仍有很大不足，一些必要的制度仍尚付阙如。[1]

研究发现，我国农民专业合作社的平均效率低下主要源于合作社的经营和管理不善。[2]农民专业合作社的良好运行，需要有一个良好的治理结构和治理机制。良好的治理结构是合作社持续健康发展的前提。完善的农民专业合作社

---

〔1〕　朱明月：《农民专业合作社治理法律问题研究》，西南政法大学 2012 年博士学位论文。
〔2〕　黄祖辉、扶玉枝、徐旭初："农民专业合作社的效率及其影响因素分析"，载《中国农村经济》2011 年第 7 期。

立法可以为农村产业发展、农民收入提高提供必备的制度保障。[1]农民专业合作社的治理结构和治理机制在农民专业合作社的法律制度构建中处于关键的地位。如果农民专业合作社缺乏有效的治理，那么其必然难以生存发展，无从实现特有的社会功能。当下，我国农民专业合作社效率不高，既有外因的影响亦有内因的影响，其中内因的影响对农民专业合作社的发展起着决定性的作用。合作社治理结构和治理机制的不合理，是影响合作社发展的重要内因。比如，在合作社中广泛存在的能人治理与专业化经营之间的利益冲突、农民专业合作社与社员之间的利益冲突、合作社理事与合作社之间的利益冲突等都是合作社内部治理不完善的具体表现。[2]因此，构建合理的治理结构和治理机制对农民专业合作社的生存和发展至关重要，决定着其功能与作用的有效发挥。随着农业产业化进程的加快，农民专业合作社的作用必将日益凸显，在实践和立法层面对合作社治理结构和治理机制的需求也必日益增强。因此，对农民专业合作社立法提出合理的制度化建议，有着理论和实践上的双重意义。[3]

二、基本元素：构建合作经济组织法律支持体系的起点

(一) 合作社法律支持体系的结构性要素分析

合作社法律支持体系体现了作为国家代表的政府、作为法律支持体系代表的支持性法律规范及作为相对方的合作社之间的博弈关系，可简化为政府、法律规范以及合作社构成合作社法律支持体系运行机制的静态组成部分，但须注意到法律关系和法律联系的区别。法律关系是"在法律规范调整社会关系的过程中，所形成的人们之间的权利义务关系"，[4]但"存在法律规范并不同时存在法律关系，当法律规范实现并转化为具体社会活动时，法律关系才产生"。[5]所以，现实中广泛存在且与法律密切相关而又异于法律关系的状态可以用法律联系描述，表现为潜在设定。

从宏观上考量，三者关系可借鉴法律联系的概念予以表达。政府是法律支持体系的供给者和制度变迁的主导者，合作社是法律支持体系的受动者，体现

〔1〕 瞿振才、刘永建、罗政华："农民专业合作社发展存在的问题及对策——以湘西北地区为例"，载《湖北农业科学》2011 年第 7 期。

〔2〕 章群、牛忠红："市场与法治：农民专业合作社法人治理中的动态利益平衡"，载《河北法学》2011 年第 1 期。

〔3〕 雷兴虎、刘观来："激励机制视野下我国农业合作社治理结构之立法完善"，载《法学评论》2011 年第 4 期。

〔4〕 张文显主编：《法理学》，高等教育出版社、北京大学出版社1999 年版，第110 页。

〔5〕 刘瑞复主编：《经济法：国民经济运行法》，中国政法大学出版社1994 年版，第339 页。

支持合作社发展的法律规范是作用的中介体。其具有以下特性：一是作为支持性法律规范，是政府对合作社的支持。这种支持性规范自反映到法律文本就限制了政府权力，设定了政府责任，赋予了合作社权益。二是有明确积极的目的性——促进合作社的产生或发展。三是针对合作社而非其他经济组织，排除了其他农村经济组织。

从微观上考察，三者关系进入法律关系领域。政府和合作社成了具体法律关系的主体，围绕法律规范产生了具体权利义务关系。如税务部门对某合作社征税，则围绕具体减免税条款产生税收法律关系。实际上，处于法律联系状态的三者已经从宏观神圣的条款，迈入生动具体的法律关系领域。但作为特殊个体存在的合作社法律支持体系，其质的规定性体现于包含政府责任和合作社权利的支持性法律规范。

（二）合作社法律支持体系的功能性要素分析

合作社法律支持体系属于宏观调控的范畴，通过对政府责任的设定使政府干预合作经济的职权法律化。合作社法律支持体系的功能通过支持性法律规范发挥，集中体现政府权责和合作社的权利义务关系。支持性法律规范大致包括产业法律规范、金融法律规范、财税法律规范、科技法律规范、社会化服务法律规范以及其他相关法律规范。

这些规范细化了合作社法律支持体系，同时呈现两个层次的内涵：第一个层次是微观法律规范，规制政府对合作社进行支持的在法律上不可再分的行为。[1]作为"原子行为单位"的微观法律规范是合作社法律支持体系具体的结构性细胞，普遍适用于同类行为和同类事件，使政府和合作社行为具有可操作性的准则。第二个层次是介于支持性微观法律规范和宏观法律支持体系之间的中观法律规范。如产业法律规范是对合作社进行支持且与产业有关的同类法律规范的总称，在法律支持体系和微观产业支持法律规范之间搭起了一座桥梁，避免体系与规则的直接对话而显得琐碎凌乱。中观法律规范作为同类微观法律规范的集合体，是合作社法律支持体系的子系统，有其整体的指导思想和指导原则，用以规范微观法律规则不至于偏离轨道或者与其他法律规范发生冲突。

产业法律规范是对有关合作社活动的产业领域进行支持以及如何进行支持的法律规范；金融法律规范则是针对合作社的资金问题进行金融支持以及如何支持的法律规范，重点解决合作社的发展资金问题；财税法律规范是从财税角

---

[1]　赵震江主编：《法律社会学》，北京大学出版社1998年版，第126页。

度直接体现国家对合作社的支持，是财政投入和税收支持的法律规范；社会化服务法律规范是指对合作社提供一系列相关社会服务的法律规范；科技法律规范是国家从科技上对合作社进行支持以及推动其他主体对合作社进行支持的法律规范。这些法律规范的区分并不是要割裂相互之间的联系，相反其作用发挥从来都是结合到一起的。

（三）合作社法律支持体系的机制要素分析

机制要素是以结构性要素和功能性要素为基础，从系统运行的动态角度展开的。机制要素是运动态或运动的表现形态，包涵动力同向、功能耦合和传递通畅三个要素。[1]具体到合作社法律支持体系，必须在这三个要素上做好文章才能使机制运行取得实效。

第一，从动力同向的要素看，合作社法律支持体系的各个要素必须有共同向度，即从各个方面对合作社进行支持促其发展。无论是作为结构性要素的政府、支持性法律规范和合作社，还是作为功能性要素的产业法律规范、金融法律规范、财税法律规范、科技法律规范、社会化服务法律规范以及其他相关法律规范，都必须围绕"支持"做文章，不能发生动力偏向或法律规范之间出现混乱和矛盾的情况。政府及其各个职能部门，要群策群力"支持合作社"。要统一"支持合作社"的认识，形成认识上的同向性；要树立"根据本地环境和条件支持合作社"的观念，形成观念上的同向性；要不断提高政府人员的素质，提高在复杂形势下支持合作社的判断力，形成人员素质上的同向性；地方政府要根据中央政府支持合作社的调整情况，及时做出反应，形成结构上的同向性。

虽然功能性要素针对不同领域，但其指向应该是一致的：支持合作社发展。各个要素也要以这个原则审查自身微观法律规范，保证要素指导思想没有偏离"支持合作社发展"，然后在这一思想指导下整合为合作社法律支持体系并保证其有效性。

第二，从制度耦合上看，合作社法律支持体系的各个要素、结构之间的功能必须耦合。某一支持性法律规范制定出来，政府必须有效实施，合作社也须积极配合。一个环节疏忽，法律规范得不到实施，就会导致功能耗损甚至无效，法律支持体系的目的也就得不到实现。法律支持体系的制度耦合包括以下内容：（1）政府机构之间的耦合态。如立法机关与行政机关在支持

---

〔1〕 于真："从公安系统构建新的运行机制的实践中看机制的含义与要素"，载《江苏公安专科学校学报》1998年第2期。

性法律规范的制定上，要互相配合。（2）法律规则本身的耦合态，如产业支持政策与财税政策的配合。（3）合作社的耦合态。社员和合作社、合作社与合作社之间必须有效配合，在运行过程中遵循支持性法律规范，享受优惠的同时履行相应义务。（4）政府、法律规范和合作社之间的耦合态，三者也必须相互配合。

第三，从传递通畅上看，支持性法律规范必须从立法准备、制定、实施和反馈等环节保持渠道通畅。合作社法律支持体系本身是自足的可循环系统，系统内部运行和外部作用都必须保证信息传递路径的顺畅，有效防止信息在传递过程中被不正常消耗或阻碍。这就要求合作社法律支持体系的构建，必须包含良好的立法准备、规范实施和反馈机制等。在动力同向和制度耦合的基础上，从时间上保证支持性法律规范实施的有效性。

动力同向、制度耦合和传递通畅，阐述了动态意义上合作社法律体系应该具有的机制构成要素即"支持合作社发展"的动力同向、"要素和谐"的制度耦合以及"支持性法律规范的有效实施"，实际上从向度、力度和时间上对合作社法律支持体系进行了规范。

三、运行机制：合作社法律支持体系的运动过程

将机制分析法引入合作社法律支持体系，是将机制运行的理论结合系统分析的原理来从总体上分析其运行的过程和规律性。

（一）合作社法律支持体系的运行机制

合作社法律支持体系，实质上是政府对合作社的有限干预。表现在古典经济理论上，应该强调合作社在理性的基础上受"看不见的手"指引，能充分趋利避害，并在追求自我利益的同时实现合作经济的总体发展。但这种放任理论已经为历史所摒弃，对合作社的干预随着凯恩斯主义和经济法理论的勃兴获得其合理性根据。在合作社法律支持体系中，政府是主动性因素，起决定和主导作用；合作社是受动者，受政府的规范和调控；政府和合作社发生法律联系的中介是支持性法律规范。从而形成了政府—法律规范—合作社的自足循环系统，体现出双向运动性：

（1）第一个环节是政府→法律规范，即法律规范的输出，政府是这一环节的主导变迁者。从政府到法律规范的环节，包含了两个层次：第一个层次是立法准备，包括对合作社法律支持体系构建的立法预测、立法规划、形成立法动议和做出立法决议等。这些环节取决于两个要素：一是对合作社现状和规律性的认知，包括合作社需要哪些支持；二是政府的有效认识，并在此基础上启

动政府立法机制。第二个层次是立法环节，即实现法律规范的文本化。政府启动立法程序进行规范性法律文件的创制，其结果是支持性法律文本的输出和对合作社进行支持的法律规范形成。由于行政部门"条块分割"和科层体制，对合作社进行支持的规范性法律文件呈现出统一和分散相结合的特征：既有在全国范围内实施的规范性法律文件，又有在特定本区域内实施的地方性法律文件；既有在个别地方进行合作社试点工作依据的规范性法律文件，也有在较大区域就合作社试点工作所依据的规范性法律文件。

（2）第二个环节是法律规范→合作社，即法律规范的实施环节。一旦对合作社进行支持的法律规范完成其创制工作而成为实际输出的结果，就必须和合作社现实结合起来，充分发挥支持功效。大体经过以下阶段：①确定对合作社进行支持的法律规范。这种法律规范的对象是一般合作社和抽象意义上的政府及其相关职能部门，表达普遍预期对合作社权利的确定和政府支持义务的配置。②出现支持合作社的特定法律事实。合作社通过支持性法律规范和政府就具体事实发生关系，该规定得到具体运用进入实施阶段。③出现支持合作社的法律关系。支持性法律规范转化为具体合作社和政府之间的行为要求，如合作社享有信贷优惠的权利是以法律规定和政府所设义务的具体化为前提的，也即是形成了明确特定的具体法律关系。④合作社实在地享受支持其发展的法律规范，作为相对方的政府及其职能部门的义务也得到了履行。这一阶段是合作社积极行使支持性权利将支持性法律规范的一般规定转化为自身具体行动的过程。

这一阶段作为合作社法律支持体系运行的重要阶段，也是其归属和目的。政府义务和对合作社的合理干预通过法律规范传递给合作社；合作社通过对法律规范所传递信息的接受和分析，解读政府的导向和意图，具体实现支持性法律规范。

（3）第三个环节是合作社→政府，是法律规范实施的信息反馈阶段。支持性法律规范的实践效果如何，最终还要由合作社自身来证实。有此反馈机制是必需的；特别是不适应合作社发展的法律规范，必须有反馈渠道反映到立法机关，并由立法机关根据反馈信息对合作社法律支持体系进行调整。立法机关重新启动的一系列立法活动，实际上又进入了"政府→法律规范"的第一环节，从而实现了合作社法律支持体系运行机制的一个循环。

合作社法律支持体系的运行机制是一个运动的耦合态，构成"政府→法律规范→合作社→政府"闭合系统。当然，它同外界是存在信息交换的；这种信息交换通过作用于任何一个环节，可以内化为系统的信息要素。

（二）启动机制：合作社法律支持体系运行机制的启动制度

合作社法律支持体系属于强制性制度变迁的范畴，政府是制度变迁的主体，合作社的需求也必须通过政府的确认得到表达。政府因具有有限理性，应对该工作的启动必然依赖对该项制度进行成本与收益的核算。制度收益大于制度成本，政府乐于启动；制度收益与制度成本持平或者制度收益小于制度成本，则政府积极性不足。

合作社法律支持体系的导向体现在"支持"，而支持的本质是政府对合作社的利益让与。从合作社来看是属于收益的范畴，相应地就成为政府的支出成本，这是政府创设合作社法律支持体系的最大成本。归纳而言，政府的成本投入包括四项：第一，政府在创制法律支持体系时需要支付的立法成本。如调研工作、草案拟订的经费等，还包括在立法中相关职能部门因维护自身利益而发生的协调成本。第二，政府因制度建立而直接丧失的收益。如金融信贷支持的贴息、减免的税收和财政投入直接构成财政损失，但这恰是对合作社进行支持的关键和核心。第三，政府为保障合作社法律支持体系的良性运转而投入的费用，如根据法律规定设置相应的机构及其所需经费。第四，政府为检测合作社法律支持体系搜集信息而支付的费用等。

政府从支持合作社中获取的最大收益是政治稳定和合作经济的发展以及由此带动的农村经济发展。没有合作社的蓬勃发展，农村经济将缺少一个积极活跃的市场主体要素，原子式的农民在增收速度和数量上将受到极大限制。从经济角度看，对政府同样存在远远大于成本的收益。虽然具体经济收益无法核算，但依然能展现一幅可观的发展图景：第一，农村经济的发展具备了结构性支撑，农民组织化得以从经济利益关系上得到突破，经济利益的合作消减了农村从政治角度组织化带来的政治风险。第二，合作社的发展给农民直接带来了经济收益，支持了农村建设如基础设施建设，节省了政府在该事项上的投入而构成政府收益。第三，合作社的发展。从长期来看，合作社发展引致的社员增收能为政府提供财源。第四，合作社发展有助于瓦解二元经济结构，节省政府持续性的偏好投入。如合作社和相关经济组织的有序沟通节省了交易费用，减少了政府因此投入的相关管理费用。

在当前农村经济条件下，对合作社进行支持的成本收益对政府是有利的，成本—收益的利益差构成政府的启动机制。但仅有纯粹的启动机制是不够的，政府作为制度供给方，并不能因为有大量的制度收益就应该去供给。另一个决定因素是合作社对法律支持体系的需求。合作社对法律支持体系存在需求，就天然有一种将其扩大的倾向，以获取更多利益。政府为了自身收益的最大化，也有在达致目标的基础上控制成本投入的倾向，二者由此产生了矛盾。这一矛盾态启动了法律支持体系并贯穿其始终。

（三）互动机制：合作社法律支持体系运行机制的博弈分析

合作社法律支持体系实质是政府对合作社运行积极的有限干预，以政府的利益让与为基础，以法律规范为依托：利益变动是其内在性，法律力是其外在表现形式。国家在确立合作社法律支持体系和进行成本收益核算过程中，必须考量合作社现实和相关制度环境，如合作社是否需要支持、需要多大程度支持、重点需要什么支持、是否有损农村市场经济而加大成本等，其实质是市场调节和国家干预在合作社发展中作用的定位和平衡点的寻找。这个属性使对合作社进行法律支持具有经济法范畴之意蕴，因而内含于合作社法律支持体系的互动机制实际上有两条利益线的矛盾运动态构成：政府收益线和合作社收益线的不断矫正。

由于外在条件和制度环境的不同，政府收益线时刻处在变化中，并且在一定时期可能出现收益转化为成本的情况。如初期由于市场机制的不完善，合作社自身缺乏发展的能力，因而政府支持能够提升合作社的发展能力和优化其外在环境，使之获得较高起点以及缩短与其他经济组织的差距，从而既有利于为合作社提供实质平等也不会对市场调节机制造成损害。但随着农村经济的发展，合作社实力得到提高，继续支持则可能和市场规律发生抵触而出现收益转化为成本的现象。合作社法律支持体系的调整必须适应农村经济不断变化的现实以及由此决定的政府收益线。

合作社收益线的正扩大，是合作社和政府共同的追求目标。但须注意区分合作社自我发展的获益和因政府支持的获益。政府的目标是提高合作社自我发展获益，降低因政府支持的获益，使前者提高的速度超过后者降低的速度，直到政府的直接投入降至最低限度。但合作社基于收益最大化有不希望政府支持降低的倾向，从而和政府利益线发生冲突。政府需要在不减少合作社收益的情况下，保证自身投入不断降低从而扩大收益。这就要求政府支持必须集中于提高合作社自身素质，增强合作社自我发展的获益能力，使之不低于降低政府支持而给合作社带来的利益损失，使其整体获益保持在一个稳定的水平线。这一矛盾态贯彻于合作社法律支持体系的运行过程，并通过政府调整合作社利益来源的构成方式获得平衡。

（四）系统模型：合作社法律支持体系的运动流程

通过分析，已经勾勒出合作社法律体系的运作过程。我们用一个简单的图表来总结，使之更加明晰。

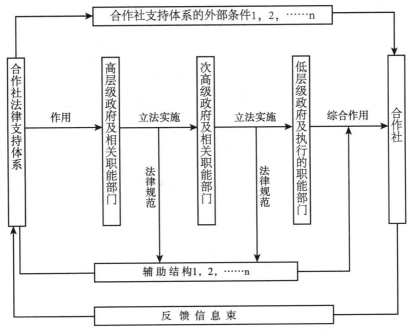

图 2 - 1　合作社法律支持体系运行机制流程图

图 2 - 1 是合作社法律支持体系运行机制的流程图，由于外部条件和信息反馈是覆盖全过程的，所以用虚线表示。实际上，在合作社法律支持体系需求的基础上，高层级和上一层级职能部门充当了合作社法律支持体系运作的始动结构，后发的下层级职能部门充当了继动结构，合作社则充当受动结构和反馈的信息源，中间存在一个多次立法与实施的互动过程。它们是合作社法律支持体系的主体支撑，也是至关重要的实体结构。

第四节　合作社法律支持体系构建之建议

20 世纪 80 年代，我国进入持续加速的改革开放时期，伴随市场经济的迅速发展，合作社尤其是农民专业合作社作为弱势群体联合进入市场的组织形式也逐渐兴起和壮大。从各国的实践经验来看，各国政府对合作社普遍给予各种支持和鼓励措施，并通过立法的形式表现出来。近年来，随着对合作社经济社会功能认识的提高，我国各级政府对于发展合作社的态度和行动也积极起来。在法治社会背景下，如何正确处理政府与合作社的关系，如何把政府对合作社的支持法律化、体系化，是研究合作社持续、规范发展的一个重要课题。

一、构建合作社法律支持体系的必要性分析

合作社的本质、功能及其在实践中的相对弱者地位是对其进行法律支持的依据，同时，合作社类型的多样性、发展的阶段性以及多方位、全面的法律支持在运作机制上的同向与耦合决定了对合作社的法律支持必须体系化。

（一）合作社的发展需要法律的支持

首先，合作社在本质上是弱者的联合。作为弱者联合的合作社，在经济、社会、政治、文化教育等方面为提高弱势群体的综合实力发挥着重要作用，[1] 国家应鼓励合作社的发展繁荣。其次，作为弱者联合的合作社本身处于相对弱势地位。这是因为合作社往往是由在市场竞争中处于弱者地位的社员组成的，故合作社的经济规模和经济实力在同行业同领域中也多相当于中小企业的状况。因此，为保障合作社多重功能的发挥、维护公平的市场竞争秩序，有必要通过法律法规的形式，明确国家对合作社的鼓励和支持。

（二）合作社的发展特点决定其需要各种法律支持

合作社的本质决定了合作领域的广泛性及合作类型的多样性：合作社因所从事事业不同而有供销合作社、信用合作社、消费合作社、住宅合作社、利用合作社和工业合作社等多种类型；因组织形式不同也有社区性合作社与专业合作社之别。[2] 各类合作社虽然在本质和价值上有共性，但在组织形式、经营运作等方面差异明显，而且各种合作社的发展程度和需要解决的重点问题不同，因而需要不同层次的、针对不同问题的法律的支持。

（三）合作社法律支持须体系化

首先，针对不同合作社的多方位、多层次的支持性法律具有内在的统一性，这种统一性的基础就是合作社的本质和基本原则；其次，各种支持性法律规范在运作机制上具有动力同向性，即都是围绕对合作社的"支持"而产生和运作的。因而从减少立法工作量和提高制度耦合的角度来说，应制定不同层次的合作社经济法律法规体系，并在动态意义上实现动力同向、制度耦合和传递通畅的体系化运作。[3]

二、合作社法律支持体系的法律目的与构建原则

（一）合作社法律支持体系的法律目的

合作社法律支持体系，即支持和促进合作社发展的法律法规体系，必须围

---

[1] 赵阳林："合作社的本质是弱者的联合"，载《中国合作经济》2005 年第 6 期。
[2] 董忠："我国合作社立法的几个问题"，载《农村合作经济经营管理》1998 年第 7 期。
[3] 赵新龙："论合作社法律支持体系的运作机理"，载《特区经济》2007 年第 6 期。

绕一定的目的进行具体化。我们认为，合作社法律支持体系法律目的的确定必须依据以下两个指导思想：第一，保护合作社合法权益。整体来说，合作社是市场的弱者，实力较差，经常受到歧视和不公正待遇，包括在法律上享受权利的歧视以及行使权利时受到的实际上的不公正。所以国家必须保护合作社及其出资人的合法权益，任何单位和个人不得侵犯合作社的财产及其合法权益，不得向合作社非法摊派、收费和罚款，任何单位和个人不得歧视合作社，不得对合作社附加不平等的交易条件。第二，积极扶持合作社创业和发展。合作经济尤其是农业领域的合作经济在某种程度上具有代替政府提供公共产品或类公共产品的功能；因此，积极扶持合作社发展应当成为政府的一项职责，也是合作社法律支持体系的核心和价值所系。各级政府要充分运用财政政策、金融政策、税收政策、产业政策、技术和社会化服务政策，为合作社的发展创造良好的经营环境，发挥合作社在提高弱势群体经济和社会地位方面的独特作用和价值。根据上述指导思想，我们认为合作社法律支持体系的法律目的有两个方面：

（1）促进合作社健康发展。合作社的发展，取决于内部因素和外部因素：一方面依赖于外部的发展环境，另一方面也取决于自身内部的机构设置、经营管理水平、技术条件、生产内容等。"促进合作社健康发展"，核心在促进，目的在发展。促进不是压制、歧视、刁难和设置障碍，也不是包办代替、急躁冒进和形象工程，而是扶持、帮助、服务和积极地采取措施。它表明的是一种态度，表示了国家立法对合作社发展的政策导向，表明国家将在法律上为合作社的发展提供支持，制定的相关法律法规、政策措施都将着眼于合作社的健康发展。同时，国家的各项扶持措施应是有针对性的，针对目前各种合作社发展不平衡的状况，结合经济社会的发展需要与国家的产业政策，政府扶持政策的制定和财政资金的分配应因地制宜、因时制宜；在方法上，不主张过多地使用直接干预的手段，而应以引导性规范为主。

（2）改善合作社的经营环境。健康发展和经营环境密切相关；改善经营环境是合作社健康发展的外部条件，也是重要的基础条件。改善经营环境是针对不良经营环境而言的。当前合作社的发展遇到很多问题，如缺乏关于合作社设立、运营的咨询和培训服务；政府主管部门缺位或混乱，导致相应的服务和监督缺失；有关的行政机关对合作社的服务意识淡薄，干预现象严重。作为弱势群体组织化的有效载体，合作社的发展发挥了重要作用；但是，国家缺乏必要的组织化去引导推动合作社走横向联合的道路，导致合作社的实力较弱，发展空间无法扩大。合作社法律支持体系的构建应当改善以上不良经营环境，为合作社的健康发展创造良好环境。

（二）合作社法律支持体系的构建原则

针对合作社的发展状况，结合国家的产业政策与经济实力，合作社法律支持体系的构建应该遵循以下原则：

（1）分类分层次构建。合作社的类型多样，且各种合作社的发展状况、组织特征、经营运作等差异明显。首先，其业务经营特点不同。例如，信用、供销、保险、住宅、消费等合作社要求社员较多才易于发挥其优势。信用、保险、住宅等合作社其最低注册资本起点应高，并承担有限责任。这就要求组成合作社的社员人数、合作社的最低经营资本及合作社承担责任的形式都不同。其次，国家的经济政策尤其是产业政策对不同类型合作社的影响不同。为了实现产业结构的优化，促进国民经济健康、持续和稳定地发展，国家对经济的宏观调控必将更多采用产业政策，从而国家对不同行业的合作社支持保护政策必然存在一定差异。最后，不同类型合作社在相关行业的重要性存在差异。如供销合作社已成为国家联系农村和农民的桥梁，国家委托该类合作社进行特定业务的经营。因此，不同合作社的权利义务关系以及国家应承担的相应责任也有所不同。

尽管合作社类型繁杂，但却表现出共同的规范性，这种规范性的核心是合作社原则及其所体现出的合作价值。正是由于不同类型合作社既存在共性的一面又有其自身的特殊性，在进行合作社立法时，不必针对各不同类型合作社单独制定法律以免重复内容，无谓增大立法工作量，又不可能在一部法律中详细规范各类合作社。这就决定了应制定不同层次的合作社经济法律法规体系。[1]

（2）突出支持重点。由于各种合作社的发展状况和各自需要解决的重点问题不同，其相应的支持体系的重点也就不同。如近年来广泛兴起的新型农民专业合作社，其法律地位随着《农民专业合作社法》的出台与实施已经得到明确，对此类合作社的支持重点相应地应该和农业产业化结合起来，明确和统一具体主管部门，研究提供什么样的支持政策以及如何落实；消费合作社和住宅合作社的支持重点应放到如何解决其法律地位、权利义务的确定等方面；信用合作社的支持则建立在其内部改革、回归合作社本质和原则的基础上，因此重点首先放在信用合作社的界定、明确法律地位上，在社员构成、组织机构、业务范围等方面与其他金融企业区别开来，然后确定或者建立主管部门，制定和落实具体支持政策。

（3）法律和政策相结合，以法治为导向。在我国当前的社会经济条件下

---

[1] 欧阳仁根："我国合作经济立法的几个问题"，载《财贸研究》1998 年第 3 期。

和法制进程中，法律和政策各有优劣，呈互补关系。国家既要依靠法律也要依靠政策，才能管理好错综复杂的经济活动。当然，政策和法律在本质上是一致的，它们有共同的价值取向。法律支持体系只是相对的概念，是以法律形式为主导的，以政策为辅助，兼及法律与政策的混合体系，但是它的总体取向是完备的法制化。

三、合作社法律支持体系的总体框架建构

农村合作社组织重构的法律实现，也就是将合作社组织重构的理论研究上升为法律规定。当前我国合作社的相关立法不仅颇多疏漏，而且还有很多领域存在立法空白。这些疏漏与空白并不是立法技术水平不足，而是立法者为了维持工业和城市优先发展的"有意为之"，其背后反映的是不同利益主体之间的博弈。以《土地管理法》为例，该法于 2009 年、2010 年连续两年进入当年人大立法计划，均未取得立法成果。2012 年 12 月召开的十一届全国人大常委会第三十次会议上，该法再次上会审议。与 2009 年最初涉及数十条的内部修改稿相比，此次正式修正案只剩下一条改动，即关于征地补偿标准的修改。但是即便如此，该修正案仍然未能在十一届人大任期内获得通过。何嘉认为，[1]一旦将改革的建议上升为立法，一方面会产生相应的权利义务关系，另一方面则会产生相应的维权与追责。因此加快合作社相关立法，是彻底解决"三农"问题的根本保障。

合作社发展比较成熟的国家如德国、法国、美国、韩国，[2]基本上建立了较为完备的合作经济组织法律体系，合作社法律支持体系也成为许多国家经济法或商法体系的重要组成部分。从各国合作社立法的内容来看，合作社法律支持体系主要由合作社组织法和涉及合作社发展某一方面的专项法规组成。我国的合作社法律支持体系，从总体来说，应是以合作社法为基础、以各项支持性法律法规为支撑的法律体系：

（1）合作社组织法。合作社组织法是国家扶持和管理合作经济组织的根本法和母法，其内容主要包括合作社或其基本类型的性质、定义、法律地位、设立条件、组织机构、合作社的立法原则、管理机构的设立及其主要职责、扶持合作社的基本原则和具体的支持领域与方式等。合作社组织法首先明确合作社的法律地位，为其参与市场交易提供法律保障。这是对合作社的最基本的法

---

〔1〕　何嘉：《农村集体经济组织法律重构》，西南政法大学 2014 年博士学位论文。
〔2〕　何黎清、邓声菊："一些国家和地区关于合作社立法的一些规定"，载《农村经营管理》2006 年第 3 期。

律支持，也是其他各项支持性法律法规的基础和落脚点；同时，合作社组织法中关于扶持合作社的基本原则与具体支持领域和方式的基本规定也是立法机关和政府部门制定相关扶持法律规范的依据。

（2）合作社专项支持法律法规。合作社专项支持法律法规是指涉及合作社整体发展或某一类型合作社发展的某一方面的专项法律法规。在合作社组织法的基础上，根据本国的具体国情和合作经济组织发展的具体程度和需要，还应制定或完善许多涉及合作社发展的专项支持法律法规，以便更好地指导合作社的健康发展。具体而言，这些专项支持法律法规包括以下内容：

①产业政策的倾斜。合作经济所发挥作用的领域主要集中在农业生产、农产品流通、农村金融、住宅合作制、农村社会保障等方面。而这些领域所涉及的产业在国民经济中占有重要地位。因此，国家在进行产业立法及制定产业政策时，应当从产业结构、产业组织、产业技术、产业布局等方面体现出对合作经济发展的支持，相应政策向合作经济倾斜。

②财税、信贷政策法规的支持。首先，政府对合作经济的财政支持主要体现在财政拨款、税收减免和当合作经济组织承担政策性业务时的财政补贴等方面。其次，合作经济组织在发展业务过程中，资金短缺是比较普遍的现象。为支持合作经济的发展，国家应给予相应的信贷支持。特别是对农村信用社，央行的政策支持对农村信用社来说是最大、最直接、最有效的支持。

③社会化服务法律规范。在我国，虽然市场经济改革起步较晚，但发展迅速，且地区间经济发展不平衡，从而导致包括许多政府官员在内的大多数人对作为市场经济产物的合作社的认识较少；因此，对合作社领导者、社员、地方政府官员的培训是支持合作社发展的一个重要内容。此外还包括技术推广、咨询、基础设施建设等服务。政府应成为各项服务的提供者或推动者。

④反垄断豁免。通过反垄断法的豁免，允许合作社联合或达成限制竞争的协议等特定的合法的垄断行为，有利于促成更大范围内的跨地区、跨产业的乃至全国性的联合社。这必然大大提高合作社的生产效率，优化产业结构。

四、合作经济组织法律支持体系的若干具体构成

（一）合作社组织法的立法模式

合作社组织法应是关于一般合作社与特殊合作社法律规范的具有层次性结构的立法系统。在选择具体立法模式时，应考虑合作社发展的实践特点和我国的立法传统，采取单独综合立法模式。在这种模式中，既不必针对各种不同类型合作社单独制定法律，也不可在一部法律中详细规范各类合作社。而应通过不同层次、不同效力的法律文本对各类合作社进行立体性规范，具体表现在以

下方面：[1]（1）由全国人大常委会制定一部内容适度的"中华人民共和国合作社法"，以对不同合作社的共性进行规范，并为制定相关的法规提供法律依据。（2）由国务院及有关主管部门、地方人大及其常委会根据不同行业合作社发展实际制定相关条例或实施细则，在相应区域内实施。目前，应抓紧制定的有供销合作社条例、信用合作社条例、信用合作社存款保险条例、农业保险合作社条例、住宅合作社条例等。（3）由政府或有关部门根据经济发展要求和相应的产业政策制定鼓励相关合作社发展的办法、通知等规章。如对农业保险合作社、科技服务合作社、信息服务合作社、住宅合作社等进行鼓励。（4）由有关主管部门或现有合作社联合社依法制定合作社示范章程，以供相关合作社参照。此外，2006 年颁布的《农民专业合作社法》给我们一个提示，即在上述第 2 项的有关条例应随着相应合作社的发展实践，在相关合作社发展较为规范、规范较为统一完备时，制定立法计划，提高其法律位阶，扩展其适用范围。

（二）产业支持法律规范

针对合作经济的主要活动领域——农业、农村领域，对合作社的产业支持重点应放在农业和农村范围的相关合作社，突出支持的重点。在产业结构政策方面，应突出农村合作金融在农村金融中的主体地位、流通合作在农产品流通中的主导地位，增加扶持措施和扶持资金。

在产业组织政策方面，一方面，应允许、鼓励和引导合作经济组织形成区域性乃至全国性的合作社联合组织以增强其竞争实力，同时应当对合作社适用《中小企业促进法》的相关规范；另一方面，应大力发展以农业产业化为目标的农村合作经济组织，推动农业产业纵向联合。在具体产业支持措施方面，结合 WTO 农业协议中的"绿箱"规定，推进农村合作经济组织全面进步。WTO 农业协议对政府向农业部门提供的农业科研、技术推广、病虫害防治、结构调整、农业基础设施建设、环境和资源保护等的投资和补贴没有限制。因此，政府可以在这些方面，通过对符合条件的涉农合作社加大支持份额，以加大农业发展的后劲。

（三）财税支持法律规范

财税支持法律规范主要包括三个方面：

（1）利用财政支持，建立合作社信用担保体系。设立合作社信用担保基金并成立相应的担保机构是解决当前合作社资金困难的当务之急。作为政府扶持合作社的重要措施，所需担保资金来源应以政府出资（主要是财政拨款）为主，以合作社入股、会员风险保证金和社会捐赠为辅。建立以政府为主导的

---

[1] 欧阳仁根："试论我国合作经济法律体系的构建"，载《中国农村观察》2003 年第 2 期。

合作社信用担保机构为主、多种性质担保机构并存的多层次的信用担保体系，即以地市、行业为主从事担保业务的担保机构和以省、国家为主从事再担保业务的再担保机构为主的全国性的合作社信用担保体系。政府主导的合作社信用担保机构提供的信用担保应以公益性、政策性为主要目标，重点扶持符合国家产业政策、能够带动技术升级和扩大就业的合作社。

（2）税收优惠。税收减免是各国合作经济发展实践中的普遍做法。一是针对合作社自身的税收优惠，针对规范后的合作经济组织，国家对其执行免交所得税、附加税和减交营业税的政策。待国家财政好转后，再向免交一切税赋的国际惯例靠拢。如对合作社与社员之间的交易，由于合作社是社员的自助互益性组织，因此对此类交易应给予全面的免税优惠；对合作社利润所得也应给予免税优惠；合作社购买有关的生产资料、大型器械，凭票证可以享受退税。二是对支持合作社发展的有关组织的税收优惠，如上述向合作社提供担保的信用担保机构可以享受较高标准的税收减免，对以合作社为服务对象的专门咨询机构、培训机构实行一定的税收减免等。

（3）财政补贴。农村合作经济组织地处农村，服务农业、农民，是农村金融的基础和农民联结市场的桥梁，同时担负着许多政策性支农任务。对合作经济组织因执行国家宏观调控以及落实国家扶持农业政策而带来的亏损，国家财政应予以补贴。

（四）社会化服务法律规范

社会化服务法律规范主要包括以下内容：（1）明确政府部门工作职责，提高政府服务效率。随着政府对合作社的态度越来越积极，鼓励合作社发展的政策文件也越来越多。为防止混乱、增强部门间的交流和协调，有必要划分各部门工作职责，确定主管部门。如工商局负责合作社的登记注册事宜，并向有关主管部门提供相关登记信息资料；县级以上政府农业行政主管部门负责本行政区域内涉农合作社的指导、扶持和服务工作；市县级以上国土资源和房屋管理局主管住宅合作社的扶持和服务工作等；其他相关部门协助主管部门提供相应的咨询和帮助。相关工作经费列入财政预算。（2）简化合作社的申办手续，尽量实行一次性手续。严格控制设立合作社所需的表格，避免不必要的重复。（3）各级财政部门分别安排设立并逐步增加合作社专项预算资金，用于支持合作社开展信息交流、成员培训、农产品质量标准与认证、农业生产基础设施建设、市场营销和技术推广等服务；对民族地区、贫困地区的合作社和生产国家和社会急需的重要农产品的农民专业合作社给予优先支持。（4）鼓励设立专门的咨询机构，提供创业咨询、技术咨询、管理咨询等。对此类咨询机构提供财政补贴和税收优惠。

第三章

合作社的公共财政支持——
以农民专业合作发展为例

由于合作社本身具有的经济功能、社会功能、民主政治功能和教育功能，我国财政对合作社的发展始终给予不同程度的支持，在积累了丰富经验的同时取得了很大成绩。尤其是近年来，党中央、国务院出台的一号文件中都有相关的支持政策，中央财政和地方财政也陆续安排了专项资金。2003年，财政部设立了中央财政支持农民专业合作社的专项资金，当年额度是2 000万元，此后逐年加大支持力度。2003~2005年累计投入1.5亿元。据统计，总共支持了800多个农民专业合作经济组织，截至2006年专项资金已经增加到8 000万元。[1]2013年7月23日，财政部以财农〔2013〕156号印发《中央财政农民专业合作组织发展资金管理办法》。该办法分总则、扶持条件和范围、资金分配和下达、资金管理和使用、监督检查、附则6章共19条，自2013年8月23日起施行。财政部2004年7月16日印发的《中央财政农民专业合作组织发展资金管理暂行办法》（财农〔2004〕87号）予以废止。进入21世纪以来，党和政府更加重视合作社尤其是农民专业合作社的发展，制定了《农民专业合作社法》。

---

〔1〕 卢学英：“试论政府对合作社的财政支持”，载《经济研究参考》2008年第58期。

政府的财政补贴，对合作社而言，可以视为其投入品的价格下降。这种财政补贴有两个方面的经济效应：短期内，合作社不改变生产规模，但由于投入品与产出品的比价降低，因此会产生更高的利润或更少的亏损；长期内，合作社将扩大生产规模，得到的利润则更高。政府财政补贴，是政府扶持特殊产业群体的有力措施；通过扶持极具发展前景的合作社，可以扩大未来的社会总供给和改善供给结构，促进国民经济的持续增长和产业结构的优化调整。为了研究的细致和深入，本部分探讨国家对合作社的财政支持，主要分析公共财政对农民专业合作社的支持政策，由此得出的结论亦对合作社具有广泛的普适性。[1]

近年来，农民专业合作社在全国范围内获得了长足的发展，进入了数量快速增长与质量稳步提升的新时期。整体而言，农民专业合作社已经广泛引入农业各产业和各生产环节，并且呈现出多成员"参与"和"共享"的发展态势，在带动农户进入市场、发展农村集体经济、创新农村社会管理等方面发挥着不可替代的重要作用。[2]基于此，各级政府积极通过财政、金融、税收、人才、科技等手段支持农民专业合作社发展。而在各类支持措施中，使用最广泛的、对合作社发展产生最直接影响的还是财政支持。[3]

第一节　公共财政支持合作社的理论分析

公共财政是以国家为主体，通过政府的收支活动，集中一部分社会资源，用于履行政府职能和满足社会公共需要的经济活动。公共财政是建立在"公共产品"理论和"市场失灵"理论基础上并与市场经济相适应的一种财政模式，具有公共性、非营利性、调控性、法治性和平等性的特征。[4]当前，我国

---

〔1〕 陈庆春：《公共财政支持农民专业合作组织发展对策研究》，南京农业大学 2007 年硕士学位论文。本部分参考了该文，特予致谢。

〔2〕 张晓山："农民专业合作社的发展趋势探析"，载《管理世界》2009 年第 5 期。

〔3〕 黄胜忠、刘洋洋："促进农民专业合作社发展的财政支持政策"，载《农村经济》2013 年第 12 期。

〔4〕 公共财政的"公共性"特征，就是"市场能干的，政府和财政就不要去干市场不能干的，但市场又需要弥补的，政府和财政就应当去干"。非营利性是政府及其公共财政，就不能直接进入市场去追逐盈利，而只能以社会利益作为活动目的，只能从事非营利活动，这就使公共财政具有非营利性特征。调控性是通过不同类型和不同性质的财政政策调节，达到全社会资源优化配置、维护公平竞争的市场环境、社会供需总量的平衡和社会经济协调发展的目的。法治性，意味着社会公众通过国家权力机构和相应的法律程序，决定、约束、规范和监督政府的财政行为，从而使得财政体现出是社会公众的财政，是建立在法规规范化基础上的财政。平等性是指政府及公共财政必须平等地对待所有的经济主体，否则将否定人们市场交换的等价性。在公共财政的框架体系中，平等地对待市场经济主体，包括两方面的内容：一是按照平等的基本原则，在各个市场主体之间合理地分摊成本；二是对所有的市场主体进行一视同仁的服务。

还处于社会主义市场经济体制建立过程中，公共财政的运作机制并不完善，农民专业合作社的发展仍然停留在初级阶段。在这种背景下，公共财政支持农民专业合作社具有深厚的理论基础和实践依据。

一、政府财政支持合作社的理论基础

（一）合作社的经济功能

首先，社员们通过合作社的利润返还可以把原来由中间商取得的利润留在自己手中，从而增加自己的收入。第一个最为成功的现代合作社罗虚代尔公平先锋社的设立初衷就在于此。其次，合作社可以降低社员们参与经济活动的风险性和不确定性。单个的社员在面对瞬息万变的市场时常常信息闭塞，无所适从，只能根据以往的经验做出粗略的判断；而合作社则可以依据其规模优势从宏观上对市场加以把握，并能收集大量的市场信息，借助专业分析做出精确判断。再次，合作社可以延长社员的增收链条。这一点在农业合作社中表现得最为明显。农业合作社通过对农民提供产前、产中和产后的全方位服务，加速科技成果的转化和普及，推进农产品的深加工及多次增值。在这一方面，日本农协的做法值得肯定。日本农协作为农民的合作组织，在组织农民从事农产品生产、加工、销售，向农民提供生产资料购买、金融、技术经营指导等产前、产中、产后服务，增加农民收入方面发挥了积极作用。最后，合作社还可以依靠自身的经济规模反抗垄断资本的压迫。一方面，合作社可以通过中小生产者的联合，使自己成为原材料的大购买者和产品的大供应者，以集体的力量与垄断资本相抗衡，防止垄断资本贱买高卖；另一方面，合作社按照成本价与社员进行交易，当合作社发展壮大后，垄断资本若要维持市场份额就不得不降低商品和服务的价格。因此，合作社是一种促进竞争的力量，它能改善不完备市场的绩效，增进社会的经济福利。

（二）合作社的社会功能

就合作组织的社会功能而言，由于合作组织具有社员间的互助性及公平性、追寻内部服务最大化而非营利性、主要从事经济活动的经济性特征，使得合作经济在解决就业问题及提供社会保障尤其是农村社会保障等方面能够充分发挥其社会功能。农村医疗合作及养老保险合作等合作组织可以成为农村社会保障的主体，同时在城镇的社会保障制度建设中合作组织可以作为补充形式。在就业方面，合作社自助与互助相结合，在农业、工业、商业或服务业等活动中可以安置弱势人员就业。而且，合作社作为一种社会中介组织，可以有效地沟通政府和群众，疏导群众的不满情绪，平抑群众的过激行为，避免群众的无组织行为和突发事件对社会秩序的破坏。因此，合作社还是缓解社会矛盾的重要阀门，是保障社会稳定的重要基石。

另外，合作社还承担了大量的社会责任。合作社作为存在于一个特定区域的经济组织，必然要与其所在的社会发生千丝万缕的联系，合作社有责任促进所在地区经济、社会和文化的全面发展，有责任对环境及地区可持续发展、社会公益事业与社会慈善事业做出贡献。现在，传统以股东利益最大化为唯一目的的营利性公司都被要求承担越来越多的社会责任，作为非以营利为目的的合作社承担相应的社会责任更是合作社的题中应有之意。"穷人联合"的经济学基础和平衡协调个人与社会的利益、平衡协调公平与效率的追求、平衡协调"个人本位"与"社会本位"理念的法学基础都促使合作社承担起"对职工的最密切责任、对消费者的最普遍责任、对投资者和债权人的最直接责任、对社会的最重要责任"。合作社原则的最后一条"关心社区"，就是对合作社社会责任的根本体现。

（三）合作社的民主政治功能

农民、工人和小手工业者等社会弱势群体不仅经济实力弱，而且力量分散；只有联合起来才能对国家和政府施加必要的影响力，促进自身利益的最大化。合作社无疑为社会弱势群体提供了一个最佳的联合表达自身利益诉求的平台。同时，合作社自身具有的民主控制的特点更是唤醒了广大社员参政议政的意识，培养了广大社员参政议政的能力。

西方国家的合作社不仅是一股强大的经济力量，而且是一股不可忽视的政治力量。各个政党、政治派别为了在选举或其他政治活动中取得广大社员的支持，十分热衷拉拢合作社领导成员，在合作社内部发展党员。其中，意大利合作社和日本农协就是典型代表。目前，意大利合作社分为三大系统：第一大系统为全国合作互助同盟（LEGACOOP），思想观点倾向于左翼政党，被称为红色合作社系统；第二大合作社系统是意大利合作社联盟（CONFCOOPERATIVE），思想观点倾向于中右派的政党，被称为白色合作社系统；第三大系统是意大利合作社总会（A. G. C. I, Associazione Generale Cooperative Italiane），思想观点倾向于共和党，被称为绿色合作社系统。日本农协在历史上就作为政府的政策渗透机构而设立，在单位农协、府县联合会及全国联合会这自下而上的三级机构里，许多农协理事都是自民党党员或属自民党一派；系统农协既是政府行政的基层组织，同时也是对政府施加压力的团体。

但同时我们应该注意到，西方近代合作经济运动在一个半世纪的发展中，越来越脱离其发展的政治目的，变得只注意合作的经济取向。在当代合作经济运动中，合作经济组织已经不再被当作改造资本主义的手段。

（四）合作社的教育功能

合作社的教育功能突出体现在现行合作社原则的第5条"教育、培训和宣传"中。合作社要为他们的社员、被选出的代表、管理人员和雇员提供教育与培训，以使他们有效地为合作社的发展服务。他们还要对普通公众宣传合作运动的本质及其带来的好处。

所有致力于合作社运动的人都需要不断接受教育和再教育。其中，社员是合作社的最终控制者；行政人员（包括被选出的代表和专业人员）则一方面是社员和他们的理事会决议的执行者，另一方面又是社员的指导者。社员和行政人员都需要相应的知识与技能：不仅需要了解他们所致力于的合作社运动的专门知识，而且需要知道合作社所处的经济与社会环境。同时普通公众被认为是合作社的潜在社员；合作社要不断地告知他们参与合作社能带来的各种直接的和间接的好处，通过教育和宣传将他们争取到合作社运动中来。这样，合作社就对全社会都有一种教育的功能。

同时，与具体的合作运动专门知识和技能的传播相比，社会互助的价值观等合作文化理念的宣传在合作社的教育中应占有更大的比重，应力求使平等、互助、合作的理念成为全社会的信念。合作社存在的意义不仅仅在于微观层次上改善了社员的利益，更重要的在于对整个社会文化发展不可或缺。"人人为我，我为人人""于爱人中爱己"的精神的传播，可以打破人们之间的隔阂，使社会更加和谐。

合作社在经济、社会、民主政治以及教育等各个方面发挥着重大作用，但同时合作社自身的发展又面临困境。在激烈的市场竞争中，合作社为了生存和发展，需要逐步扩大经营规模、不断采用最新技术，对资本的需求越来越大。但资本问题又一直是制约合作社发展的软肋，处于弱势地位的社员群体个人资金十分有限，使得合作社创立资金先天不足；社员资格的开放性又令社员可在退社时将其股金抽回，使得合作社资本又时刻处于不稳定状态；合作社公共积累的不可分割性又让社员倾向于将盈余划归个人名下，使得合作社发展缺乏后劲；合作社虽然开始设法吸引外部投资，但受制于资本报酬有限的原则，对外部资本吸引力有限。而国家财政的基础性、公益性和服务性职能，则决定了其扶持合作经济组织的必然性。

二、基于公共产品理论的财政支持合作社分析

从理论上来讲，纯粹的公共产品通常具有非排他性和非竞争性两个基本特征。纯粹公共产品的非排他性主要是由以下两方面的原因决定的：第一，公共产品在技术上不容易排斥众多受益者；第二，某些公共产品虽然在技术

上可以排他，但是成本却十分昂贵，以致在经济上不可行。纯粹公共产品在消费上的非竞争性来源于以下事实：第一，公共产品一般都具有不可分割的性质；第二，由于公共产品的不可分割性，因而在其产生拥挤之前，每增加一个消费者的边际成本等于零；第三，当一种公共产品产生消费竞争时，就必须采取某种限制消费人数的措施如收费，那么这时该产品就不再是纯粹公共产品了。

根据以上两个标准，大致可以区分出以下四种不同类型的物品：同时具有非排他性与非竞争性的纯公共产品、同时具有排他性与竞争性的纯私人产品、具有非排他性与竞争性的公共资源、具有排他性与非竞争性的准公共产品。从上述的标准可以得出，农民专业合作组织具有一定的非排他性与非竞争性，虽然非社员业务不占主导地位，理论上可以将非社员排除在外；但是农民合作经济组织的发展能带动小农户联结大市场，提供农业技术服务、农产品市场信息，有利于农业结构的调整等，它的积极作用会外溢到组织以外，产生一种正的外部性。而对组织的成员来讲，享受组织的服务与受益则是非竞争性的。因此可以把农民专业合作组织理解为一种公共产品。由于公共产品的非排他性，因而难免产生搭便车的问题，搭便车问题的存在产生了一个典型的市场失灵的情形——市场无能力使之达到帕累托最优。因此在公共产品的消费中，经济行为者通常会选择占用别人的商品份额，以减少自己提供商品的代价。这就决定了公共产品应该由政府公共部门来供给。虽然对准公共产品来讲，存在依靠市场机制来优化提供拥挤性公共产品的潜在可能性，但政府在提供公共产品方面仍然有很大的责任和义务。此外，从世界范围看，合作社以追求公平为己任，合作社内要公平地对待每一个社员，社员应该公平地享受到他们参与合作社的利益，包括惠顾分红、一人一票等。由于追求社会的公平并不是经济主体的义务，从这个角度来看，合作社也具有公共产品的性质；因此，政府有义务对合作社提供各种政策优惠如税收优惠、经济上的补贴、反垄断豁免。[1]

三、基于 WTO 农业支持政策的财政支持合作社分析

根据 WTO 农业协定，各国必须对农产品的国内价格支持逐步减少，使其更接近于市场价格。协定中所指的"国内支持承诺"是指各成员方对给予农产品生产者的各种支持措施的削减承诺。国内支持的方式包括税收减

─────────

〔1〕　陈庆春：《公共财政支持农民专业合作组织发展对策研究》，南京农业大学 2007 年硕士学位论文。

免、免费技术服务、财政补贴等，但下述行为不包括在应当承诺减让的国内支持措施中：第一，发展中国家的政府鼓励农业和农村发展的直接或间接的援助措施以及为鼓励放弃种植非法麻醉品作物（如大麻）给予生产者的国内支持。第二，如果某些国内支持措施未对贸易产生扭曲作用或者作用非常微小，则可以免除减让承诺。这一规定被称为"绿箱措施"。它们包括以下七项：(1)政府的一般性服务如支持科学研究、病虫害控制、培训、咨询、检验、营销和促销、基础设施服务。(2)为保证食品安全而建立的公共库存，包括政府对私人储存食物的援助。但是，这些库存的积累和处置应当在财务上保持高透明度。(3)国内食品援助，包括发展中国家为满足城市贫困人口的生活需要而定期以合理价格提供补贴食物。(4)对生产者的直接支付，但应保证这种支付对贸易的影响程度非常微小。(5)为救济自然灾害而给予的援助。(6)通过生产者退休计划提供的结构调整援助。(7)为发展环保以及救助特定区域的困难而给予的支付。第三，对特定产品的国内支持。对于应当做出减让承诺的，以综合支持程度（AMS）和承诺约束年水平与最终水平的形式表示。

所谓"绿箱"政策是指由政府提供的、其费用不转嫁给消费者且对生产者不具有价格支持作用的政府计划。这些措施对农产品贸易和农业生产不会产生或仅有微小的扭曲影响，成员方无须承担约束和削减义务。"绿箱"政策的共同特点是不能与生产类型和产量高低挂钩，不能与价格有关，属于补偿类型的补贴不能过高，不能超过实际损失。"绿箱"政策具体包括一般性农业服务支出、食物安全储备补贴、国内食物援助补贴、与生产不挂钩的收入补贴、一般性农业收入保障补贴、自然灾害救济补贴、农业生产者退休或转业补贴、农业资源储备补贴、农业结构调整投资补贴、农业环境计划下的支付地区援助计划下的支付。财政扶持农民专业合作社发展的支持范围大多属于"绿箱"政策中的一般性农业服务支出。如生产操作人员的培训向生产者和加工者提供生产技术、传播信息和研究成果等检验服务，包括一般性检验和出于卫生、安全、分类或标准的目的而对特定农产品进行的检验农产品市场促销服务如提供市场信息和营销咨询及承担促销策划。因此，财政扶持农民专业合作社发展的支持范围完全符合世界贸易组织的规则，并且可以此发掘"绿箱"政策的潜力从而达到支持合作社和农村发展的根本目的。

从合作社本身具有的多重功能以及与此相关联的农业的弱质性上看，公共财政支持农民专业合作社是必要的；从公共产品理论上来讲合作社也具有公共产品的性质，因此政府有义务对合作社提供各种政策优惠如税收优惠、经济上的补贴、反垄断豁免；从国内支持规则上来讲，财政扶持农民专业合作社发展的支持范围大多属于"绿箱"政策中的一般性农业服务支出，因此财政扶持农民专业合作社发展的支持范围完全符合世界贸易组织的规则。

第二节 公共财政支持合作社发展的国际经验

合作社作为市场经济条件下弱势者联合的一种组织形态，在参与激烈的市场竞争中，需要政府相关政策的扶持和优惠。尤其是兴办之初的合作社，要进入市场与公司及其他竞争体同台竞争，规避风险，求生存，谋发展，政府的支持至关重要。通过减税、低税、免税政策或补贴政策来支持农民合作社的发展是国际通行的普遍做法。从国外的经验看，作为承担一定社会公益事业的合作社，各国政府对其发展都给予了一定的财政支持。

德国对合作社的财政支持一直力度较大。在联邦德国时，合作社就得到了国家财政上的大力支持，联邦政府对合作社的管理费用进行补贴：第一年补贴费用总额的60%，第二年为40%，第三年为20%；补贴的总额要达到合作社投资总额的25%，以便合作社购买运输工具、仓库设备等生产性用具来发展生产，增强经营实力。现在德国对农村合作经济组织的财政补贴占到全部财政补贴额的12%。联邦财政部通过"东部地区合同研究开发计划"，向东部农村合作经济组织提供资助，资助额占项目费用的1/4。德国巴伐利亚州每年州政府为农业各类投资和补贴约20亿马克，其中10%用于支持各类农民经济组织。

法国政府采用"技术咨询补贴"的方式鼓励农村合作经济组织接受技术咨询，其补贴额度相当于企业咨询费的30%。法国政府还创立了研究人员补贴制度，适用对象是十人以下的农村合作经济组织，政府补贴额相当于一个研究人员第一年研究经费的20%。对研究人员到农村合作经济组织任职超十年者，还可获得红利补贴。

在意大利，一般企业必须向国家银行缴存相当于资本总额30%的储备金，而合作社可以免缴。此外，意大利政府还向合作社提供优惠贷款，非合作社贷款利率在15%～22%，而合作社贷款利率仅为4%～5%。对于购置农业机械的合作社，政府还给予财政补贴。为鼓励合作社购买国产的农业机械，提供贷款的利率下降到3%。国有能源部门向合作社提供的农业用油价格比城市低50%，农业用电价格比非农业用电低1/3。[1]

---

〔1〕 洪远朋主编：《合作经济的理论与实践》，复旦大学出版社1996年版，第94～95页。

韩国政府为了有效地扶持农村合作经济组织，给予了强有力的财政补贴政策支持。例如，在农村合作经济组织开发新产品和改进现有产品方面给予财政援助，援助农村合作经济组织的开发成本。如果农村合作经济组织的受助项目取得成功，则要偿还部分的政府资金。另外政府还鼓励农村合作经济组织与学术界和公立研究所共同进行研究开发，政府可为合作研究方提供财政补贴。联合体的研究开发活动由中央政府、相关地方政府和参与的农村合作经济组织共同出资，地方政府需要向进行合作研究开发活动的农村合作经济组织提供配套的资金。

印度建立了以下的国家基金，为农业合作社的发展提供资金支持：（1）在印度储备银行一级，建立全国农业信贷基金，向各个邦政府提供信贷，使他们能够参与合作社的股份资本；向农业提供中期贷款；向合作社农业和农村发展银行提供资金，支持它发行债券；向各个邦合作社银行提供中期贷款，以帮助合作社银行在合作社成员遇到干旱等自然灾害时，将合作社成员的短期贷款转为中期贷款。（2）在印度政府一级，建立全国合作社发展基金、全国仓储设备发展基金以及农业救济和保障基金，帮助农业合作社扩大农产品的储备能力，抗御饥荒、洪水等自然灾害，以促进农业合作社的发展。[1]

国外的经验表明，从政府角度看，要结合我国农民专业合作社正处在发展初期的现实，在不干预合作经济组织自主开展业务的前提下，制定必要的优惠政策，在财政、信贷等方面给予支持，同时对合作社的运行给予指导，为农民专业合作社的发展创造良好的外部环境。

第三节　财政扶持合作社的实证分析[2]

目前，农民专业合作社在组建方式、成员构成及内部机制等方面呈现多专业、多类型、多成分、多形式的特点，进而生成了多种类型的农民专业合作社如企业牵动产业型、协会推动服务型、股份合作实体型、经纪人带动型、政府推动型。无论什么类型的农民专业合作社，在其创建、发展和壮大过程中，多数得到了财政支农资金的直接或间接扶持。刘丽娟在吉林省某城市农村调查获

---

〔1〕　农业部农村合作经济指导司、合作经济经营管理总站编：《1993：亚太国家农村合作社经济》，中国农业出版社1993年版，第15～16页。

〔2〕　刘丽娟："财政扶持农村合作经济组织的个案研究与对策分析"，载《农村经济》2006年第6期；谷小勇、张巍巍："新型农业经营主体培育政策反思"，载《西北农林科技大学学报（社会科学版）》2016年第3期。本部分主要参考以上两文的研究成果，特予致谢。

得的有关经济合作组织建设的几个典型案例充分证明了财政扶持在农民专业合作社生成和发展中的奠基作用。

自20世纪90年代开始，吉林省某城市从本地的实际出发，多方筹措资金，努力加大对种植和养殖农户的财政扶持力度，出现了许多因财政资金扶持而富裕起来的粮食种植大户、养殖大户。某城市林海乡以粮食种植大户的联合为基础，组成了农产品经销协会。自2000年以来，全乡通过协会年均对外销售杂粮杂豆、干椒、果蔬、米类等农产品30多万吨，年销售收入在10万元以上的协会会员就有30多户。洮南市大榆树村的养貂协会是由因财政扶持而富裕起来的130多户养殖大户组成的农村养殖合作经济组织，协会制定了统一的养殖规则，统一防疫、统一销售，协会农户共养貂近7000只，年销售额达到260万元，户均纯收入15 000元。

大安市白鹅集团公司是在财政资金的扶持下发展壮大的典型案例。在公司成立之初，为了扶持分布在各乡镇的养鹅农户，政府提供了50万元财政扶持资金和20多万元财政担保贷款。这些财政扶持资金主要用于为农户建养鹅棚舍、孵化鹅雏和打放养井以及提供养鹅技术指导、卫生防疫和运输销售等。经过几年的发展，这个以白鹅养殖为主的农民专业合作社组建了白鹅养殖专业协会10个、专业村屯80个、养殖户18 000多户，白鹅饲养量达200万只。已有10 000多个养鹅户实现了脱贫，形成了集生产屠宰、冷冻、加工、销售、服务等多功能为一体的白鹅产业链条。

镇赉县三名城镇下岗职工与该县英华乡农民组成了股份制林木育苗实体，从2000年开始，每户年收入在50 000元以上。该股份制农民专业合作社的启动资金有25%是国家生态发展政策等财政扶持资金。通榆县利用草原优势，借助财政支农资金扶持养牛、养羊农户，有60%的养殖户得到了财政支农资金的扶持。20世纪末，这些养殖农户以所养殖的牲畜作价入股，组织成立了股份制牲畜养殖合作经济组织。到2005年，养殖户共养牛近10 000头，养羊近40 000只，实现了农村畜牧业产业经营的升级。

大安市四棵树乡的农民邵某，自20世纪90年代开始在财政支农资金的扶持下发展养猪业，逐渐发展为既搞养殖经营又搞销售的经济能人。近年来，邵某利用自己的养猪经验和市场预测能力及多门路的销售渠道，不但自己每年养猪200头，而且还充当中介，年销售生猪30 000多头，每头生猪获得3元手续费收入。经邵某联系销售的生猪涉及5个乡200多个养猪户。邵某借助财政支农资金的扶持，发挥自身的经营能力，上联市场找销路，下联农户签订单，逐渐确立了农村经纪人的地位，并由其带动形成了相对松散的农民专业合作社。

从上述几个个案可以看出，农民专业合作社中的大多数农户都得到了财政资金的扶持，财政资金的扶持在农民专业合作社的形成和发展中起到了奠基的作用。但是，财政对农民专业合作社的扶持特别是直接扶持，还难以满足农民专业合作社及农村经济发展的需要，还有许多需要完善的地方：一是在思想认识上，不重视、怕风险。财政部门认为农民专业合作社多是农民和个人的自主行为，成败难料，风险太大，出了问题不好交代，因而不重视农民专业合作社对于提高农民收入及发展农村经济的作用。二是在付诸行动上，名不正、言不顺。前文分析表明，财政扶持农民专业合作社大多是通过扶持种植、养殖户来发挥作用，而名正言顺地直接扶持农民专业合作社却是少之又少。造成这种局面的重要原因之一就是没有明确的财政扶持农民专业合作社的政策。三是在资金配置上，心有余、力不足。由于各级地方政府财政资金紧张，又没有建立起财政扶持农民专业合作社的资金管理制度，因而无法提供充足的扶持资金，致使财政扶持农民专业合作社的发展和创新成为盲点。四是在借助资金上，求变通、门路窄。多数农民专业合作社特别是农民自发组建的专业协会，在借助和使用财政支农资金方面，只能用变通的手段，扶持资金门路狭窄，只限于财政扶贫或支农资金等方面指定投入的几个项目。因此，多数农民自办、经纪能人领办的合作经济组织只能处于小打小闹的低效率运行状态，难以实现规模运营和可持续发展。

自农民合作社2006年被国家再次立法确认以来，中央一号文件一直将其作为新型农业经营主体进行培育，明确规定要采取安排财政项目资金直接投放、允许持有和管护财政补助形成的资产、增加发展资金、补助鲜活农产品仓储物流设施兴建和农产品加工业。完善税收优惠政策、广泛开展各类人才培训和落实设施农用地政策等措施，扶持其发展壮大。各级政府积极贯彻落实这些政策。如安徽省2010年和2012年颁布的《安徽省实施〈中华人民共和国农民专业合作社法〉办法》和《关于进一步促进农民专业合作社持续健康发展的意见》，分别制定了"扶持措施"和"优化农民专业合作社发展环境"一章；合肥市制定的《2009年农民专业合作社建设发展工作方案》，设置了"加大扶持力度"的内容。因此，我国农民合作社得到快速发展，数量大幅增加。如安徽省2007年年底在工商部门登记者为5 379家，[1]发展到2012年年底已达2.93万家，[2]平均每年增加约4 784家，年增长率接近89%。

---

[1] 许晓春，孟枫平："安徽省农民专业合作社发展因素分析"，载《华东经济管理》2014年第2期。

[2] 安徽联合调研组："安徽'谁来种地'有了新主体"，载《农村工作通讯》2013年第17期。

对于上述时期的农民专业合作社发展问题，高建中等、[1]秦红增等、[2]廖克勤[3]和彭春凝[4]等从发展影响因素、内部管理尤其是内部利益分配、产品营销和法律等方面做了深入研究，建议政府进一步加大对农民合作社的财政税收和信贷扶持力度及这些方面的政策支持。但是，这些研究在实证方面的支持力度不够。谷小勇等在2009年以来，多地多次对不同规模农民合作社发展进行了调研（如2009年在安徽省颍上、肥西和青阳三县进行了大规模问卷调查，2013年对甘肃省永登县多家较大规模农民合作社的实施访谈，2014年在安徽颍上、利辛、埇桥和当涂四县做了小规模问卷调查，2015年对安徽省宿州市15家农民合作社进行了实地访谈），未见过一件真正地合作社与社员间因公共财产而发生纠纷的案件；各级示范社中很多都是挂名合作社。一些学者实证研究引用的合作社不少都是"皮包"合作社，[5]即社长实名、社员挂名。所以，其研究结果可信度不够。

探究上述时期我国农民合作社快速增长的真正原因，主要是各级政府给予了大力支持。这些扶持使许多企业带头人、农村种养大户和经纪人、村干部看到了政府扶持带来的好处。他们为得到各级政府培育政策提供的各项奖补、优惠和项目支持，就积极组建了许多自己任社长、向其出租土地的农民及相熟的农民挂名社员的合作社。这有违国家补贴、扶持农民合作社的初衷。

因此，建议各级政府削减培育政策中对农民合作社的部分扶持内容：取消对示范社的奖励、贷款贴息和建设鲜活农产品仓储物流设施和兴办农产品加工业的补助，对初建社的补助，对合作社开展信息、培训、农产品质量标准与认证、农业生产基础设施建设、市场营销和技术推广、引进新品种和新技术等服务的财政资金安排；压缩皮包合作社投机套取国家财政资金的空间，避免国家财政资源的浪费。同时把增加发展资金、税收和贷款优惠、水电非农土地（生产设施用地和附属设施用地）使用优惠、整车运输鲜活农产品车辆运行费减免等政策的主要实施对象由农民合作社扩展到个体在乡小农，使前者所获政策优惠等于其社员入社前作为个体小农身份所获这些政策优惠的加总，提高农

〔1〕 高建中、袁航、李延荣："农民专业合作社功能发展程度及影响因素"，载《西北农林科技大学（社会科学版）》2014年第6期。

〔2〕 秦红增、韦星光、陆炳乾："当前农民专业合作社发展特点及方向探析——以南宁市盼台归合作社为例"，载《吉首大学学报（社会科学版）》2015年第4期。

〔3〕 廖克勤："农民专业合作社财务治理的现实冲突及对策"，载《湖湘论坛》2013年第4期。

〔4〕 彭春凝："论西部地区农牧民专业合作社发展的法律支持"，载《西南民族大学学报（人文社会科学版）》2012年第6期。

〔5〕 张德元："'皮包合作社'的迅猛发展与'诺斯悖论'"，载《郑州航空管理学院学报》2010年第1期。

民合作社形成的内聚力，促进其健康发展、壮大。此外，可在培育政策中增加"同等条件下，农村土地整理、农田水利建设、农业综合开发、扶贫开发、农业产业化和农技推广等国家支持和发展的农业和农村经济建设项目，优先委托和安排符合条件的农民合作社尤其是示范社承担"和"积极面向合作社带头人、经营管理人员和社员开展职业技能提升培训和晋升技术职称培训"内容，提高农民合作社的自我造血能力，实现可持续发展。

我国支持农民专业合作组织发展的大方向已经明确，但是，具体的制度严重滞后。当然，国家层面上的制度供给不足问题如税收优惠问题须从国家层面上去解决。从地方政府角度，要结合我国农民合作经济组织正处在发展初期的现实，在不干预合作经济组织自主开展业务的前提下，制定必要的优惠政策，在财政、信贷等方面给予支持，同时对合作社的运行给予指导，为农民合作社的发展创造良好的外部环境。

第四节　公共财政支持农业专业合作社发展的政策建议

农民专业合作社的形成、创新和发展，财政扶持是重要支撑。为此，积极扶持农民专业合作社是财政支农的重要内容之一。从财政扶持的角度来看，财政资金对农村合作经济组织的扶持力度还不够，农村合作经济组织的进一步壮大缺乏充足的经济基础。因此，政府及财政部门要提高认识，明确扶持政策，理顺扶持机制与资金渠道，加大财政扶持农村合作经济组织的力度。

对于扶持农民专业合作社的资金来源，主要是一般性的财政支农资金、农业综合开发项目资金。近年来，虽然我国的经济发展很快，财力也不断壮大，但是我国各地的经济发展状况差异很大。大部分县、市是吃饭型财政，很难安排财政资金来支持农民专业合作社，所以说农业综合开发项目资金将是财政支持农民专业合作社发展的主要来源。[1]因而，单靠财政资金是十分有限的，还需要通过财政扶持的引导，调动社会各方面投资积极性，加强社会融资，拓宽财政扶持农民专业合作社的融资渠道：一是充分发挥财政资金的导向作用，引导信贷资金、域外资金和其他一切可以利用的资金投向农民专业合作社。二是金融机构和农村信贷机构，要简化贷款手续，积极为农民专业合作社创新发展提供资金支持。三是改善投资环境，充分发挥市场配置资源的基础作用，吸引

---

〔1〕　刘丽娟："财政扶持农村合作经济组织的个案研究与对策分析"，载《农村经济》2006 年第6 期。

城市和省外、国外资金投向农民专业合作社。四是积极引导农民广泛开展多种形式的联合与合作，鼓励农民通过土地、劳务、资金、技术等方式入股，兴办创新农民专业合作社。总之，财政扶持农民专业合作社，就是要在财政扶持资金的引导下，逐步形成以财政投入为导向、信贷投入为依靠、农民和集体投入为主体、社会资金和域外资金为重要来源的多元化、多渠道的融资机制。

一、公共财政支持农民专业合作社发展的目标选择

（一）财政支持农民专业合作社以促进农民增收为最终目标

通过政府的支持，提高农民专业合作社的服务水平和质量，强化农民专业合作社的力量，将增加农民收入作为财政支持农民专业合作社发展的最终落脚点，并将其作为评判财政支持效果的主要标准。促进农民增收、享受真正的经济实惠是财政支持农民合作组织的最终落脚点，也是农民专业合作社维持其凝聚力、吸引力和带动力的重要保证。

（二）鼓励发展与规范运作是公共财政支持农民专业合作社的直接目的

财政支持合作社的目的是通过财政资金的引导、扶持，促进农民专业合作社规范运作，以实现其持续、健康发展，使合作经济组织成为财政支持农村发展的有效载体。

（三）提高财政支持农民专业合作社的资金使用绩效

财政支持农民专业合作社的发展必须积极探索提高财政支持农民专业合作社资金使用绩效的方式、方法，研究制定促进农民专业合作社发展的财政政策，推动农村经济发展。面对农民专业合作社分布广，技术、信息缺乏，缺少活动经费和财力匮乏等问题，财政扶持资金的投入不可能是"撒芝麻盐"，必须集中财力，发挥财政资金的乘数效应，讲求投入产出效益。同时，要建立健全扶持农民专业合作社财政资金的管理体系，规范资金管理模式。要不断探索有效的财政扶持措施，发挥财政资金的引导作用。尤其是对能够有效增加农民收入、有效增加财政收入的农民专业合作社，应给予倾斜性的扶持：一是严格筛选，扶强扶优。要选择有发展潜力的支柱产业、龙头企业和带动作用大的农民专业合作社，实行重点扶持，使其尽快发展壮大。二是科学立项，搞好评估。要建立财政投资档案，做好财政资金投入项目的先期考察、论证、评估和后期的跟踪工作。三是管好用活财政资金。对于能够带动当地农民致富的各种农民专业合作社，要采取优惠政策、财政贴息、贷款担保等方式给予扶持；对于有利于农业科技示范和技术推广的农民专业合作社，要采取省、市、县三级财政配套或国家、集体、个人配套出资的办法进行扶持。四是提高财政投入的透明度。在财政扶持资金的分配过程中，要按照建立公共财政的基本框架和实

施"阳光财政"的要求，对专项资金的具体用途、使用范围以及扶持重点、补助环节、分配办法、运作程序和监督管理等，都要做出明确的规定。

围绕财政支持农民合作组织的工作重点，财政支持的途径和方法也必须有所创新：第一，对农民专业合作社的财政支持，要灵活运用资金、智力、技术、物资投入多种方式。既可直接补助资金，也可通过支持开展培训活动增加对农民合作组织的智力投资，还可通过政府采购为农民合作组织引进技术和物资。第二，要协调多种扶持手段的关系，形成合力。财政支持农民合作组织，要改变单一注入资金的方式，灵活运用政策引导、资金补助、贷款贴息、项目资金匹配等多种形式，协调并引导相关部门和农民共同关注、支持、参与农民专业合作社，做到扶持不包揽、引导不干预、推动不替代。

二、公共财政支持农民专业合作社发展的方式选择

（一）对农民专业合作社的项目支持

公共财政对农民专业合作社的项目支持可以分为两类：针对所有农民专业合作社的普惠性支持和针对"示范性农民专业合作社"的个别性支持。前者是为了鼓励各类农民专业合作社的发展，对运作正常的合作经济组织由政府给予"普惠制"性质的支持；后者是有选择地对农民专业合作社进行重点扶持，发挥其示范带动作用。另外，要对中央财政支持项目、省财政支持项目和市级财政支持项目进行统一管理。对于专项资金的使用，建议实行项目制运作机制——建立一个从中央到地方各级的专门部门负责专项资金管理。由该管理部门将专项资金根据扶持内容、特征划分名目，比如"培训资金""技术推广资金""贷款贴息资金""特殊地区优先扶持资金""特殊农产品优先扶持资金""固定资产建设扶持资金"等，再根据各地实际情况进行项目细分。符合项目要求的农民专业合作社可向该管理部门申请资金扶持，由其负责审批。实行项目制运作机制必须建立一套严格、针对性强的申请、审批机制，才能保证有限的专项资金合理使用。

（二）"农民专业合作社教育培训工程"试点

培训的内容主要包括两个方面：一个是合作教育；一个是技术培训。要加大对《农民专业合作法》的宣传力度，通过多种形式，切实把法律送到基层、送到农户，使法律精神家喻户晓、深入人心。要积极组织培训，普及合作知识，对各县（市、区）主管农业的领导进行分期分批培训，对合作经济组织负责人、农户成员进行经营管理、市场营销、财务核算、经济合同法等内容的培训，全面提高其素质和开拓市场的能力。要积极引导成员参与专业合作组织的各种活动，使成员真正从合作活动中得到收益，取得成员对合作社的信任、

支持，增强合作组织对成员的吸引力、凝聚力。要加速农业科技的推广应用，提高农业劳动者素质，推动农科教结合，增强合作意识，适应市场经济发展的需要。当前不少农业专业合作社运行不够规范、活力不强，其重要原因之一就是缺乏专业、及时和有效的辅导培训。因此，需要实施多层次的合作经济知识教育培训，要聘请专家向产业关联度高的农民或产业化集合体宣传合作社的原则、意义、条件等，开展合作社组织规则、运作方式及其优缺点等基本知识的教育，打破农民专业合作社制度供给不足的瓶颈。

（三）"农民专业合作社实验示范工程"试点

地方政府可以组建若干个合作社进行规范化实验，合作社内部建立让社员得益的盈余返还和积累机制，通过无偿或低偿服务、保护价收购和按交易数量返还利润等办法，让社员享受真正的经济实惠，增强农民专业合作社的凝聚力、吸引力和带动力。对比较成功的实验合作社要总结经验，进行广泛宣传，发挥其示范作用。

三、公共财政支持农民专业合作社发展的政策建议

（一）提高对财政扶持农民专业合作社的认识

要使财政在创新和发展农民专业合作社中发挥更大的作用，首先应从思想认识上解决问题，必须充分认识发展农民专业合作社与财政扶持农民专业合作社的重要性。我国加入 WTO 以后，农村一家一户的小农经济与发达国家的大农场、大型农业公司及其形成的训练有素、协调有方的全国性行业协会相比，无疑是不堪一击的。农民专业合作社的创新和发展，既可以防止同行业之间的恶性竞争，又有利于建立稳定的产销关系。农民专业合作社在为农户购入生产资料时，可以批量购买，从而能够争取较为优惠的价格，降低农业生产成本。同时，农民专业合作社在组织批量集中销售农产品时，能够提高在市场谈判中的有利地位，争取以理想的价格销售农产品，从而增加农民收入。所以，只有使农民有组织地进入市场，才能保证在激烈的市场竞争中占有一席之地。这就要求政府部门特别是财政部门，要切实解决思想观念问题，消除重集体、轻个体，重公有、轻私有，重国营、轻民营的投资思想。要充分认识到提高农民收入、实现全面小康的目标，单靠家庭联产承包制、一家一户的个体经营是无法办到的。必须有各种适应市场经济规律的创新组织，把农民组织起来，走产业化发展的道路。财政部门要充分发挥自身职能，密切关注和大力支持农民专业合作社的创新和发展，从而使财政支农落到实处。

各级政府和财政部门必须认真对待农民专业合作社的发展问题，尽快明确和出台财政扶持农民专业合作社的政策，建立起以农民投入为主体、财政投入

为导向、社会投入为补充的多渠道、多元化筹措资金机制。明确了财政扶持政策，财政扶持农民专业合作社就有了可以遵循的政策依据，使财政扶持农村合作经济组织名正言顺。

（二）必须明确公共财政支持农民专业合作社是财政支农的重要组成部分

农民专业合作社作为连接农户与市场的有效中介，对于带动农民增收发挥着重要作用；政府支持农民专业合作社的发展实质上就是支持农民、农村和农业，其作为财政支农的一个有效载体和桥梁，对于提高财政支农资金的有效性发挥着积极的作用。要把支持农民专业合作社发展作为财政支农性资金支出中明确的一项支出，每年在预算内予以安排。其主要原因在于以下方面：

首先，小农户是市场经济竞争中的弱势者，而现有体制决定了分散的小农户经营与统一的大市场的矛盾将是近一段时期内农业生产的主要特点。农民专业合作社的建立就是为了将分散的、势力弱小的农民组织起来以增强其面对市场的竞争能力。一方面由于农民专业合作社是帮助、组织农民进入大市场的载体，其所追求的对内服务和对外盈利的双重目标，具有促进社会公平，弥补市场缺陷等外部效应，从而使农民专业合作社带有公共产品的特性；另一方面，农民专业合作社作为市场经济条件下弱势者联合的一种组织形态，在参与激烈的市场竞争中，也需要政府相关政策的扶持和优惠。

其次，通过发展农民专业合作社提高农民组织化程度，有效弥补单一农民的弱势地位，使农民们能按市场信息，有计划地组织农产品生产、运销，共同抵御自然风险和市场风险。通过农民专业合作社实现农业产业链的延长，使农民也能分享到农产品加工、仓储、运输、销售等环节的利润。随着标准化农业成为国际性潮流，农民专业合作社还能解决单一农民无法与标准化市场对接的矛盾。因此扶持农民专业合作社的发展也就是财政支持农业的具体体现与手段之一，是财政支农题中应有之意，与财政支农是统一而不是相悖和矛盾的。所以，要把支持农民专业合作社发展作为财政支农性资金支出中明确的一项支出，每年在预算内予以安排。

为了推进农民专业合作社发展，财政部 2003～2005 年安排 1.5 亿元专项资金支持试点建设；农业部 2006 年安排 2 000 万元专项资金支持了 111 个示范项目。2007 年继续安排 2 000 万元，扶持 143 个示范点，同时确定北京、吉林、浙江、安徽、湖北、湖南、山东、河南、陕西、宁夏、四川和青岛等为试点省市。农民专业合作社示范建设还带动了省级财政的投入。2006 年省级财政扶持资金 6 700 多万元，建立了省级示范点 600 多个；2007 省级财政扶持资金增加到 1.4 亿元。江苏省省级财政在 2001 年和 2002 年，每年安排 50 万元，专项用于扶持省级示范专业合作经济组织的发展，2003 年增加到 210 万元，

2004 年为 500 万元。中央财政从 2003 年起设立专项资金用于扶持专业合作组织试点。2004 年中央财政还设立了农民专业合作社示范项目资金扶持（示范项目资金扶持由农业部具体负责）。随着 2007 年《农民专业合作社法》及相关配套法规的出台，在工商部门登记的合作社数量突飞猛进地增加：由 2008 年的 11.09 万户增至 2011 年的 52.17 万户、2013 年的 98.24 万户（其中各级示范社超过 10 万家，联合社 6 000 多家）；入社农户由 2008 年的 133.94 万户增至 2011 年的 4 100 万户（占农户总数的 16.4%）、2013 年的 7 412 万户（约占农户总数的 28.5%）。[1] 一些省市也设立专项资金支持本辖区农民专业合作社的发展。应该把支持农民专业合作社发展纳入公共财政支持农村发展的政策范围，作为一项财政支农性资金支出，在年度财政预算内予以安排。[2]

（三）必须把握好公共财政支持农民专业合作社的着力点

为了实现财政支持农民专业合作社发展的目标，我们认为财政支持农民专业合作社的着力点在于以下几个方面：(1)积极探索和推行"财政资金扶持农民专业合作社，农民专业合作社带动农户"的模式，解决政府面对一家一户进行扶持所带来的成本过大的问题，提高财政支农资金的有效性。要坚持有效使用和积极引导的原则，对于不同的农民专业合作社采取不同的扶持政策：一是明确优先扶持对象。对于覆盖面广、经营规模大、带动能力强的较大型农民专业合作社要优先扶持。二是明确重点扶持对象。对于由农村经纪能人创办和领办的组织制度严密、专业性强、影响力大的个体农民专业合作社，要实行重点扶持。三是明确主要扶持对象。对于发展前景好、具备市场潜力的新办农民专业合作社，要作为财政扶持的主要对象。(2)加大力度扶持和培育农民专业合作社的先进典型，充分发挥其示范和引导作用。成功的典型根植于当地的实际经验，是发展农民专业合作社最好的教材；只有农民亲眼见到加入合作经济组织带来的好处，才能成为合作社的支持者和参与者。同时，成功的合作经济组织也为我们总结经验、探索规律提供了素材。(3)提高农民专业合作社的合作水平，增强农民专业合作社的带动力。目前，许多农民专业合作社还处于合作的初级阶段，数量不多，规模也不大，难以实现产供销一体化的目的，也无法按照国家产品质量标准组织生产和参与市场竞争。所以财政资金应帮助农民专业合作社发展壮大、提升合作水平和服务能力，成为带动周边农民共同富裕的有力"龙头"。(4)促进已有农民专业合作社规范运作，着重于促进建立健

---

〔1〕 国家工商总局网站首页 - 政务公开 - 统计资料，http：//www.saic.gov.cn/zwgk/tjzl/，2015 年 12 月 25 日最后访问。

〔2〕 陈庆春：《公共财政支持农民专业合作组织发展对策研究》，南京农业大学 2007 年硕士学位论文。

全农民专业合作社内部运行机制，提高合作社自我发展能力，实现持续健康发展。财政设立的农民专业合作社示范项目，目的之一就是引导全国农民专业合作社的规范化建设。财政资金有限，只有真正起到带动广大农户作用的合作经济组织，才是财政资金扶持的对象。所以以财政资金扶持农民专业合作社的前提是要求合作社定有章程，并切实按照组织章程进行运作，具备健全的内部管理制度、财务制度，依法办社，守法经营，在章程规定的范围内开展经营活动；这样的合作社才具备健康运作的基础，才能发挥带动农户的作用。合作社必须建有让社员得益的盈余返还和积累机制，通过无偿或低偿服务、保护价收购和按交易数量返还利润等办法，使社员能从合作社活动中得到收益，才能发挥合作社之互助互惠优势，才能使合作社持续发展下去。运用财政资金的激励、扶持作用，引导农民专业合作社朝真正的合作社发展，带动广大农民致富；这才是财政支持农民专业合作社发展的目的。(5)积极争取税务、工商、民政、金融等部门的配合及支持，为农民专业合作社的发展创造一个有灵活性、支持性的外部环境。按照财政部、国家税务总局的有关规定，贯彻对农民专业合作社实行的低税或免税政策如免征所得税和营业税。简化农民专业合作社的登记手续，并减免相关费用：在工商行政管理部门登记注册的专业合作社，不论登记性质如何，登记、发照、年检只收取证照工本费；在民政部门登记的农民专业协会，要简化"批准筹备"程序，予以优惠并免于公告等。由于农民专业合作社的大部分经营利润返还给了社员，希望依靠自己有限的积累来做大做强往往是"心有余而力不足"；因此财政部门应通过提供财政贴息等方式为农民专业合作社争取农村信用合作社等金融部门的信贷支持，解决农民专业合作社发展壮大面临的资金困境。

(四) 把农民专业合作社当作政府政策实施的重要工具

在我国，专业合作社的特殊性决定了它不是一般的经济组织，而是在市场经济条件下政府政策的基层执行机构。因此，县级以下人民政府应该把合作社作为农业政策的基层执行机构，通过合作社把有关政策传导给农民，同时把部分政策资源留在合作社，以便使其迅速发展壮大。具体说来，国家农业综合开发建设、农产品优势区域和优势产业带建设、扶贫开发建设等工程项目，可以优先委托各类有条件的农民专业合作社加以实施。实际上，日本、韩国、我国台湾地区等东亚国家和地区发展合作社的基本经验就是充分利用政府的政策资源。

(五) 规范财政扶持机制：明确支持资金用途，突出支持重点

在市场经济条件下，财政支持农民专业合作社必须遵循公共财政的原则，尊重合作制的性质，政府资金只能起到扶持、引导的作用，而涉及市场经营性的领域则不是政府应该干预的范畴。因此，扶持农民专业合作社的财政资金就应紧紧围绕着增强农民专业合作社的竞争力和培养农民专业合作社的带动力这两个方面投入。

农民专业合作社的完整运作流程包括组织、生产、供应、销售、分配五个环节。其中组织环节的工作是组织广大社员制订章程、办理审批手续等一切前期准备工作，需要的投入主要是开办费；生产环节的工作是生产基地建设，包括示范基地和推广基地的建设，费用投入主要是示范基地建设所必需的投入；供应环节的投入主要包括供应种苗等的投入，其中包括新品种的引进、实验投入，供应技术的投入，主要是新型栽培技术、有机肥、有机农药的推广投入，供应环节投入还有购置农用机械的投入以及供应资金的投入；销售环节的工作主要是营销网络的建立、产后处理和品牌建设，费用投入则包括营销队伍的建立、统一包装的投入、购置产后处理设备的投入以及商标注册和品牌宣传费用；分配环节的工作主要是农产品出售时的分配和年终的二次分配。应针对农民专业合作社不同环节的投入，根据不同财政资金来源所具有的不同特点，考虑财政资金可以扶持的环节。

目前财政支持农民专业合作社发展的资金来源，主要有一般性财政支农资金和农业综合开发项目资金。一般性财政支农资金侧重于无形方面的支持，主要内容有支持农民专业合作社为提高服务能力和加强自身的组织建设所必需的支出、支持农民专业合作社为社员开展服务活动所需的支出、支持其他有利于农民专业合作社发展和提高服务能力的支出。从农民专业合作社各个环节所需开支来看，一般性财政支农资金可以对以下支出进行补助：组织环节的开办费；供应环节的有关技术推广、新技术培训等费用以及提供贷款贴息；营销环节的有关信息网络的建设、商标注册、品牌推介费，对合作社为保护农民利益而承受的损失部分进行补贴。农业综合开发项目资金侧重于农民专业合作社的有形方面的支持：补助生产环节为建设示范基地而改善基础设施的投入；供应环节的种苗引进、农资、农机补助以及贴息补助；补助销售环节的产后处理系统机械配置支出，包装支出；对农民专业合作社进行的一些设施性项目进行补助。

结合农民专业合作社的发展现状，财政支持农民专业合作社的资金投入应突出以下几个重点：

（1）完善基础设施建设。帮助农民专业合作社完善基础设施，添置必要的服务设备，扩大农民专业合作社的硬件规模，为提高服务能力打下牢固的物质基础。基础设施是发展农民专业合作经济组织的基础和前提。财政支持首先要帮助农民专业合作经济组织完善基础设施，添置必要的服务设施如土地征用，水、电、路的"三通"，扩大硬件规模，为提高服务功能打下牢固的物质基础。

（2）技术培训和信息服务。支持开展面向农民的各类政策理论、科技文化知识和新技术引进推广的培训，提高农民专业合作社成员的综合素质和技能；以农业信息网络体系建设为重点，支持完善农业信息服务体系，强化信息化技术在农业生产经营管理领域的推广应用，全方位地为农民专业合作社提供信息服务。

（3）品牌培育、整合与营销服务，即对农民专业合作社所生产产品进行品牌培育、宣传推介的扶持。产品能否畅销，是决定农民专业合作经济组织存亡的关键环节。支持农民专业合作社培育有自主产权的农产品及其加工品品牌，或对现有品牌进行整合，提高品牌效应，规范销售秩序；支持农民合作组织产品营销服务网络建设和产品推介，扩展销售渠道，提高销售服务能力，实现生产与市场有效对接。

（4）制定农产品标准和组织标准化生产。支持农民专业合作社在制定区域性生产技术规范、组织标准化生产和组织农产品生产标准化综合示范等方面发挥积极作用。

（5）新品种、新技术的引进和推广。一是财政支持农民专业合作社引进新品种和新技术，使富有科技含量的新品种和新技术得以迅速转化为生产力。二是农民专业合作社聘请专家和技术人员参与经营管理或从事技术指导，财政可在一定时期内给予适当支持。三是对农民专业合作社兴办的有一定基础的农产品整理、储存、保鲜和加工的经济实体，择优给予扶持，帮助其迅速扩大生产，带动千家万户，形成商品竞争力。四是支持农民专业合作社与大专院校、科研机构合作，开发系列农产品，提高加工深度和产品档次，增加附加值，从而迅速拉动农民收入增长。五是支持实施有利于农民专业合作社巩固、发展、提高的设施性项目，推动其有效扩张，逐步改善技术装备条件，完善服务功能，提高服务能力。

（6）农产品的检验检测。当前，农产品安全问题已经成为制约高效农业发展的瓶颈。一方面由于大部分农民素质较低，没有绿色环保意识，无法对农产品进行疫病防治及检验检测；另一方面，分散的农户生产使农产品检验检测成本高，费用无法落实。因此财政可以对农民专业合作社在检验检测建设方面给予一定的资金扶持，以提高产品的优质率和市场竞争力。

（7）要为建立农民专业合作社风险防范和保障机制提供财政支持。针对专业合作组织抵御市场风险和生产风险的能力还很弱的问题，政府各有关部门要根据实际情况，及时制订必要的优惠政策；特别是财政要给予必要的支持，并为其建立农村合作经济组织风险防范保障机制，一旦遇到自然灾害或市场风险能够有效地迅速恢复生产和经营。

（六）加强公共财政支持资金使用的监督检查

获得财政支持的农民专业合作社要严格按照项目内容制定实施方案，经农民专业合作社全体成员或代表大会讨论通过后组织实施，并将扶持资金使用情况向全体成员公开。要求农民专业合作社对财政扶持项目资金设立明细账，专款专用，并建立完整的项目管理档案。项目完成后，农民专业合作社负责人必须向全体成员或代表大会报告项目执行情况，并向当地农工办提出验收申请，由农工办会同财政部门对项目进行验收。

（七）要出台其他配套政策

在加大财政资金扶持力度的同时，加强财政对农村合作经济组织的政策扶持。财政扶持农村合作经济组织，主要有两种形式：一是政策扶持；二是资金扶持。在政策扶持方面，主要是工商和税务部门要依法对农村合作经济组织在税费征收上实行或变通实行减免政策：其一，农村合作经济组织为农民生产的产前、产中、产后所提供的农业技术服务或劳务服务所获得的收入，可以免征所得税；其二，对于新创建的独立核算的农村合作经济组织以及从事商业、物资业、旅游业、仓储业、饮食业的农村合作经济组织，在其创办之初，免征1~2年所得税；其三，对于从事农产品分等分级、整理包装、加贴品牌商标等简单加工和销售的农村合作经济组织，可以免征增值税。同时，加快农民专业合作社的发展必须有其他政策配套如开通农产品运输"绿色通道"、简化农业生产用地手续、改善对合作社的信贷服务、对合作社的技术支持、鼓励和支持合作社推进农业标准化生产、发展无公害农产品。

我们应该认识到，政府对合作社的财政支持既有积极的一面，也有消极的一面。积极的一面是财政支持的导向作用可以加速合作思想的传播，有利于合作社的建立和快速发展，使合作社可以与普通商业企业相抗争。消极的一面是政府提供的大量资金及财政援助往往变成吸引人们参加合作社的重要原因之一；政府的资助一旦停止，合作经济组织就会面临解体的危险。同时，政府为了保证财政资金的正确使用，常常干预合作社的经营，使合作社具有浓重的"官办"色彩。而且，财政支持运用不当还可能助长合作社的惰性和依赖性，破坏原有的正常市场秩序。

那么，政府到底应不应该对合作社进行财政扶持？答案是肯定的。关键是要适度，要遵循资源优化配置的原则，采取审慎的态度，经科学评审后才予以发放；并且要充分尊重合作社运动的自治和独立原则，不对合作社的经营管理进行过多干预。

第四章
合作社金融支持制度研究

合作社的发展离不开政府的支持和扶持，而政府支持、扶持合作社的渠道、方式则是多种多样的。其中，金融支持是不可或缺的一部分。由于内在的制度缺陷，不少合作社在设立及发展过程中，往往面临着资金短缺问题。为此，要促进合作社事业的稳定发展，政府就应对合作社给予必要的金融支持，这既符合法的正义性要求，也有利于整个社会的和谐。在我国相关的合作社法中，应对合作社的金融支持问题给予明确、具体的规定。

第一节 "金融支持"内涵分析

何为"金融支持"，是研究合作社金融支持制度不可回避的问题。明确"金融支持"应有的内涵，才能科学、有效地设计合作社金融支持制度，以解决合作社资金短缺问题。

对"金融支持"一词的分析涉及"金融"与"支持"两个概念。就"金融"概念而言，人们对其内涵的界定并未达成一致看法，以至于有人指出，关于什么是金融，古今中外，在经济界、金融界、法学界并无一个公认的定义。当然，如果仅从字面理解，"金融"通常可解释为货币资金的融通。[1]一般认为，所谓"金融"，就是在"商品货币经济条件下，各种金融机构以货币为对象，以信用为形式所进行的货币收支、资金融通等活动的总称。"[2]还有人认为，"金融"概念可有广义与狭义之分。广义的金融是指货币资金流通体系，即是指全社会的货币资金的筹集、分配、借贷、使用和管理活动的总和。根据资金流通的条件和方式的不同，广义的金融分为财政融通与信用融通。财政融通是指国家以其政治权力为基础，将部分社会资源以税费的名义征收上来用于社会公共需要。信用融通则是社会经济活动的各类主体以市场为基础，以信用为条件，将部分社会资源以货币资金为载体在其相互间流转，以调剂余缺，满足私人物品和服务的生产经营的需要。狭义的金融即是指货币资金的信用融通活动的总和。从行为上看，金融活动包括了货币的发行、流通和回笼，金银和外汇的买卖，国内、国际的货币收付与结算，股票、债券的发行与交易，财产的信托、融资租赁、保险等。[3]由于通常意义上的金融就是指狭义的金融，在本章研究中，也主要是从该意义上展开讨论的。

所谓的"支持"，按《现代汉语词典（修订本）》的解释，其含义是指"给以鼓励或赞助"，[4]"给以鼓励或赞助"实际上则表明支持者对某一行为或事实，在态度和应对方面，是勉励、赞同并给予帮助的。基于上述字面含义分析，可以认为，"金融支持"主要强调的是支持者利用一定的金融手段和工具，采取确定的金融方法为被支持者融资提供优惠的融资途径，以解决被支持者的资金短缺问题。具体的"金融支持"行为，往往是借助一定的金融中介，即金融机构进行的。"金融支持"的过程，或是将特定的资金让渡给资金短缺者使用；或进行一定的金融投资，使被支持者资金短缺问题得到解决。所谓对合作社的"金融支持"，应是指政府在合作社融资方面所持的鼓励、赞许、帮助的态度，以及政府为此所制定的制度和制度的落实。

除了"金融支持"一词外，人们在立法和文献中往往还会使用其他一些

---

〔1〕 朱大旗：《金融法》，中国人民大学出版社2007年版，第5页。

〔2〕 朱崇实主编：《金融法教程》，法律出版社2011年版，第1页。

〔3〕 强力：《金融法》，法律出版社2004年版，第4页。

〔4〕 中国社会科学院语言研究所词典编辑室编：《现代汉语词典（修订本）》，商务印书馆1996年版，第1610页。

概念来代替"金融支持"，如"资金支持"[1]"信贷支持"[2]等。严格地说，由于"金融"与"资金""信贷"的内涵不同，因而"金融支持"与"资金支持""信贷支持"是有差别的。

对于"资金"概念而言，狭义地说是作用于物质产品生产流转的物质的价值，是物质的货币表现形式；广义地说是能够增值的资产，是社会再生产过程中能够增值的物质和货币。[3]西方会计中的资金概念，可以定义为现金，或者货币性流动资金、运营资金，以及泛指全部资金。[4]

关于信贷，其主要含义是指一种借贷行为，是以偿还和付息为条件的价值单方面让渡。信贷从广义上讲就是信用，就是不同所有者之间的商品和货币资金的借贷以及赊销、预付等行为；狭义上讲是专指货币经营单位信用业务活动的总称，包括贷款、存款、汇兑等具体业务活动，是体现一定生产关系的借贷行为。[5]

可以认为，在"金融""资金"与"信贷"三个概念中，"金融"与"信贷"更多地强调的是一种行为，而"资金"侧重行为所指向的客体为何物，由此，三个概念的内涵不同，对应的外延也有所区别。比较而言，"信贷"应为"金融"活动的一种，"金融"包含了"信贷"。"金融""信贷"与"资金"有密切的关联，因为"金融""信贷"必须借助"资金"来进行。本章的研究使用"金融支持"一词，支持的主体主要是指政府，支持的展开是通过一定的制度设计及制度的运转，以使合作社在融资方面获得"鼓励或赞助"。

第二节　合作社金融支持的理论基础

一、合作社资金来源及融资的制度性缺陷

（一）合作社资金来源

合作社是一种组织，而且就多数类型的合作社而言，所开展的主要业务属

---

[1] 在我国《农民专业合作社法》中，使用的就是"资金支持"概念。

[2] 如李生、王乐君主编的《农业基本法律问题研究》一书，用的就是"信贷支持"概念。参见李生、王乐君编：《农业基本法律问题研究》，工商出版社2000年版，第248页。

[3] 曾康霖、谢应辉：《资金论》，中国金融出版社1990年版，第1~4页。

[4] 朱学义、肖立方主编：《资金会计学》，煤炭工业出版社1995年版，第4~5页。

[5] 李燕君主编：《农村信用社信贷管理》，西南财经大学出版社1999年版，第1~2页。

于经济活动。或者说，在市场经济中，合作社免不了要进行一定的经济活动。历史地看，合作社最初的产生动力主要来自经济因素，改善社会弱者的经济地位。其后的发展主线更是围绕经济活动展开。若要开展经济活动，合作社就需要一定的财产作为物质基础。整体上看，合作社所开展的经济活动可分两类：合作社对内要与社员之间开展非营利性的交易，以实现为社员服务的宗旨；对外则要依据市场经济原则，追求盈利的最大化。[1]所有这些都说明，如果合作社缺乏必要的经营资金，它的业务活动将无从展开。因为，任何一个组织的发展都离不开劳动、资本、土地和技术的有机结合。对合作社而言，"资金始终具有决定性的作用，充裕的资金是合作社发展强大的物质基础，是合作社取得成功的关键。"[2]任何一种类型的合作社，不管是信用合作社、生产合作社，还是消费合作社、住宅合作社等，都以必要的资金作为合作社经营活动的基础。一些合作社，如住宅合作社，由于涉及不动产投资，在整个经营活动中，需要的资金还不是小数额。因此，作为市场经济主体，一定数量的资金对合作社而言是不可缺少的；增强合作社的资金能力，将有助于合作社的稳定发展。在现实中，一些合作社之所以办不好，甚至办不下去，往往就是在资金方面出了问题而无法获得及时解决。那么，合作社的资金来源主要包括哪些方面呢？依据各国合作社实践及合作社相应立法规定，一般而言，合作社的经营资金来源最主要的有四个方面：

一是社员的出资，它是合作社的最主要、最基本和最初的资金来源。合作社虽然是人的联合，但为了开展经济活动，仍然需要社员出资。同时，社员的出资往往还与社员资格相联系，社员必须认购一定数量的股金才能加入合作社，成为合作社正式成员。英国罗虚代尔公平先锋社是现代意义上最早成立的合作社，在其 1844 年所发表的声明中即表明，该社"以一英镑为股，聚集多数之资本，仅供业务的使用。"[3]德国《工商业与经济合作社法》第 7 条规定，合作社章程的强制性内容要包括"每个社员得以加入合作社所需达到之出资额（股份）以及各个社员缴付股金之义务；社员缴付的总额至少达到股份总额的十分之一，必须规定缴付的金额和时间。"日本《农业协同组合法》第 13 条规定，组合得依章程规定，由组合社员出资。按前项规定出资的组合社员，必须有一股以上的出资。该法第 17 条规定，组合得依章程规定，向组合成员征收经费。

---

〔1〕 陈岷："民商法视野中的合作社"，载《财贸研究》2007 年第 6 期。
〔2〕 王文献：《我国新型农民专业合作社融资问题研究》，西南财经大学 2007 年博士学位论文。
〔3〕 屈茂辉，等著：《合作社法律制度研究》，中国工商出版社 2007 年版，第 129 页。

我国台湾地区"合作社法"第 17 条规定，社员认购社股，每人至少一股；第 16 条规定，社股金额每股至少银圆二元，至多银圆五十元，在同一社内，必须一律。我国《农民专业合作社法》第 18 条也规定，社员有义务按章程规定向合作社出资。

至于社员的出资形式，并不限于现金，也可以是现金以外的实物、技术等，当然现金是最主要的出资形式。德国《工商业与经济合作社法》第 7a 条规定，社员可以实物出资；我国《农民专业合作社登记管理条例》第 8 条也规定，农民专业合作社成员可以用货币出资，也可以用实物、知识产权等能够用货币估价并可以依法转让的非货币财产作价出资。

二是合作社因经营而积累起来的资金。既然开展经济活动，合作社就必然会遇到盈利或亏损问题。为保证合作社能够长期稳定的发展，更好地为社员服务，在努力搞好经营提高盈利水平的同时，对于盈余，合作社还应提取一部分作为公积金和公益金。所谓"公积金是合作社盈余中为事业发展而分配给合作社所有的财产数额总称""公益金则是合作社盈余中为举办社员公益事业而提留给合作社的财产数额的总称"[1]。公积金作为合作社的公共积累是不可缺少的。合作社进行了必要的积累，才能够得到持续、稳定发展，使自身具有自我改造和自我发展的能力。由此，在各国和地区的合作社立法中，提取公积金是不可缺少的一项规定。

根据《德国工商业与经济合作社法》第 7 条的规定，合作社的章程应强制性规定，用于弥补资产负债表中的损失的法定储备金的形成以及形成的方式，特别是从年度结余中提取储备金的份额，储备金的提取须达到的最低额。

日本《农业协同组合法》第 51 条规定，出资组合在达到章程规定的金额前，须将每事业年度盈余的十分之一以上，作为准备金积累。前项章程规定的准备金的金额，不得低于出资总额的二分之一。第一项是准备金，除用于弥补损失外，不得使用。

《瑞士债法典》第 860 条规定，"合作社利润用于合作社基金之外的其他用途的，则每年至少应当拨出其中的二十分之一来设立公积金。""章程可以规定超过二十分之一的公积金拨款率。"

《纽约州合作社法》第 14 条第 6 款规定，合作社为了实现目标和促进业务有权设立公积金，并将其投资为章程允许的公债或其他类似财产。第 92 条第 4 款规定，合作社执照或细则（the certificate of incorporation or by-laws）可以授

---

〔1〕　漆多俊主编：《中国经济组织法》，中国政法大学出版社 2003 年版，第 181 页。

权将净收益和净亏损的一部分打入集体公积金账户。董事会可以决定将集体公积金账户中分配的净收益用于实现合作社的任何目标。第113条规定，除了用于折旧、损耗、退化和呆账的公积金外，农业合作社应当创立并维持最低限度的综合目的公积金（general purpose reserves）。这种公积金应当按期提留直到或至少达到依据下列可供选择的方法计算出的最低总数。（1）以每年不少于毛收入的百分之一的五分之二的比例或其他需要的比例累积到至少前五年平均年度毛收入的百分之二；或者（2）以不少于每年净利润的百分之十的比例或其他需要的比例累积到至少已付的股本或社员资格资本的总数；或者（3）以每年不少于净利润的百分之十的比例或其他需要的比例来创立并维持至少资本净值的百分之六十，而净资本中的已付资金和盈余（包括综合目的公积金）应当占合作社总资产的百分之六十。按照本条创立，积累和维持的综合目的公积金应当被视为每个农业合作社必需的法定公积金。[1]

《欧洲合作社条例》第65条第2款规定，如果有盈余，章程应当要求盈余在进行任何其他分配之前创办法定公积金。直到法定公积金达到30 000欧元，财政年度的盈余扣除结转的亏损后用于投入法定公积金的比例不得低于15%。第3款规定，社员离开合作社时不得要求分割法定公积金。第4条第8款规定，由行政（administrative）或管理（management）机构提议，经社员大会决定，可以通过将全部或部分可分配公积金（the reserves available for distribution）资本化的方式来增加认购资本。新股份按照先前社员持有的股份比例分配。

我国《农民专业合作社法》第35条规定，农民专业合作社可以按照章程规定或者成员大会决议从当年盈余中提取公积金。公积金用于弥补亏损、扩大生产经营或者转为成员出资。

三是国家资助的资金。所谓国家资助的资金，是指"国家基于财政原则而无偿拨给合作社的财产。"[2]从各种目的出发，一些国家经常在合作社成立之时就无偿拨付一部分资金，使合作社可以顺利开展业务活动。[3]对于这部分资金的所有权问题，虽然有争议，但不可否认的是，它们为合作社所使用，构成合作社运营资金的一部分。依我国《农民专业合作社法》第4条规定，农民专业合作社的财产由成员出资、公积金、国家财政直接补助、他人捐赠以及合法取得的其他资产构成。

---

〔1〕 王洪春，等：《中外合作制度比较研究》，合肥工业大学出版社2007年版，第252页。
〔2〕 马俊驹主编：《现代企业法律制度研究》，法律出版社2000年版，第392页。
〔3〕 屈茂辉，等著：《合作社法律制度研究》，中国工商出版社2007年版，第134页。

四是合作社的借款所得资金。当合作社经营资金不足时，合作社可以向金融机构借款，甚至进行民间借贷。合作社作为独立的经营实体，民商法主体，为开展经营活动，具有向其他民商法主体借款的权利，此权利是各国立法授予的并得到法律的保护。依我国《农村资金互助社管理暂行规定》第41条规定，向其他银行业金融机构融入资金是农村资金互助社资金来源之一。一般而言，向合作社贷款的金融机构包括信用合作社、商业银行等。若合作社进行借款，必须按市场规则符合金融机构的贷款条件，借款到期要还本付息。

（二）合作社融资的制度性缺陷

合作社虽然拥有一定的财产以开展业务活动，但基于制度性规定，合作社的融资能力是比较弱的，或者说，合作社在融资方面天然存在缺陷。如果不存在这个实然缺陷，合作社的独特性也就不存在了。合作社在融资方面的制度性缺陷，主要体现在以下四个方面：

第一，吸收股金的能力较弱。股金是合作社自有资本的第一来源，但是为保证社员个人利益与合作社组织目标的同质性，只有从事相同职业和业务，并且在合作社经营地域内居住的个人才能成为社员，这就使合作社的资金来源受到限制。[1]一般而言，合作社是由社会弱者所设立的，社员能够提供的资金也比较有限。故有学者指出，合作社是生产经营者经济实力发展不平衡环境下，弱势生产经营者求生和反抗的组织形式和手段。[2]

第二，由于需要限制资本的权利，合作社对于社员入会股金的数量和股金参与剩余分配的权利均给予严格限制，从而也不存在投资激励。合作社强调的是社员对合作社的民主控制，为体现人对资本支配，合作社对入社股金有上限，同时表决制度是一人一票。由此，投票权是与入股的份额不成比例关系，社员往往只愿意缴付规定的最低股金数额。与股份公司利润主要按照股份分红截然不同，合作社盈余主要按照社员对合作社的惠顾额进行返还，这是从1844年的罗虚代尔公平先锋社成立以来就一直贯穿合作社运动发展始终的原则。惠顾返还原则是合作社的主要分配原则，也是合作社与其他类型企业在分配制度上的重要区别。由此，合作社社员股权投资的积极性不高，这不利于合作社吸收股金。

第三，合作社的入社原则为自愿，即允许社员自由加入，自由退出，这影响了合作社资金的稳定。"与其他经济组织相比，合作社的社员加入和退出更

〔1〕 王文献：《我国新型农民专业合作社融资问题研究》，西南财经大学2007年博士学位论文。
〔2〕 郭富青："论现代合作社组织运作的法律机制——我国现代合作社的重塑"，载《河南社会科学》2006年第4期。

加自由。"[1]传统的合作社不仅强调入社志愿，退社也是完全自由的。应当承认，合作社社员的退出自由，不利于合作社长期稳定发展。在制度设计上，由于退社时社员可将股金带走，所带来的结果是，合作社的资本是可以变动的。这在各国和地区的合作社法中往往有直接具体的规定，比如《意大利民法典》第2511条规定，合作社是以互助为目的的资本可变的公司。《瑞士债法典》第828条也规定，法律禁止成立资本事先确定的合作社。如此，一方面，造成了自有资本的数量的变化，从而使合作社难以持续稳定地生存、发展；另一方面，也削弱了合作社的资信能力，使贷款融资和订立契约增加了难度。

第四，合作社的公共积累是全体成员的共同财产，这也使得社员在分配决策中倾向于将经济剩余尽可能多地归到个人名下，导致经济积累不足。[2]由于"公共积累是不可分割的，使得合作社的公共积累越多，合作社脱离社员控制和监督的财产就越多，合作社与社员的关系密切程度越低。"[3]落袋为安的心理，促使社员们将合作社盈余尽可能多地进行分配。

当然，并不是在任何国家或地区的合作社都遇到资金短缺的问题，美国有学者曾采访过一些农业合作社的经理，这些经理从来没有表示自己管理的合作社遇到过任何资金短缺问题，他们也没有感觉到合作社相比投资者所有的企业在融资方面有任何的弱势。[4]由于采访的对象是美国合作社，这可能反映了美国合作社在资金筹集方面的特点，不具有全球普遍性。

针对自身融资能力弱的缺陷，当代一些合作社在内部制度设计上进行了改革，以图改善合作社资金的供给。最为典型的是北美新一代合作社的制度创新。在资金的组织和筹集上，新一代合作社首先根据合作社的加工业务量，确定合作社的投资规模，然后算出总股本和接受社员的数量。通常要求每个社员承购一定数量的交易权股，加入合作社的社员一般不能自由退股，只能将股份转让给其他合作社社员。如此，合作社建立时就获得了一笔稳定的资金。另外，还允许外来资金参与合作社投资，这种通过从社会吸收大量资金的改革，更加提高了合作社的资金实力，从而提高了合作社的生产、经营效率。[5]

---

〔1〕 屈茂辉，等著：《合作社法律制度研究》，中国工商出版社2007年版，第6页。

〔2〕 雷兴虎、刘水林："农业合作社的法律问题讨论"，载《中国法学》2004年第5期。

〔3〕 全国人大农业与农村委员会课题组："农民合作经济组织法立法专题报告（三）"，载《农村经营管理》2004年第11期。

〔4〕 ［美］亨利·汉斯曼著：《企业所有权论》，于静译，中国政法大学出版社2001年版，第209页。

〔5〕 逄玉静、任大鹏："欧美农业合作社的演进及其对我国农业合作社发展的启示"，载《经济问题》2005年第12期。

此外，在合作社资金的稳定方面，西班牙蒙德拉贡合作社的做法也独具一格。与经典合作社的社员可以自由退社做法不同的是，蒙德拉贡合作社的社员不可以出售它们的股份，自愿退股者要受处罚，即所分得的积累利润，可以被减少到应分的70%。蒙德拉贡的成功的主要因素是在于它的分配形式上采取了内部资本账户制度。内部资本账户分为个人账户和集体账户，集体账户又分为集体储备金和社会基金。工人入社后就拥有一个个人内部资本账户上的余额在几年之内付清。工人就账户上未取款项可以领取利息。分配到个人账户上的利润与工人的劳动贡献和利息成正比，而不由他们在合作社中拥有的股份决定。有较大资本账户金额的工人可以获得较多的利息，但不享有额外的投票权和剩余索取权。这种设计既最大限度地保持了合作社的特征，同时又巧妙地利用了股份制因素解决资本积累问题，既维护了劳动决定性权利，同时又给予资本权利的实现，有效地调动了两个积极性。[1]

二、合作社金融支持的必要性

在鼓励合作社通过内部制度设计以增强资金能力的同时，外部的社会也应给予合作社必要的金融支持，理由如下：

（一）体现了法的正义与公平

对合作社的积极金融支持，能够体现法的正义与公平。正义与公平是法所要实现的价值。关于正义的内涵，虽有多种定义，但若抽象地理解，"一般认为就是每个人应得的东西之间的均衡状态。"[2]从法的层面来看，所谓正义就在于能够促进社会利益或者社会福利。[3]美国学者罗尔斯的社会正义观认为，人们在无知之幕后所选择的正义原则，主要有两条，即正义的第一原则和第二原则。正义的第一原则是平等的自由原则，即每个人应平等地享有最广泛的基本的自由，包括政治、言论、聚会、思想、人身、财产等；正义的第二原则是平等原则、机会公平和差别的结合，其要义是平等，即在确立社会和经济的不平等时，应对整个社会、特别是对处于不利地位者有利并提供平等的机会。他认为，社会、经济的不平等，只要是非因机会不平等所致并对弱势群体有利，同样是符合正义的。第一原则与第二原则的关系是，自由优于平等，平等是自由的保障。罗尔斯的公平正义观注重法律的社会功能，强调国家对社会经济生

---

　　〔1〕 蒋学跃：“重构我国农业合作社的若干法律问题探讨”，载 http：//www. civillaw. com. cn/article/default. asp？ id＝31302，2014年10月5日最后访问。

　　〔2〕 张正德：《中国法理学教程（修订本）》，中共中央党校出版社2001年版，第154页。

　　〔3〕 ［美］本杰明·卡多佐著：《司法过程的性质》，苏力译，商务印书馆2001年版，第43页。

活的干预，参与财富的再分配，以保障弱势群体的利益，缩小贫富差距，实现社会的正义。[1]现实中的人总是处于特定环境中的人，他是由各种话语、知识和实践活动构建出来的。具体的人就存在经济、智力、能力、性别、年龄等各方面的差别，就存在强弱之分。在法律上就应该有区别地对待。[2]这些处于弱势地位的人群，很难以自己的力量与拥有优势地位的人进行抗争。如果这些人的利益得不到法律的强有力的保护，那么，以追求社会正义为理念的各种法律就难以体现自己的价值。

关于公平，自古以来人们也有着不同定义，而现代意义上的公平系指人们在社会上处于同等地位，在政治、经济、文化等方面所应享有的同等权利及其所应承担的同等义务，它表明人们在一定范围内利益关系上的一种无差别状态。[3]与公平相关的主要是效率问题。在市场经济条件下，追求经济效益的最大化是以成本—报偿计算的经济理性的核心。社会要在基于有效益的经济增长的基础上，依法按投入和贡献的多少决定分配份额。然而，注重效率并不意味着不受限制的效率优先在任何情况下都是合理的。"如果把效率绝对化，不考虑公平，就可能导致收入悬殊，造成社会不稳，影响以致从根本上损害效率。"[4]因此，效率优先原则必受公平与平等原则的约束与限定，有关分配的法律制度与法律规范必须体现公平原则。公平原则是对单纯的效率原则的规约与限定，是对效率优先原则的自发倾向的矫正。坚持公平原则，除了经济效率的考虑外，政治功利与生命原则所要求的稳定，道德良知上对弱势人群的仁爱之心，以及互惠的社会观念都支持在收入和财富的分配上实现公平原则。市场经济条件下的公平原则要求社会的集中分配保证使每个人都能在经济的普遍增长与社会日益繁荣中获得公平的一份。法律在保障增加有利者收益的同时，使最小受惠者也获得最大利益，既增有余又补不足。那些在竞争中处于有利地位的人们，只有在改善那些不利者的生存状况的条件下，才能从他们的幸运中获利，但又不能消灭差别。可以说，公平原则体现了对社会弱势人群，对处于较不利地位和较少受惠者的关心。这一原则要求按公平与平等的方向补偿由各种自然的偶然因素和社会的偶然因素的任意作用所造成的倾斜，是对待命运中偶然因素的可取的公平方式。[5]

---

〔1〕 熊金才："罗尔斯的公平正义观对当代中国法治建设的启示"，载《企业家天地（理论版）》2006 年第 3 期。

〔2〕 朱晓喆："社会法中的人——兼谈现代社会与法律人格的变迁"，载《法学》2002 年第 8 期。

〔3〕 崔生祥，等主编：《管理学》，武汉理工大学出版社 2005 年版，第 59 页。

〔4〕 张文显主编：《法理学》，高等教育出版社 1999 年版，第 247 页。

〔5〕 贾中海："法与社会分配正义"，载《当代法学》2002 年第 3 期。

由于合作社主要是由社会弱势群体组成的，又是以向成员指导服务为宗旨，对合作社的金融支持，就是积极地对社会弱势群体的保护，是真正的社会正义与公平的实现与体现，因而从法的价值追求来看，具有社会合理性。

（二）促进市场公平竞争

对合作社予以资金上的积极支持和扶持，符合市场秩序规制法的基本原则，能够促进市场公平竞争。在市场经济中，市场主体之间的竞争应是公平的，否则，市场竞争将丧失效率。所谓的公平竞争，不仅是形式上的，即市场主体进出市场的机会应当公平，市场主体交易和竞争规制应当公平，还应当体现实质公平。实质公平的特点是，着眼于实际的权利义务内容而非形式上的规定。对于具备某些特殊条件、地位和能力的市场主体行为进行一定的限制，增加其义务或减少其权利；而对于遭受或易于遭受经济特权侵害的弱小主体则应进行特别保护。[1]基于此，美国学者博登海默就认为，一个社会在面对因形式机会与实际机会脱节而导致的问题时，会采取怎样一种方法，即以确保基本需要的平等去补充权利的平等；而这可能需要赋予社会地位低下的人以应对生活急需之境况的特权。[2]由此，对一些行业合作社的金融支持，可以促使这些行业开展正常竞争，进而促进这些行业健康发展，典型的如房地产业。应当说房地产业属于市场进入门槛较高的行业，由此，容易形成房地产市场的开发主体较为单一，也即主要由以追求盈利为目的的房地产商构成。若开发主体单一，缺乏与房地产商相抗衡的力量，就极易形成由房地产商们联合起来的相对垄断市场。相对垄断的房地产市场不仅限制了市场竞争，导致一定程度的市场失灵，还能产生大量的垄断利益。实行市场经济，就应确保市场能够有效竞争，市场经济的效率是建立在有效竞争基础上的，作为整个市场一部分的房地产市场也不例外。为促进房地产市场的有效竞争，除采取必要的行政手段进行宏观调控与微观监管外，还应遵循市场规律，培育必要的能与房地产商相抗衡的市场力量。依美国经济学家加尔布雷思的观点，在市场经济中，出现与垄断力量相抗衡的力量是必然的。"某个卖主享有一定的垄断力量，并且因此而获得一定的垄断利润，就意味着会有一种刺激因素去激励他的供应商或顾客培养一种保护自己免受剥夺的力量；同时也意味着只要可能，他们就会通过分享对手的

〔1〕　陈建编著：《经济法概论》，中国人民大学出版社2005年版，第48页。
〔2〕　[美]博登海默著：《法理学：法律哲学与法律方法》，邓正来译，中国政法大学出版社2004年版，第309～310页。

市场力量或权力所创造的利润来获取报酬。"[1]应当承认,在房地产市场中,住宅合作社就是这样的一种力量。住宅合作社是将有一定出资能力且需要改善住房的人们尤其是中低收入阶层组织起来,按市场规则建房的房地产开发主体。住宅合作社与房地产商不同之处在于遵循非营利目的,让出资人按建房成本得到住房。由此,在价格方面能挤出市场利润空间,对稳定和平抑房价具有不可替代的作用。住宅合作社如能达到一定规模,一定的住宅需求就会从原房地产市场分流,从而改变市场供求关系,进而影响房地产走势和房价,取得调控成效。因此,发展住宅合作社可以成为国家除土地、贷款、税费以外的又一种有效的宏观调控手段,能促进房地产业的有序发展。[2]此外,在房地产市场上,准许住宅合作社与房地产商展开竞争,也会促进房地产商改进管理,更自觉地承担社会责任。可以说,对住宅合作社的金融支持,不仅扶持了住宅合作社的设立与发展,也有利于整个房地产业的发展。

(三) 促进产业或行业发展的需要

对合作社给予积极的金融支持,也是促进一些产业或行业发展的需要。合作社存在于产品供给过剩或因垄断供给不足的领域,在这种市场结构中弱小的经营者单独进行市场交易容易导致成本过高,这促使他们通过互助合作的形式采取集体行动,降低交易费用,提高商品的销售价格,获得规模经营效益,使自己免受低质量服务和暴利的伤害。[3]具体而言,合作经济所发挥作用的领域主要集中在农业生产、农产品流通、农村金融、住宅、农村社会保障等方面。在这些产业或行业设立合作社,能够有效地降低成本提高经营效率。比如,由于农业为弱质产业,在采取家庭经营的同时,还需通过家庭外部的合作来服务家庭生产,因此,在农业领域合作社广泛存在。农业合作社在欧盟和北美常常占有30% ~40%的市场份额,在欧盟,合作社大多在农业、林业和食品部门,约占各类合作社总数的42.6%。[4]从产业政策出发,农业作为一个国家的基础产业,为确保经济安全,任何一个国家对农业都给予必要的支持与扶持。既然合作社是农业的主要组织形式,对农业合作社的积极金融支持,则有利于农业的发展。

---

〔1〕 [美] 约翰·肯尼斯·加尔布雷思:《加尔布雷思文集》,沈国华译,上海财经大学出版社2006 年版,第5 页。

〔2〕 庄菁菁:"借鉴国外经验发展我国住房合作社",载《商场现代化》2005 年总第444 期。

〔3〕 郭富青:"制定我国合作社立法的构想",载王保树主编:《中国商法年刊 (2006)》,北京大学出版社2007 年版,第345 页。

〔4〕 徐旭初:《中国农民专业合作经济组织的制度分析》,经济科学出版社2005 年版,第21 页。

（四）有助于社会和谐稳定

政府使合作社获得金融扶持，有利于社会稳定。合作社是市场经济的产物。市场经济的基本机制是竞争，优胜劣汰，但其在推动生产力提高的同时，也容易产生人们收入差别过大的问题，甚至会因收入差别过大导致社会混乱。为此，政府应对社会弱势群体给予必要的关怀，改善他们的处境，防止社会收入水平差别过大。而合作社作为社会弱势群体的联合自助组织，可以而且能够利用其潜力，协助政府实现社会发展目标，特别是消除贫困、创造充分和有效的就业及促进社会融合。[1]因此，对合作社的金融支持，直接的效果就是：帮助社会弱势群体解决所面临的经济问题，促进社会的稳定、进步与繁荣。比如，对住宅合作社的金融支持，能够有力地解决收入水平较低者的住房问题。住房关系到人们的基本生存要求，与人权相联系。1948 年联合国大会通过的《世界人权宣言》第 25 条第 1 款指出："人人有权享受为维持他本人和家属的健康和福利所需的生活水准，包括食物、衣着、住房、医疗和必要的社会服务；在遭到失业、疾病、残废、守寡、衰老或在其他不能控制的情况下丧失谋生能力时，有权享受保障。"在现代社会，若相当多的人住房问题不能得到解决，社会必然面临一定的不稳定风险。而发展住宅合作社则是有效解决住宅问题的一个途径。由于住宅合作社能够使人们以较低的成本获得住宅，其能够有效地帮助社会弱势群体解决住宅问题，政府对住宅合作社的金融支持，不仅能促进住宅合作社的住宅开发成功，重要的是解决和改善一些人尤其是中低收入阶层的住房问题。这对整个社会来说，有利于稳定人心，促进社会安定与和谐。

对于合作社给予金融支持，在国际层面，也获得了广泛赞同。2002 年 6 月 20 日第 90 届国际劳工大会通过的《合作社促进建议书》第 7 条第 2 款指出："对于合作社能够达到特殊的社会、公共政策效果的活动，如就业促进，或者发展有利于弱势群体或弱势地区的活动，政府应该在适当方面采取支持措施。这类措施当中，可以尽可能包括税收优惠、贷款、赠款、获得公共工程项目的机会，以及特殊采购条款。"该建议书第 8 条第 9 款提出，国家政策要"为合作社获得贷款提供便利。"第 12 条更要求"政府应该在适当情况下采取便于合作社筹集投资和获得贷款的措施。值得注意的是，这类措施应该：(a)允许借款和其他融资便利得以提供；(b)简化行政程序，矫正合作社资产的任何不足状况，并减少借贷的交易成本；(c)推进合作社自治融资系统，包括储蓄与信贷合作社、银行业与保险业合作社；(d)包括对弱势群体的特殊条

---

[1] 牛若峰："发展合作社与构建和谐社会"，载《中国合作经济》2005 年第 9 期。

款。"同时第13条还规定："为了促进合作社运动，政府应该鼓励创造有利于发展一切形式的合作社之间的技术、商业与金融联系的条件，以便于交流经验和分担风险、分享利益。"[1]

第三节　合作社金融支持的途径

如果对金融支持做法进行总结和概括地话，可以发现，不同国家和地区对合作社的金融支持途径及方法是多种多样的。具体而言，主要包括贷款、保证、认购社股或给予特权等。[2]

一、政府向合作社提供贷款

政府直接提供贷款，是许多国家金融支持合作社所采取的一种做法。政府向合作社提供的贷款一般是优惠性贷款，即贷款的利率比较低，以体现政府的产业政策和对合作社的扶持。

比如，美国的乡村电力署在为建立和扩大农村电力合作社提供资金方面就发挥了重要作用。[3]美国的乡村电力署是一个向乡村电力和电话合作社提供资金的政府机构。由于许多乡村地区人烟稀少，经济落后，要发展乡村电力事业主要由乡村电力合作社来承担，但此类合作社又无力负担，在此情景下，政府就授权乡村电力署以补贴为基础，向乡村电力合作社提供贷款，用于组建农村电网、购买发电设备等。[4]

在法国，凡是符合政府政策要求和国家规划发展的合作社项目，都给予优惠利率。法国1961年颁布法令规定，农业合作社可设立合作社发展基金，发放基金券。共同使用农业机械合作社（居马）成立时，政府给予2.4万~3万法郎的启动费。对于合作社购买的机械，根据类型不同，提供相当于购买额15%~25%的无偿资助。此外，政府还提供特别中期贷款，对于山区和经济条件较差地区的农业合作社，贷款最长期限为12年，年利率3.45%；对于平原地区，最长贷款期限为9年，年利率4.7%。在贷款额度方面，20人以下的居马，额度为200万法郎；20人以上的居马，限额为275万法郎，1998年又放

〔1〕 国际劳工组织："合作社促进建议书"，唐宗焜译，载《中国集体经济》2003年第4期。
〔2〕 聂希斌、胡希宁主编：《当代西方经济学评介》，中共中央党校出版社1991年版，第269页。
〔3〕 夏英："各国政府与合作社的关系及政策定位"，载《中国合作经济》2002年第3期。
〔4〕 聂希斌、胡希宁主编：《当代西方经济学评介》，中共中央党校出版社1991年版，第270页。

宽为由 20 人为限改为 15 人。贷款的优惠利率部分由政府补贴。[1]

德国政府非常支持住宅合作社的发展，为此，向住宅合作社发放无息建房贷款，额度通常占建房费用的60%～70%，有的甚至高达90%。贷款期限一般在 20 年左右。[2]

印度政府和泰国政府还分别成立了"全国合作社发展公司""泰国合作社发展部"，这些机构的主要任务就是向合作社提供资金。[3]在印度，政府建立了相应级别的国家基金，为农业合作社的发展提供资金支持。

二、设立、引导及鼓励金融机构向合作社贷款

政府除了直接向合作社提供贷款之外，还可以通过金融机构，尤其是政策性金融机构向合作社进行贷款。在此方面，美国的农业信贷体系较有特色。

美国的农业信贷体系是由联邦土地银行、联邦中期信贷银行、合作银行三部分组成。在这三种银行初创时，资本是由政府提供的，后来经过几次立法修改，它们的股份改由借款者所有。[4]联邦土地银行是根据1916 年《联邦农业贷款法》组建的信用合作组织，专门办理农业长期贷款。为解决农民中、短期贷款的要求，1923 年，美国国会通过立法成立了与联邦土地银行平行的12 家"联邦中期信贷银行"，授权其根据某些条件和限制向从事大宗农产品和牲畜生产经营的农业合作社提供中短期贷款，该银行的股权开始时为政府所有。联邦中期信贷银行的建立在于沟通都市工商业金融与农村的农业金融，以吸取都市资金用于农村，它主要是提供中短期的动产农业抵押贷款，不直接贷款给农户，而是贷给农民的合作社及其他各种农民的营业组织，以贷给生产信用社为主，以促进农牧业的生产与经营。[5]根据1933 年的《农场信贷法》，美国建立了12 家地区合作社银行和 1 家中央合作社银行。美国的合作社银行，是专为对合作社所需的添置设备、补充运营资金、购入商品等类用项提供贷款而设立的合作金融机构。1971 年的《农场信贷法》则专门就向合作社银行借款的合作社的资格做了规定，以便向符合条件的农业合作社提供贷款。合作社银行的资金主要用于贷款，目的是帮助合作社扩大农产品销售、储存、包

〔1〕《合作经济研究与实践》编委会编：《合作经济研究与实践》，中央文献出版社 2004 年版，第 221 页。

〔2〕 王洪春，等：《中外合作制度比较研究》，合肥工业大学出版社 2007 年版，第 170 页。

〔3〕 管爱国、刘新中："东南亚农业合作社的比较"，载《中国供销合作经济》1988 年第 3 期。

〔4〕 聂希斌、胡希宁主编：《当代西方经济学评介》，中共中央党校出版社 1991 年版，第 270 页。

〔5〕 康书生、鲍静海、李巧莎："外国农业发展的金融支持——经验及启示"，载《国际金融研究》2006 年第 7 期。

装、加工农产品，保证农业生产资料供应和其他与农业有关的活动的正常进行。合作社银行的股权最初也为政府所有。从这三个农业信贷体系的成因可以看出，美国的农业信贷体系不是由农业生产经营者自己组合而成，而是由政府根据农业发展的需要创办的。[1]但到了1968年，政府的资金已全部撤出，农业信贷体系已完全归合作社社员所有。而在政府的支持下，美国的农业信贷体系发展很快，1976年拥有100多万社员，提供给社员和所属合作社的贷款达到381亿。[2]此外，根据1971年修正的《农村电气化法》，美国建立了农村电话银行，其股份资本是由美国政府、借款者及有资格借款的人及其组织提供。[3]合作社可以向农村电话银行贷款。还有，美国农场信贷局也向合作社金融机构提供一系列广泛的支持。实际上，美国政府通过信贷法规定合作社可取得贷款的条件，在一定程度上间接控制了合作社的经营活动。

日本支持农业发展的合作金融主要是农协系统。农协系统是按照农民自愿、自主的原则登记成立的。它主要由三级组成：最基层的是农业协同组合，为市町村一级。直接与农户发生信贷关系，不以营利为目的，它可以为农户办理吸收存款、贷款和结算性贷款。中间层是信用农业协同组合联合会，简称信农联，为都道府县一级，帮助基层农协进行资金管理，并在全县范围内组织农业资金的结算、调剂和运用。信农联作为农协系统的中层机构，在基层农协和农林中央金库之间起桥梁和纽带作用，以它的会员即基层农协为服务对象，吸收基层农协的剩余资金，并在基层农协需要时提供融资服务。最高层的是农林中央金库，为中央一级，是各级农协内部以及农协组织与其他金融机构融通资金的渠道。农林中央金库是农协系统的最高层机构，它在全国范围内对系统内资金进行融通、调剂、清算，并按国家法令营运资金。同时，它还指导信农联的工作，并为它提供咨询。农林中央金库可对会员办理存款、放款、汇兑业务，并且可代理农林渔业金库的委托放款和粮食收购款，后又增加了外汇业务。它的资金主要用于信农联，同时也贷款给关联的大型企业。日本支持农业发展的政策性金融机构是农林渔业金融公库（简称农林公库）。它建立的目的是在农林渔业者向农林中央金库和其他金融机构筹资发生困难时，给它们提供利率较低、偿还期较长的资金。农林公库的贷款一般不直接办理，而是委托农协组织代办。并付给一定的委托费。农林公库的贷款利率虽会因贷款种类和工程性质有不同的规定，但总的说，要比民间金融机构优惠，而且贷款的偿还期

〔1〕 马忠富：《中国农村合作金融发展研究》，中国金融出版社2001年版，第54～56页。

〔2〕 聂希斌、胡希宁主编：《当代西方经济学评介》，中共中央党校出版社1991年版，第270页。

〔3〕 米新丽："美国农业合作社法初探"，载《江西社会科学》2004年第3期。

限从 10 ~ 45 年。[1]

澳大利亚占主导地位的银行有四家：西太平洋银行、澳大利亚国民银行、澳大利亚联邦银行、澳大利亚新西兰银行。这四家银行均设立了独立的农业企业金融服务部门，农民专业合作社信贷资金的 70% 左右来自于该四家银行。同时。澳大利亚的银行还为农民专业合作社提供理财、继承规划等服务。[2]

在印度，合作社的贷款来源是地方合作社的区级银行。区级银行向省级银行借款，省级银行再向印度储备银行借款。在一般情况下，政府对合作社经营所需资金不予贷款，但在特别情况下，如为了提倡某种合作组织，实现某种政策目的，而一般合作银行又不愿予以贷款，可贷予中期或长期的资金。这种资金一部分是贷款，另一部分是赠与。比如，政府对于合作农场为了建设仓库往往给予此种贷款。贷款所需要的资金，来自全国合作发展有限公司，由中央政府拨付给省政府。为实施土地开发和水土保持计划，一些省政府将资金拨付给合作银行，再由合作银行转贷给农民。具体的拨付方式是购买合作银行发行的债券。[3]

三、为合作社贷款提供担保

为增强合作社的融资能力，许多国家的政府还为合作社的贷款提供担保。所谓担保，是指为确保特定债权人的债权实现，以第三人的信用或者以特定的财产保障债务人履行义务的法律制度。根据担保的方式，担保可分为人的担保、物的担保和金钱担保。人的担保是指以第三人的信用担保债的履行的担保方式，其典型形式是保证，是通过保证人对债务人债务的清偿来保障债权人的权利实现。物的担保是指以特定的财物作为债权担保的担保方式，典型形式包括设置抵押权、质权、留置权、优先权等。金钱担保是指以金钱为标的物而设立的担保，即定金担保。[4]为保障银行债权的实现，银行在与借款人订立借款合同时，往往要求借款人提供担保。政府若对合作社提供担保，则能提高合作社的借款能力。在政府提供的贷款担保中，保证是经常被采取的一种方式。在印度，当合作社向银行申请贷款时，政府可提供保证，但此类保证大多是给予

〔1〕 康书生、鲍静海、李巧莎："外国农业发展的金融支持——经验及启示"，载《国际金融研究》2006 年第 7 期。

〔2〕 王凤羽、范云峰、许竹："农民专业合作社金融支持：澳大利亚经验与启示"，载《农业经济》2014 年第 6 期。

〔3〕 石秀和主编：《国外合作社简介》，中国商业出版社 1989 年版，第 177 页。

〔4〕 王利明主编：《民法》，中国人民大学出版社 2005 年版，第 437 ~ 438 页。

运销合作社的。另外，政府对各省土地抵押合作银行所发行的债券，往往也提供保证，用以加强其销售能力。合作社从政府保证所获得的资金，必须用于原先计划的用途，政府也会随时进行考核，并协助贷款合作社的业务稳健经营。[1]

加拿大萨斯喀彻温省设立了小企业创新基金和新一代合作社创业基金。这两笔基金并不是直接给合作社提供资金援助，而是通过担保和利息补贴的方式为合作社提供资金支持。而且，这种担保并不由政府单独负责，而是要求农民联合起来与政府共同提供担保。由于农民相互比较了解，加上社区熟人之间的相互约束，政府的担保风险并不大。但政府的信贷担保却产生了非常明显的效应。一是促进了农民的联合，二是撬动了银行贷款。因为有政府的担保，银行比较愿意提供信贷。[2]

在澳大利亚的南澳大利亚州，通过 1963 年的《农村贷款担保法》，由州财政部为该州农户和农民专业合作社提供担保，以使他们更好地进行经营活动。昆士兰州的 1996 年的《信贷（农村金融）法》则规定，对农场拥有者的设备作为抵押，将给予避免强制执行的保护。[3]

美国政府也通过政府基金对合作社进行贷款担保，最高担保额占合作社贷款总额的80%。运作方式是政府与商业银行签合同，商业银行与农户签合同。该贷款的适用范围广泛，只要用于合作社成员发展业务即可，因此对农民非常有吸引力。[4]

四、通过补贴解决合作社资金的不足

在德国，农业合作社都能够得到国家财政上的支持，如政府对合作社的管理费用进行补贴，第一年补贴费用总额的60%，第二年补贴40%，第三年补贴20%；补贴的总额要达到合作社投资总额的25%。在巴伐利亚州，每年政府对农业各类投资和补贴为 50 亿马克（其中联邦投资 30 亿马克，州投资 20 亿马克），州提供资金的10%用于支持包括合作社在内的各类农民经济组织。德国下萨克森州农协每年的预算安排为 1.56 亿马克，其中来自执行政府合同

---

〔1〕 石秀和主编：《国外合作社简介》，中国商业出版社 1989 年版，第 17 页。

〔2〕 韩俊、罗丹、潘耀国："可持续发展的加拿大农民合作社"，载《调查研究报告》2006 年第 151 期。

〔3〕 王凤羽、范云峰、许竹："农民专业合作社金融支持：澳大利亚经验与启示"，载《农业经济》2014 年第 6 期。

〔4〕 张清林：《美国政府在发展农民合作社中的作用及启示》，http：//www. chinareform. org. cn/Economy/Agriculture/Practice/201210/t20121009_151846. htm，2016 年 5 月 23 日最后访问。

而获得的补贴高达 42%。[1]

印度政府对合作社也给予补助，补助分为两类：一类是在一定时期内给予的补助，使合作社能维持职员的开支，直到它能自给为止。这种补助除了对地方合作社外，还可给予区级合作社银行和省级合作银行，目的是使这些合作银行能够增加管理与审计人员，以扩大业务活动。运销合作社、加工合作社和在五年计划中要补助的合作农场、劳动合作社等，也可以获得这种补助。这种补助原则上是给予政府建设计划中新成立的合作社；另一类是为了协助运销和服务合作社建设仓库，而由政府给予的补助，补助的金额一般是建筑费的 25%，其余靠贷款方式解决。[2]

加拿大政府为提高合作社社员贷款能力，在政策上规定，若合作社的成员因为经营风险导致还不了款，政府财政将为其偿还 25% 的贷款。由此，成员在加入合作社后，能够更为便利地获得资金支持。在加拿大，对农场主而言，加入合作社能够得到融资方面的便利。一是合作社的整体经营风险比单个农场主要低，信用水平也明显比单个农场主要高，因此，加入合作社以后，获得贷款就容易多了。二是加入合作社以后，由于政府无偿担保 25% 的还款，即使自己经营亏损，面临的还款压力也比不加入合作社要小得多。因此，农场主加入合作社的主要目的实际上就是两个，一是获得贷款；二是确保稳定的以较低价格获得饲料。[3]

在澳大利亚，塔斯马尼亚州依据该州 1995 年的《农村调整法案》，通过州发展局发放补贴与贷款，用以调整本州农民专业合作社的产业结构。[4]

五、授予合作社采取其他融资方式的权利

除上述金融支持方式外，一些国家还赋予合作社更多的融资渠道。比如，政府给予合作社发行债券特权，用以筹措它需要的资金。

1992 年新修订的《新南威尔士州合作社法》给予了合作社更大的商业自由。合作社有权投资于其他合资、合伙或法人公司。在资本流动方面，它提供了全澳大利亚合作社法中范围最大的筹集资金途径，包括社员股本、社员入社费、社员贷款、社员的分期付款、新创建的合作社资本单位以及外部借贷。其

---

〔1〕李惠安主编：《1999 年农村专业经济合作组织国际研讨会文集》，中国农业科技出版社 2000 年版，第 302 页。

〔2〕石秀和主编：《国外合作社简介》，中国商业出版社 1989 年版，第 178 页。

〔3〕韩俊、罗丹、潘耀国："可持续发展的加拿大农民合作社"，载《调查研究报告》2006 年第 151 期。

〔4〕王凤羽、范云峰、许竹："农民专业合作社金融支持：澳大利亚经验与启示"，载《农业经济》2014 年第 6 期。

中，最为突出的是为改善合作社融资环境而面向社会发行的金融工具"合作社资本单位"，它的性质介于债券和有限责任股票之间，社员和非社员均可购买。持有者分享合作社的收益与风险，并享有有限权利，但是他们没有成员投票权，也没有作为社员所获得的收益权。[1]

再比如，通过政府认购合作社的社股，以增强合作社的资金能力。所谓认购社股，是指政府认购合作社的股份，一般没有表决权，而且当合作社自身有了力量时，政府即将认购的股份让渡给合作社的社员。在印度，一些省政府就持有合作社的社股。印度各省政府对于合作社认购股金的范围，开始只限于信用合作社和合作银行，所需要的资金由印度储备银行以长期贷款方式给予。后来，省政府对合作社所认购的股金，逐渐由信用合作社扩大到运销合作社、加工合作社等。对于认购合作社股金的资金，是从建设计划金中拨付的。印度还成立了"全国合作发展有限公司"以协助各级政府认购合作农场、劳动合作社、乳产合作社、渔业合作社、运输合作社的股金。此外，各省政府还贷款给各社社员，使他们能认缴合作社的股金。[2]在印度农业信贷、农业销售、奶牛和榨糖等不同形式的农业合作社中，政府的股金往往占合作社股金的40% ~ 65%。[3]

六、小结

就上述金融支持合作社的渠道和做法而言，不同的国家和地区侧重不同，具体采用的方法也有所不同。有的强调政府直接给予资金帮助，有的注重发挥政策性金融机构的作用，还有的偏重提高合作社的融资能力。之所以出现不同的做法，原因应是各国和地区合作社发展的状况不同，合作社的组织状况不同，产业和行业政策不同，对合作社的支持策略也不同。客观地说，对合作社的金融支持渠道和做法，应与该国家或地区的具体经济发展情况相结合。如此，方能有所针对地采取金融支持措施，以较高效率促进合作社的发展。虽然各国和地区对合作社的金融支持做法不尽相同，但其中值得借鉴的经验不少。

（一）提供优惠贷款是金融支持通常所采用的方法

可以发现，不论是发达国家，还是发展中国家，对合作社的金融支持往往是直接提供贷款，而所提供的贷款大多又是优惠的，即利率比较低。合作社社

---

〔1〕 苑鹏："现代合作社理论研究发展评述"，载《农村经营管理》2005 年第 4 期。

〔2〕 石秀和主编：《国外合作社简介》，中国商业出版社 1989 年版，第 177 页。

〔3〕 管爱国、刘新中："东南亚农业合作社的比较"，载《中国供销合作经济》1988 年第 3 期。

员出资能力弱、积累慢，资金短缺现象是免不了的。此外，合作社的资本不稳定，借款能力也较弱，在借贷时会遇到不少困难。为此，政府通过直接贷款或者借助、鼓励金融机构贷款，能够及时解决合作社的资金短缺问题，由于提供的是优惠性贷款，合作社的还款负担也比较小。但此种方法也受制于一定的条件，比如，政府直接贷款的规模要同政府的财政能力相匹配。当一国的财政收入有限时，政府是不能抽出较多的资金向合作社发放贷款的。而商业金融机构的贷款，又必然受市场经济规则的约束，必须对商业金融机构采取鼓励政策，商业金融机构才愿意对合作社提供贷款。

（二）金融支持遵循市场经济规则

对合作社的金融支持，应重在塑造造血机制，而不是不断的无偿输血。合作社是市场经济的产物，本质上对市场经济具有适应性，对外交往必须遵守市场经济的规则。由此，合作社是否设立应取决于社员的意愿，合作社的发展基础则在于内部治理机构的完善。合作社要在市场经济中生存下去，根本的还是依靠提高经营管理水平，降低经营成本，用良好的服务获得社员的拥护以体现自身存在的价值。政府对合作社的金融支持，应是雪中送炭，助一臂之力，提高合作社的市场竞争力，促进合作社事业更快的发展。基于此，政府对合作社的金融支持，不应是不加选择，良莠不分，而是应关注那些具有发展潜力的、自强不息的合作社。比如，印度政府采用了种种方法协助合作组织的发展，但基本方针仍将政府的协助看成临时或过渡性的，其最终目标是合作社能自主和自立，并且努力避免合作社形成对政府的依赖。[1]若在政府的金融支持下，合作社成为扶不起的阿斗，而合作社也严重依赖政府的金融支持才能生存，这样的合作社所代表的是落后的生产力，已丧失了存在的必要。如此的金融支持，不仅忽视了市场经济基本规则的要求，最终也会将合作社事业导向歧途。因此，政府的金融支持，也应强调扶优淘劣；同时，尊重合作社的自治，不介入合作社的内部事务。如上所述，美国政府对合作社的金融支持，就是通过金融机构按市场要求来实施的。一些金融机构在创办时虽为美国政府投资入股，但当这些金融机构壮大了，经营走上正轨了，美国政府则适时退出这些金融机构，由这些金融机构独立地向合作社提供金融支持。

（三）金融支持合作社法制化

政府对合作社的金融支持，不是权宜之计，而应是稳定、长期的；政府对合作社的金融支持，应体现公平要求，对所有合作社一视同仁；政府对合作社的金融支持，应是按部就班，遵循一定的规则进行的。如此，对合作社的金融

---

〔1〕　石秀和主编：《国外合作社简介》，中国商业出版社 1989 年版，第 178 页。

支持，必须走法制之路。就上述一些国家的金融支持活动而言，是伴随着大量立法活动的，对合作社的金融支持在立法中被固定下来。这些立法在实践上也具有可操作性。金融支持的法制化能够实现有法可依，有章可循，最大限度地避免人为因素的干预。

第四节　我国合作社金融支持制度完善

一、我国合作社发展迫切需要金融支持

在我国合作社的发展中，同样也遇到资金短缺问题。这些问题主要体现在以下几个方面：

（一）社员出资能力较弱

在合作社的资金构成中，社员的出资是主要部分。有人对我国农民专业合作社的资金来源进行了调查，结果表明，从专业合作社活动经费来源看，可以说是五花八门，会员会费、服务收费、项目费、个人出资、销售提成、政府补贴、企业赞助等，专业合作社的经费来源渠道按普遍性排序依次为：会员会费、销售提成、企业赞助、政府补贴、个人出资、项目费、服务收费。可见，合作社经费来源最为普遍的渠道是会员会费。[1]传统的合作社理论认为，合作社是社会弱者之间的联合。既然是社会弱者之间的联合，社员的出资能力往往就受到限制。仍以农民专业合作社为例，我国农民专业合作社成员以农民为主体，农民至少应当占成员总数的百分之八十。在我国，农民是弱势群体，相对贫穷是他们目前的经济现状。虽然从道理上讲只有通过农民专业合作社才能促进农业和农村经济的发展，但要发展必须先投入，一方面一些农民自己的生存都面临问题，再让他们拿出足够的发展资金是不可能的。虽然我国 2015 年农民人均可支配收入达到 11 422 元，[2]但还不是很高，而一些中西部地区尤其是欠发达地区的农民人均收入更是处于较低水平。比如，2015 年云南省农村常住居民人均可支配收入虽比上年增长了 10.5%，但也只是达到 8 242 元。[3]

---

〔1〕　孔祥智：“金融支持与农民专业合作社发展——根据前期对陕西、四川和宁夏的农村金融调查”，载《中国农村信用合作》2007 年第 3 期。

〔2〕　参见《2015 年国民经济和社会发展统计公报》，http：//www. stats. gov. cn/tjsj/zxfb/201602/t20160229_ 1323991. html，2016 年 3 月 1 日最后访问。

〔3〕　参见《云南省 2015 年国民经济和社会发展统计公报》，http：//yn. yunnan. cn. html/2016 - 04/18/content_ 4289968_ 6. htm，2016 年 4 月 20 日最后访问。

在此情景下，农民的收入仅能勉强支撑子女入学及日常开销，又如何能拿出更多的资金投入到合作社。另一方面，即使有钱，一些农民由于一时难以看到收益，小农意识也会阻止其投资。[1]

（二）资金的短缺、合作社自身盈利能力较差制约了合作社的进一步发展

一方面，由于缺乏资金，人们虽然有组建合作社的愿望，但合作社却无法设立起来；另一方面，合作社可能已有了较好的经营项目，却苦于资金严重短缺，无法实施。现实中，一些合作社因为资金缺乏的问题，实际上已处于停业状态。例如，有人调查发现黑龙江的大部分农民专业合作社实力较弱，注册资金较少，用于经营的资金更是少之又少，盈利和积累功能缺失，大多数合作社没有形成真正意义上的盈利和积累。[2]调查结果还显示，有近30%的农民合作经济组织没有任何经费来源。收入来源太少，收入总量不足，农民专业合作社职能的发挥必将大打"折扣"。[3]

（三）合作社融资面临较多困难

目前，我国的合作社融资遇到不少问题。比如，在农民合作组织社融资方面，有人曾经对一些农民专业合作经济组织负责人进行了问卷调查，得到有效问卷33份，其中协会22个、合作社11个，分别来自河北、山西、辽宁、吉林、黑龙江、山东、安徽、河南、陕西、甘肃、新疆11个省、自治区。在这33家农民专业合作经济组织中，只有7家获得金融机构的贷款，共获得贷款1 552万元，仅其贷款需求量23 542万元的6.6%；从获得贷款的渠道看，有5家农民专业合作经济组织从信用社获得贷款，有1家从农业银行获得贷款，有2家从农业发展银行获得贷款。可以说，农民专业合作经济组织的贷款主要从信用社获得。[4]国务院发展研究中心的一项对9省107个获得财政部支持的农民合作经济组织的调查表明，合作组织运营资金中，仅有9.25%为金融机构贷款，其余全部需要自己想办法。[5]

导致合作社融资面临较多困难的原因主要有两方面。一是以合作社为贷款对象的金融机构较少。以在农村设立的合作社为例，农村金融机构严重不足，导致合作社贷款渠道较少。目前在农村贷款资金的提供者主要有农业发展银行、农业银行、邮政储蓄银行、农村信用社四家。但农业发展银行作为我国农

〔1〕田祥宇："我国农民专业合作社资金短缺的原因及对策研究"，载《会计之友》2008年第8期。

〔2〕张静："黑龙江省农民专业合作社的金融支持研究"，载《经济研究导刊》2013年第15期。

〔3〕孔祥智："金融支持与农民专业合作社发展——根据前期对陕西、四川和宁夏的农村金融调查"，载《中国农村信用合作》2007年第3期。

〔4〕郑有贵："金融支持路径与政策研究"，载《农村经营管理》2008年第4期。

〔5〕胡驰："农民专业合作社亟须金融支持"，载《人民日报》2008年6月2日。

业政策性金融机构，目前主要负责粮棉油的购销贷款。由于政策限定，农民专业合作社从其获得贷款的可能性很小。农业银行由于已成为商业银行，大量压缩在农村的分支机构，贷款业务基本退出了农村领域。农村信用社在农村金融市场上处于近乎垄断的地位。农村信用社是农村资金供给主体，但由于资金总是流向经济发达和市场活跃的地方，所以农村信用社在向农村供给资金的同时大量资金也通过它流出农村。[1]

二是现行的一些制度与政策规定，也限制了合作社贷款能力。比如，目前支持专业合作社发展主要靠农村信用社传统信贷支持，尽管农村信用社在思想认识及实际操作中已经竭尽全力支持专业合作社发展要求，但出于防范风险和规范管理的要求，担保难、贷款难仍困扰着专业合作社的发展。主要表现在：合作社在运营过程中，一般需要把加工或收购农产品的场地以及办公经营场所等作为抵押向银行或信用社贷款，而这些土地资产因用地未得到有关部门审批，难以办理抵押手续；有的因其地理位置在农村，抵押品变现难度较大，信贷部门不感兴趣；有的因农村土地属于集体所有，承包租赁的农户、企业只有土地的使用权，而没有将土地资产作为抵押、入股和转让的权力，如果要使土地成为可抵押的资产，必须缴纳土地原值一定比例的出让金，过高的融资成本使专业合作社无法承受，因而使得目前许多合作社产品有销路，手头有订单，但缺乏资金组织生产。还有大多数专业合作社经营的农业产品由于成本高、储存期短，还面临自然灾害等诸多不可抗拒的影响，导致以营利为目的的商业保险公司大多不愿涉足农业保险这一禁区，农业保障机制不健全，影响了金融机构对农业的信贷投入。

二、我国合作社金融支持制度立法状况

（一）主要政策及立法规定

我国虽然已制定了一些关于合作社的法律、法规，如《农民专业合作社法》《城镇住宅合作社管理暂行办法》《农村信用合作社管理规定》《城市信用合作社管理办法》《农村合作银行管理暂行规定》《农村资金互助社管理暂行规定》等，但明确规定应对合作社给予金融支持的立法主要还是体现在《农民专业合作社法》中。

《农民专业合作社法》第 8 条规定："国家通过财政支持、税收优惠和金融、科技、人才的扶持以及产业政策引导等措施，促进农民专业合作社的发

---

〔1〕 陈瑛："农民专业合作组织的金融支持研究——以云南省为例"，载《安徽农业科学》2010年第 24 期。

展。"该法第 50 条规定："中央和地方财政应当分别安排资金，支持农民专业合作社开展信息、培训、农产品质量标准与认证、农业生产基础设施建设、市场营销和技术推广等服务。对民族地区、边远地区和贫困地区的农民专业合作社和生产国家与社会急需的重要农产品的农民专业合作社给予优先扶持。"第 51 条规定："国家政策性金融机构应当采取多种形式，为农民专业合作社提供多渠道的资金支持。具体支持政策由国务院规定。国家鼓励商业性金融机构采取多种形式，为农民专业合作社提供金融服务。"此外，《城镇住宅合作社管理暂行办法》第 19 条规定，住宅合作社筹集的住房资金必须全部用于社内合作住宅的建设、维护和管理，住房资金应当存入指定银行，并可根据存款情况，向银行申请低息贷款。

而在《农村信用合作社管理规定》《城市信用合作社管理办法》《农村合作银行管理暂行规定》《农村资金互助社管理暂行规定》中，则没有任何金融支持的规定。

另外，近些年来，农民专业合作社发展很快，为支持和扶持农民专业合作社，党中央、国务院制定了一系列促进农民专业合作组织发展的政策措施。例如，在历年的中共中央国务院一号文件中往往就有此类规定。2004 年一号文件要求有关金融机构要支持农民专业合作组织建设标准化生产基地、兴办仓储设施和加工企业、购置农产品运销设备，财政可适当给予贴息。2006 年一号文件提出，要建立有利于农民合作经济组织发展的信贷制度。2007 年一号文件指出，要采取有利于农民专业合作组织发展的金融政策，增大农民专业合作社建设示范项目资金规模。2008 年一号文件要求各级财政要继续加大对农民专业合作社的扶持，农民专业合作社可以申请承担国家的有关涉农项目。2009 年一号文件规定，要尽快制定金融支持合作社、有条件的合作社承担国家涉农项目的具体办法。2010 年一号文件则提出，新增农业补贴适当向农民专业合作社倾斜，对服务能力强、民主管理好的合作社给予补助；各级政府扶持的贷款担保公司要把农民专业合作社纳入服务范围，支持有条件的合作社兴办农村资金互助社。2012 年一号文件要求有序发展农村资金互助组织，引导农民专业合作社规范开展信用合作。2013 年一号文件要求在信用评定基础上对示范社开展联合授信，有条件的地方予以贷款贴息，规范合作社开展信用合作，创新适合合作社生产经营特点的保险产品和服务。2014 年一号文件提出，鼓励地方政府和民间出资设立融资性担保公司，为新型农业经营主体提供贷款担保服务。2015 年一号文件规定，要积极探索新型农村合作金融发展的有效途径，稳妥开展农民合作社内部资金互助试点，落实地方政府监管责任。2016 年一号文件提出，要扩大在农民专业合作社内部开展信用合作试点的范围，健全风险防范化解机制，落实地方政府监管责任。

2009 年 2 月，中国银监会和农业部联合印发的《关于做好农民专业合作社金融服务工作的意见》指出，要从以下几个方面加大对农民专业合作社的金融支持。一是要把农民专业合作社全部纳入农村信用评定范围。2009 年上半年，各地农村合作金融机构要与农村经营管理部门对辖内农民专业合作社逐一建立信用档案，加快建立和完善符合农民专业合作社特点的信用评价体系。对于获得县级以上"农民专业合作社示范社"称号或受到地方政府奖励以及投保农业保险的农民专业合作社，可适当提高相应的信用资质评估档次。二是加大信贷支持力度，实施差别化的针对性支持措施。三是创新金融产品。在坚持风险可控、成本可算、利润可获、信息披露到位的前提下，支持和鼓励结合实际创新金融产品。鼓励探索以符合条件的农民专业合作社为平台，扩大信用贷款发放。鼓励扩大可用于担保的财产范围，创新各类符合法律规定和实际需要的财产抵（质）押贷款品种。鼓励发展自助可循环流动资金贷款。鼓励拓展收费类和服务类资金归集等中间业务，向农民专业合作社提供市场信息和金融咨询、代理保险销售和理财业务等。四是改进服务方式。加快综合业务网络系统建设，鼓励在农民专业合作社发展比较充分的地区就近设置 ATM、POS 等金融服务机具，稳步推广贷记卡业务，探索发展手机银行业务。特别要围绕提高审贷效率和解决担保难问题，逐步探索对农民专业合作社及其成员进行综合授信，实现"集中授信、随用随贷、柜台办理、余额控制"。五是鼓励有条件的农民专业合作社发展信用合作。优先选择在农民专业合作社基础上开展组建农村资金互助社的试点工作。允许符合条件的农村资金互助社按商业原则从银行业金融机构融入资金。鼓励发展具有担保功能的农民专业合作社，运用联保、担保基金和风险保证金等联合增信方式，以及借助担保公司、农业产业化龙头企业等相关农村市场主体作用，扩大成员融资的担保范围和融资渠道，提高融资效率。

2014 年，农业部、发改委、财政部等九部门联合下发了《关于引导和促进农民合作社规范发展的意见》，该意见提出，要把农民合作社纳入银行业金融机构信用评定范围，对信用等级较高的农民合作社在同等条件下实行贷款优先等正向激励措施，对于符合条件的农民合作社及其成员进行综合授信；鼓励地方政府和民间出资设立融资性担保公司，为农民合作社提供贷款担保服务；有条件的地方，对农民合作社贷款给予贴息。创新适合农民合作社生产经营特点的保险产品和服务。

不少地方政府也制定了金融支持合作社发展的政策。例如，《山东省人民政府关于促进农民专业合作社健康发展的意见》（鲁政发〔2011〕38 号）规定，金融机构要根据农民专业合作社的特点和需要，研究制定支持合作社的信贷政策。政策性金融机构要研究设立适合合作社发展需要的贷款项目。商业性金融机构要制定合作社专项贷款指南，为合作社提供多种形式的金融支持和服务。农村合作金融机构要把合作社纳入信用评定范围，将农户信用贷款和联保贷款机制引入合作社，满足合作社小额贷款的需求。对于经营规模大、带动作用强、信用评级高的合作社，特别是县级以上示范社，实行贷款优先、利率优惠、额度放宽、手续简化。探索适应合作社特点的担保抵押方式。各保险机构要积极为具备条件的合作社提供保险服务。

（二）我国合作社金融支持制度存在的问题

纵观我国金融支持合作社的相关规定，主要存在以下问题：

1. 在金融支持合作社领域存在立法空白

我国的合作社类型，主要包括农民专业合作社、信用合作社、供销合作社、住宅合作社等。为促进这些合作社的发展，我国已制定了一些规范。但在这些规范中，关于金融支持的条款，主要体现在有关农民专业合作社的立法中，而对其他类型的合作社，相关的金融支持条款少之又少，有的甚至没有涉及金融支持问题，比如关于信用合作社的立法，就无相应的金融支持规定。就此而言，我国对合作社的金融支持，是不全面和均衡的，这不利于合作事业获得全面发展。任一类型的合作社存在和发展，都有助于满足社员的经济需求，扶助弱者，增强社会弱者的生存能力和提高他们的社会地位，进而缩小社会贫富差距，促进社会和谐，因此，政府有义务对任何类型的合作社给予必要的支持和扶持，而金融支持又是支持、扶持的核心内容，不可缺少。对一些类型的合作社而言，政府的金融支持，更是它们是否能够成功运作的关键，比如，住宅合作社，投入资金较大，政府是否给予金融支持往往左右着住宅合作社运营的成败。当前我国一些类型的合作社之所以发展不尽如人意，不能不说同政府金融支持不足有一定的关联。

2. 相关对合作社金融支持的规范原则性较强，缺乏可操作性

现有对合作社金融支持规范表现形式主要分两类：一是法律，仅有《农民专业合作社法》，该法规定的金融支持方式，仍是原则性规定。其方式包括国家政策性金融机构提供多渠道的资金支持和鼓励商业性金融机构提供金融服务，而国家政策性金融机构如何提供多渠道的资金支持，该法并没有具体规定，只是授权由国务院规定。虽然《农民专业合作社法》已实施了相当一段时间了，但有关国家政策性金融机构资金支持渠道的规定至今没有出台；而鼓励商业性金融机构提供金融服务的措施，也无具体规定。可以说，《农民专业合作社法》中关于金融支持农民专业合作社的规定，目前仍处在纸上谈兵阶

段，所谓的金融支持，并没有得到具体实施。另一类规范是以行政机关发布的有关发展农民合作经济组织的《意见》形式表现出来的，这些《意见》不少是在《农民专业合作社法》制定之前发布，就性质而言，属于行政规范性文件，稳定性差，法律效力较低。行政机关发布的《意见》，根据国务院《国家行政机关公文处理办法》第9条的规定，适用于对重要问题提出见解和处理办法。各级行政机关发布的支持农民合作经济组织的《意见》，虽然提出了一些金融支持办法，如要求商业银行和农村信用社要优先提供给农民专业合作经济组织贷款，贷款利率要优惠，建立相关担保机构为农民专业合作经济组织提供贷款担保，但如何落实这些办法，尚没有达到制度化的程度，只是表明了政府在金融支持方面的态度，距离合作经济组织得到真正金融支持还有一段路要走。

三、我国合作社金融支持制度完善建议

如何有效地落实金融支持？应在依据我国发展现实的基础上，注意吸取他国的经验，使对合作社的金融支持能够切实地得到实施，并能够规范化地展开。国外的一些做法，在其本地是有效的，但在中国却可能不现实。比如，一些国家为使合作社能够申请到贷款，由政府提供担保，而此方式在我国则面临法律障碍，《担保法》第8条规定：国家机关不得为保证人，但经国务院批准为使用外国政府或者国际经济组织贷款进行转贷的除外。同时，对合作社的金融支持，还应注意减少成本，提高效率，充分利用现有的融资渠道。此外，对合作社的金融支持，不应使合作社在融资方面形成对政府的依赖，而应能促进其内部治理结构的优化，竞争力的提高。一方面应重视对合作社的金融支持，为合作社的发展提供融资的良好环境；但另一方面，也要考虑合作社的生存环境是市场经济，必须通过金融支持以促进其生存能力的提高。要防止出现这样的现象，由于合作社获得资金容易，从而放松了经营管理水平的提高，导致资金流失，又引起对经营资金的渴望和追求，以至于形成恶性循环，降低政府金融支持的效率。

对于落实政府金融支持的方式和方法，我国学者虽然有一些研究，但大多是针对农村合作经济组织而论的。国际经验告诉我们，政策性金融和商业性金融相结合是解决农民和农民专业合作社资金问题的最佳途径。为此，首先，要拓展中国农业发展银行的业务范围，把对农民专业合作社的支持作为其重要业务之一。建议中国农业发展银行尽快制定出对农民专业合作社支持的相关领域，由县级农业发展银行具体实施。其次，鼓励商业银行为农民专业合作社提供优惠贷款，如提供农民专业合作社生产经营所需贷款，对农民

专业合作社扩大经营规模、增加设施投资提供贷款等。再次，鼓励农村信用社选择制度健全、经营业绩好的农民专业合作社试行流动资金贷款的信誉担保制度，扩大农村信用社对客户的信誉担保范围及贷款额度，建立适合农民专业合作社特点的信贷抵押担保。最后，在一定限定内允许农民专业合作社从事农村金融业务，支持农村各类合作社发展。理由是在农业比较收益较低，人多地少的情况下，农民专业合作社获利空间小，在一定范围内开展农村金融业务，可以提高合作社的收入，维持合作社正常运行。[1]

有人提出，要发展农民专业合作社自己的信用组织，建立有效的农村合作金融体系。农村合作金融体系应该是一个以合作制度为基础、适应市场灵活多变特点、具有综合竞争能力、为广大农民服务的合作金融体系。合作金融体系应该由全国性信用合作社、区域性信用合作社和基层信用合作社组成，都是独立的经济实体。基层信用社由农民、个体私营企业、合作社企业等入股组成，由入股股东所拥有，区域信用合作社由基层信用社入股组成，其主要职能是充当基层信用社融通资金的中介；全国信用合作社对区域性信用合作社有各种金融服务的职能，为基层信用社和区域性信用社难以解决的业务提供支持。另外国家政策性金融机构应当采取多种形式，为农民专业合作社提供多渠道的资金支持，共同构建有效的农村合作金融体系。[2]

也有人认为，应在农业信贷方面采取向合作组织倾斜的政策，将符合贷款条件的合作组织列为信贷优先支持的对象。要创造宽松环境支持发展合作金融，适度简化对农民专业合作经济组织的贷款手续，增加贷款投入，并根据农民专业合作组织正常生产周期和贷款用途合理确定贷款期限。[3]

还有人认为，应加快发展农村正规和非正规金融机构，集中社会剩余零散资金支持农民合作经济组织的发展。目前，我国农村正规金融机构在面对农民合作经济组织的资金需求时，普遍的表现是借贷积极性不足。之所以会出现这种情况，在很大程度上是因为农民合作经济组织的信用基础比较薄弱，其定期还本付息的能力受到正规金融机构的质疑。此外，正规金融机构都把保本营利作为自己的经营目标，在考虑向合作经济组织提供信贷支持时，难免会因为预期信贷风险而举棋不定。由此可见，利用正规金融机构对农民合作经济组织进行信贷支持，单纯依靠金融市场的自发作用是难以达到预期效果的，国家的适

---

〔1〕 孔祥智："金融支持与农民专业合作社发展——根据前期对陕西、四川和宁夏的农村金融调查"，载《中国农村信用合作》2007年第3期。

〔2〕 田祥宇："我国农民专业合作社资金短缺的原因及对策研究"，载《会计之友》2008年第8期。

〔3〕 明月浪子："对我国农民专业合作社发展中几个突出问题的思考"，http://www.snzg.net/article/show.php? itemid - 12948/page - 1. html，2008年6月20日最后访问。

当干预必不可少。国家正规金融供给的缺乏，使得我国民间信用市场并没有消失，且有扩大的趋势。因此，有必要对农村非正规金融的融资形式、受贷对象、运行机制及监管等进行深入研究，规范其行为，以充分发挥非正规金融对农民合作经济组织的资金支持作用。[1]

我们认为，对合作社的金融支持，应主要从以下几方面入手：

(1)立法上进一步明确政府对合作社的金融支持。目前我国合作社的立法模式是制定合作社专门法。在现有的针对各类合作社的专门立法中，有的规定了应对合作社给予金融支持，有的则没有。我们认为，若将来制定合作社基本法，则应在该法中对合作社金融支持问题做出基本规定。应规定，每一类型的合作社都有权获得政府的金融支持。若仍走制定合作社专门法之路，则应对那些还没有规定金融支持的部门合作社法规，增加相应的政府金融支持条款，从而使我国政府对合作社的金融支持在立法层面更为全面。同时，相应的金融支持立法还应具体化，使金融支持具有可操作性。

(2)准许合作社设立投资股以提高合作社的融资能力。在坚持社员对合作社民主控制原则的同时，可以将合作社的股金分为身份股和投资股两种。一般合作经济组织的成员只需交纳少量的股金就可以了，这就是身份股。拥有身份股意味着拥有在合作经济组织的一切权利。身份股只是解决了组织成员的身份问题，毕竟金额很少。为了弥补资金的不足，可以开发投资股。[2]由于合作社的宗旨是为社员服务，对投资股的设立应给予必要的规制，防止合作社以追求资本回报为基本经营目的。对此，我国立法已有相关规定，[3]在他国和一些地区的合作社法及实践中并不少见。比如，有的国家不给予合作社投资股持有者投票权。日本农协的社员资格分为两类：一类是农民以及从事农业活动的合伙公司或从事农业活动的其他公司，称之为正式会员，享有投票权和选举权。另一类是非农民，包括居住在农协所在地区的居民，或被认为适合使用农协有关设施的人，以及农协所在地之外的农业合作组织等，此类为非正式会员，不享

---

〔1〕 于华江、魏玮、于志娜："试论农民合作经济组织资金短缺的解决途径"，载《中国农村经济》2006年第6期。

〔2〕 田祥宇："我国农民专业合作社资金短缺的原因及对策研究"，载《会计之友》2008年第8期。

〔3〕 我国的《农村合作银行管理暂行规定》已准许设立投资股，其第16条规定，农村合作银行的自然人股和法人股分别设定资格股和投资股两种股权。资格股是取得农村合作银行股东资格必须交纳的基础股金。投资股是由股东在基础股金外投资形成的股份。只是没有对投资股的投票权给予明确限制，其第18条规定，资格股实行一人一票。自然人股东每增加2000元投资股增加一个投票权，法人股东每增加20000元投资股增加一个投票权。第20条则规定，单个自然人股东（包括职工）持股比例（包括资格股和投资股）不得超过农村合作银行股本总额的5‰。本行职工的持股总额不得超过股本总额的25%，职工之外的自然人股东持股总额不得低于股本总额的30%。

有投票权。[1]1987 年的瑞典《合作社法》允许合作社向非社员发行债券，但债券发行的总量不得超过普通社员股金的总量，并不附带表决权。1992 年的法国《合作社现代化法》也允许合作社在章程中做出引进非社员投资以及股金价值重估的规定。[2]有的国家合作社法允许投资者有一定的表决权，但对其上限做出严格限制。德国《工商业与经济合作社法》第 8 条规定，合作社社章可以规定，允许不使用或生产合作社之物品和不使用或提供合作社之服务的人士作为投资型社员加入合作社。社章必须通过适当的规定确保，投资型社员的表决权比例绝对不能超过其他社员，对于按照法律或社章之规定至少要获得全部投票的四分之三多数才能通过的社员大会决议，投资型社员无权阻止。投资型社员的加入需征得社员大会之同意。[3]

（3）准许合作社建立合作金融组织。由于合作社是为社员服务的组织，如准许、鼓励合作社入股合作金融机构，成为合作金融机构的成员，将为合作社的融资带来便利。在此方面，我国合作社立法已有此类规定，按《农村信用合作社管理规定》，农民专业合作社具有成为农村信用社社员的资格，[4]以此享受优先的向农村信用社借款的权利；同样，依《农村合作银行管理暂行规定》，[5]合作社也可以入股农村合作银行，享受农村合作银行提供的贷款服务。只是按《城市信用合作社管理办法》的规定，合作社入股城市信用社面临一定困难。[6]首先，我国在立法上并没有将所有合作社都规定为企业法人，虽然农村信用社被定义为企业法人，但依《城镇住宅合作社管理暂行办法》，住宅合作社为公益性法人；[7]其次，若进一步论证，合作社本身也不属于企

---

〔1〕路明："农民合作经济组织立法进展"，载《科学决策》2004 年第 10 期。

〔2〕秦艳慧："合作社立法问题研究"，载梁慧星主编：《民商法论丛（第 36 卷）》，法律出版社 2006 年版，第 68 页。

〔3〕王东光译："德国工商业与经济合作社法"，载王保树主编：《商事法论集（第 12 卷）》，法律出版社 2007 年版，第 321 页。

〔4〕《农村信用合作社管理规定》第 2 条规定：农村信用社的社员，是指向农村信用社入股的农户以及农村各类具有法人资格的经济组织。

〔5〕《农村合作银行管理暂行规定》第 2 条规定：农村合作银行是由辖内农民、农村工商户、企业法人和其他经济组织入股组成的股份合作制社区性地方金融机构。

〔6〕《城市信用合作社管理办法》第 2 条规定：本办法所称城市信用社是指依照本办法在城市市区内由城市居民、个体工商户和中小企业法人出资设立的，主要为社员提供服务，具有独立企业法人资格的合作金融组织。

〔7〕《城镇住宅合作社管理暂行办法》第 3 条规定：本办法所称住宅合作社，是指经市（县）人民政府房地产行政主管部门批准，由城市居民、职工为改善自身住房条件而自愿参加，不以营利为目的的公益性合作经济组织，具有法人资格。

业法人类别，[1]企业法人是以追求企业营利为经营目标的法人，而合作社的经营宗旨是为社员提供服务。为此，要增加合作社的资金来源，就应在立法上准许所有类型的合作社可设立及加入合作金融机构。在中国银监会和农业部联合印发了《关于做好农民专业合作社金融服务工作的意见》中，已准许农民专业合作社开展信用合作。但仅准许农民专业合作社设立合作金融机构是不够的，应将此政策扩大到所有类型的合作社，并在较高立法层次上制度化。

（4）加大政策性银行对合作社的金融支持。之所以可通过政策性银行以对合作社进行金融支持，是与政策性银行的性质与职能分不开的。所谓政策性银行，"是指由政府创立或担保、以贯彻国家产业政策和区域发展政策为目的、具有特殊的融资原则、不以营利为目的的金融机构。"[2]其经营限定在特定的业务领域，这些领域主要包括地区开发、农业、住房业、进出口贸易、中小企业、经济技术开发等基础部门或领域。政策性银行存在的目的或价值，就是促进国家经济政策的实现。

而要使政策性银行对合作社给予的金融支持能够落实，首先考虑的就是这些政策性银行必须具有相应的分支机构，以能够对类型不同、数量众多的合作社开展业务。在此方面，我国政策性银行布局存在一定的问题。目前，我国的政策性银行有三家，即国家开发银行、中国进出口银行、中国农业发展银行。国家开发银行是一家主要通过开展中长期信贷与投资等金融业务，为国民经济重大中长期发展战略服务的政策性金融机构，主要办理国家重点建设（包括基本建设和技术改造）的政策性贷款及贴息业务。至 2016 年 6 月，国家开发银行除总行外，在全国仅设立了 40 家分行。[3]中国进出口银行是执行国家产业政策和外贸政策，为机电产品、成套设备等货物进出口办理政策性金融业务的金融机构，主要职责是为扩大我国机电产品、成套设备和高新技术产品进出口，推动有比较优势的企业开展对外承包工程和境外投资，促进对外关系发展和国际经贸合作提供金融服务。中国进出口银行在国内不普遍设立分支机构，

---

〔1〕 考虑到合作社设立的目的不是追求不特定多数人的利益或社会一般利益，而是一定范围内成员的利益，我国不少学者认为合作社是互益性法人或中间法人。参见梁慧星："合作社法人地位"，载《民商法论丛（总第 26 卷）》，金桥文化出版（香港）有限公司 2003 年版，第 347～348 页；陈晓军：《互益性法人法律制度研究》，法律出版社 2007 年版，第 38 页。

〔2〕 朱崇实主编：《金融法教程（第三版）》，法律出版社 2011 年版，第 192 页。

〔3〕 参见国家开发银行官方网站，http：//www.cdb.com.cn/gykh/khjj/，2016 年 5 月 23 日最后访问。

仅有 20 余家营业性分支机构。[1]中国农业发展银行是一家以承担国家粮油棉储备、农副产品收购等方面的政策性贷款为主要业务的政策性银行。目前，中国农业发展银行的贷款对象除了粮食储备企业、国有粮食企业、棉花收购和储备企业等外，近年又增加了对农业产业化龙头企业和农业小企业的贷款。与国家开发银行、中国进出口银行不同，中国农业发展银行分支机构较多，已在县一级布局。至 2016 年，中国农业发展银行共有 31 个省级分行、300 多个二级分行和 1 600 多个县域营业机构。[2]

　　由于分支机构比较少，加之它们的业务特点，让国家开发银行、中国进出口银行针对合作社提供政策性贷款几乎不可能。依据当前我国政策性银行经营目的及分支机构设立状况来看，只有中国农业发展银行有能力开展对合作社的金融支持业务。在政策性银行所提供的资金来源方面，一是政府可再注入新的经营资本，如将一部分扶贫资金和产业扶持基金提供给中国农业发展银行，由中国农业发展银行定向地用于向合作社发放贷款；二是在中国农业发展银行发放的贷款总额中，要规定一定的贷款比例必须面向合作社。

　　（5）鼓励商业金融机构向合作社贷款。通过商业金融机构，尤其是商业银行向合作社贷款具有一些优点。比较而言，商业金融机构拥有大量的资金，贷款能力强，能够提供多种金融服务；商业金融机构，特别是商业银行的分支机构较多，可以充分利用其营业渠道向合作社提供金融服务。由于商业金融机构是追求营利的经济组织，是独立的法人，究竟应向合作社提供多少金融服务，不可采取强制命令的方式，须按市场方式进行。政府的所为，是通过市场引导商业金融机构向合作社贷款，使商业金融机构向合作社提供金融服务有利可图。在如何鼓励金融机构向合作社贷款方面，针对解决农民专业合作社融资问题，有学者提出了以下几点主张：第一，"税贷挂钩"政策激励金融机构向农民专业合作社贷款。所谓"税贷挂钩"是指商业银行享受税收优惠政策与向农民专业合作社的贷款实绩相结合。第二，对金融机构以农民专业合作社为贷款对象所发放的信贷资金进行财政补贴。第三，对发放农民专业合作社贷款的金融机构，按照贷款额度给予相应再贷款额度，利率优惠。[3]

　　我们认为，政府在引导商业金融机构向合作社贷款的政策措施方面，比较可行的做法是实行税收优惠政策。也就是若商业金融机构向合作社发放贷款，

---

　　〔1〕　参见中国进出口银行官方网站，http：//www.eximbank.gov.cn/tm/second/index_ 11.html，2016 年 5 月 23 日最后访问。

　　〔2〕　参见中国农业发展银行官方网站，http：//www.adbc.com.cn/n4/index.html，2016 年 5 月 23 日最后访问。

　　〔3〕　王文献：《我国新型农民专业合作社融资问题研究》，西南财经大学 2007 年博士论文。

可适当减免营业税及附加税，由此支持和鼓励商业金融机构对合作社给予信贷支持。

（6）政府参股建立担保基金、担保公司。基于经营安全的需要，商业银行发放贷款时，要求借款人提供一定的担保。而合作社在向外借款，尤其是向信用合作社、商业银行借款，普遍面临信用不足的问题。如何解决此问题？思路之一是设立担保机构，为合作社的借款提供担保。具体的操作方式，一是政府组建以财政出资为主的合作社贷款担保基金或风险补偿基金，专门对合作社的借款提供担保。只要符合合作社贷款担保基金或风险补偿基金的要求，基金就可以提供担保。二是鼓励商业性信用担保公司为合作社借款提供融资担保。为引导这些公司为合作社提供担保，可规定，主要为合作社提供担保的担保公司，在设立时，门槛可适当降低；一般的商业性信用担保公司，若向合作社提供担保，可在税费上享受一定的优惠。

第五章

合作社反垄断豁免制度研究

　　合作社是作为一种重要的商事主体而存在的，但却是处于弱势地位的群体的经济联合组织。合作社的广泛发展，不仅增加了社员收入、提高了社员的社会保障水平，而且能在一定程度上改变这些群体的弱势地位，促进整个经济的发展和社会的稳定。因此赢得了各国与其社会各界的赞许。基于此，各国尤为重视合作社的稳健发展，不仅通过作为根本法的宪法来明确合作社的合法地位和国家对合作社的支持，[1]在财政、税收方面进行经济上的支持和帮助，[2]而且在很多制度的构建上对合作社进行特殊的安排与协调。其中豁免制度就是其中的一项重要的制度。

　　合作社要在激烈的市场竞争中立于不败之地，必然有不断追逐利润和扩张规模的欲望。同时在市场经济中，垄断会对其自由竞争状态构成威胁，然而自由竞争又是市场经济良好发展的基本规律和要求，各国在自己的反垄断法中都

---

　　〔1〕　如《意大利共和国宪法》第45条规定："共和国承认不以进行私人投资为目的的互助合作社的社会职能。法律得以各种适当的措施奖励和支持互助运动的成长，并通过必要的监督来保证互助运动能保持自己的性质和目的。"参见戴学正等主编：《中外宪法选编》（下册），华夏出版社1994年版，第88页。而圭亚那、墨西哥、纳米比亚、西班牙和泰国等都在宪法中规定有合作社条款。See International Labor Conference, 89th Session, 2001, Report V（1）: Promotion of Cooperatives.

　　〔2〕　李勇军："农业合作社在各国的发展、功效及立法分析"，载《农业考古》2008年第6期。

有严格的规制。尽管因垄断状态与垄断行为会不同程度地妨碍公平竞争而为大多数国家的反垄断法所禁止，但因为合作社本身作为具有互益性和互助性的社团，且为增强公众的合作意识，引导社会公众走合作发展的道路，各国合作社立法和司法实践都对合作社实行一般的公司企业所没有的豁免制度，主要体现在合作社反垄断豁免和合作社发行证券之信息披露义务的豁免等。

第一节　审慎的反垄断豁免制度促进合作社规模化发展

一、积极推动合作社的联合与合并

由于小规模合作社的市场竞争力不强，迫使合作社走向集中。农业合作社为提高自身竞争力以适应激烈的市场竞争，掀起合并的浪潮，资本集中的速度加快，合作社的规模不断扩大。这一点在日本表现得特别突出。据统计，1960年日本共有农协12 000个，现在仅有2 400个，最终将合并为550个左右。日本的香川县1997年有农协47个，到1999年，全县除一个农协未参与合并外，其他46个农协合并为一个农协，到2000年，剩余的一个农协也因规模小，竞争力弱，生存困难，不得不合并加入香川农协。现在香川县只有一个农协，是全日本规模最大的单个农协组织，原来的市町村农协变为县农协的派出机构，从而形成与中央——都道府县——市町村相对应农协三级系统的组织。[1]法国政府一方面鼓励土地集中化，促成农业生产规模化。这已经成为法国合作立法的主要内容。与其他资本主义国家相比，法国小农数量比重大，土地比较分散，不利于农业规模生产。政府意识到这些缺陷，从戴高乐政府时期就开始力促农业现代化，进行了一系列农业立法，把改造小农经济、加速集中、扩大农场规模放在重要的位置，实施了一系列促使农业规模化的措施。一方面，采取集中土地的手段，消灭小农场，扶持大农场。由法兰西银行直接收买小块土地，租给或卖给大农场，将"没有生命力的农户"土地由国家高价收购，再卖给"有生命力"的农场主，对购进土地扩大规模的农场给予免税、无息或低息贷款。到1997年年底，政府购进54万没有生命力农户土地达950万公顷，约占全国农田面积的1/3。农场总数从1895年的213.4万个减少到20世纪70年代中期的120万个，平均面积从13.4万公顷扩大到23公顷。在小农场淘汰的基础上，占地50公顷以上的大型农场由1955年的9.5万个增加到了

---

〔1〕　张旭峰："当代发达国家的合作社"，载《上海集体经济》2003年第3期。

1975 年的 14.2 万个。[1]通过各种类型的农业合作社形成农业产、供、销各环节的一体化。另一方面，法国合作社不断打破地域限制，跨区域整合的趋势不断加剧，以至合作社数量急剧减少，而单个合作社的规模越来越大。如 Ladauphinoise 合作社经过了多次的合并，现社区范围已涉及 4 个省。在奶制品合作社中，6 个合作社的生产量已占整个奶制品合作社联合会生产量的 54%。而为了占领庞大的欧洲市场和迎接其他国家跨国食品工业企业的竞争，自 20 世纪 60 年代以来，大型合作企业集团不断形成，其中包括 SODIAAL 集团、SOCOPA 集团、UNCAA 集团和 SIGMA 集团等。[2]丹麦是世界第一大猪肉出口国，其中合作社所占出口份额为 96.3%，而成立于 1887 年的"丹麦皇冠"屠宰合作社，是欧盟最大的屠宰联合体。而美国合作社资本集中的程度很高，1991 年美国有 11 个农业合作社的营业额超过了 10 亿美元，其中"蓝宝石生产者"合作社是世界上最大的杏仁生产厂家，产品向 90 多个国家出口。[3]全美最大的两家合作社——"农业实地社"和"阿格书公司"年销售额分别达到 52.4 亿美元和 41 亿美元，被美国《幸福》杂志分别列为当年全国 100 家最大的综合服务公司的第 7 名和 500 家最大的工业公司的第 96 名。这些合作社集团不仅实现的营业额巨大，而且经营内容不断扩展。

　　通过联合和合并，合作社逐渐从单一走向联合，呈现出规模不断扩大、经济实力和影响力不断增强的趋势，市场竞争力也逐步得到提升。如在法国，为了占领庞大的欧洲市场和迎接其他国家跨国食品工业企业的竞争，自 20 世纪 60 年代以来，大型合作企业集团不断形成。这些合作社集团不仅实现的营业额巨大，而且经营内容不断扩展。1996 年，法国营业额超过 30 亿法郎的合作社性质的农业和食品企业集团有 19 家，其中以经营品牌为 YOPLAIT 和 CANDIA 的奶业集团 SODIAAL 的营业额高达 172 亿法郎，经营肉类为主的集团 SOCOPA 的营业额为 120 亿法郎，以物资供应为主的集团 UNCAA 的营业额达到 104 亿法郎，经营粮食为主的 SIGMA 的营业额为 75 亿法郎。这些合作社企业集团大多从事进出口业务，如 UNCAC 集团粮食销售的 90% 用于出口。UNCAA 是欧洲植保用品的第一大买主。ULN 是法国第一大奶产品出口企业，而且它们在产品的开发与研究方面进行大量投资，如 SODIMA 联合集团专门成立了一个开发与研究中心，它与 37 个国家的 42 个单位联合工作。法国第一大种子出口集团 LIMAGRAIN，仅玉米一项就在世界上 9 个国家设有 17 个研究中

　　〔1〕　沈炼之主编：《法国通史简编》，人民出版社 1990 年版，第 289 页；转引自王霄燕：《规制与调控：五国经济法历史研究》，新华出版社 2007 年版，第 130~131 页。
　　〔2〕　李先德："法国农业合作社"，载《世界农业》1999 年第 3 期。
　　〔3〕　贾生华："欧盟国家农业产业化的若干经验及启示"，载《浙江社会科学》1999 年第 1 期。

心。而从营业额来看，其农业合作社的集中程度非常之高，不到 10% 的合作社企业实现了农业合作社营业额的2/3。[1]在经济全球化浪潮中，许多发达国家的合作社都是国际市场的有生力量。在农产品出口位列前 10 名的美国、法国、荷兰、加拿大等国，合作社在其中都占有 50% 以上的市场份额。可见，合作社的规模不断扩大，合作社资本不断集中，合作社呈规模化、国际化发展的趋势，以至于有的学者称"在美国、法国、西德等发达国家，合作社在国民经济中扮演着重要的角色，以至于合作社经济成为仅次于私营经济、国有经济的第三种经济力量"[2]。

当然，各国政府、合作社和合作社社员重视并积极推动合作社的联合与合并有其深厚的根源：从合作社和合作社社员的角度来说，一方面，传统的合作社规模比较小，在全球经济一体化的情况下，小规模的合作社很容易受市场和竞争的冲击而难以维系甚至破产倒闭，这显然不利于社员利益的维护和合作社的长远发展，而合作社的规模大则其抵抗风险的能力较强；另一方面，正如学者所说，"农林渔业及其主要产品的购销也不适宜无限制的自由竞争，一是因为该行业对自然条件有很强的依赖性，生产者不便适应市场供求和价格的变化而迅速转产"。[3]而从政府的角度来说，一方面，合作社的稳健发展利于改善社会弱者地位、维护合作社社员利益；另一方面，当各国的合作社大多集中于农业等在国民经济中处于基础地位的领域时，由于其"关系人民的基本生活需求"，[4]促进合作社的稳健发展还利于维护农业的基础性地位乃至社会的和谐和稳定，而一旦发生小规模合作社在市场冲击下倒闭，不仅会引发大量的失业问题、影响农业等对经济的基础保障地位，而且容易激发处于社会弱者地位的人对社会的不满情绪，乃至引发动荡。由此，合作社的联合与合并乃大势所趋，而因合作社的联合与合并导致合作社在各国、各产业中的垄断状态也在所难免。

二、反垄断豁免制度的界定

反垄断豁免制度作为反垄断法诸多制度类型中的一种，对于充分发挥反垄断法在维护市场竞争秩序方面的功能，起着至关重要的作用。在国内学界，关于反垄断豁免制度存在着豁免制度和适用除外制度的两种提法。在对反垄断法的适用除外与豁免标准进行讨论之前，有必要区分"适用除外"与"豁免"

---

〔1〕 李先德："法国农业合作社"，载《世界农业》1999 年第 3 期。

〔2〕 欧阳仁根："论我国反垄断立法中的合作社豁免问题"，载《财贸研究》2005 年第 1 期。

〔3〕 阮方民、李浩青：《欧盟竞争法》，中国政法大学出版社 1998 年版，第 178～179 页。

〔4〕 阮方民、李浩青：《欧盟竞争法》，中国政法大学出版社 1998 年版，第 178～179 页。

的内在含义。对于适用除外与豁免的内在含义的理解，至今仍然存在一定的观点分歧。目前主要存在三种观点。

第一种观点认为，"适用除外"与"豁免"的概念是一致的，只是表达方式的差异，由于指向对象相同，因此对二者不做更多区分，可以互换使用。反垄断法适用除外制度等同于反垄断豁免制度，都是在一定程度上许可某些特定领域的垄断行为存在，反垄断法承认其具有一定的合法性，或不予追究，其实质都是对垄断行为的宽容、认可、容忍。[1]持这种观点的学者认为，二者在实质意义上并无大的区别，只是称谓的不同。

第二种观点认为，"适用除外"的内涵较大，"适用除外"的概念包含"豁免"的概念。适用除外包含两种情形，一种是不适用反垄断法的"例外"情形，另一种是虽适用反垄断法但为其"豁免"的情形。

第三种观点认为，"适用除外"和"豁免"属于不同的概念，应适用不同的原则。反垄断法适用除外是指法律规定某些特定的领域、行业或行为免受反垄断法调整，即将其排除在反垄断法的适用范围之外。反垄断豁免是指某些特定的领域、行业或行为本身应受到反垄断法的规制，但由于某些因素，反垄断法对其不予追究。[2]这一区分意义，颇类似于刑法中的定罪原则，不妨将二者进行对比。反垄断适用除外类似于刑法认为行为不适用于刑法，不构成犯罪。反垄断豁免却类似于虽然违反了刑法规定，应构成犯罪，但因为符合刑法规定的免责条件，可以免予追究刑事责任。

有学者认为，反垄断法适用除外是指法律规定某些特定的行业领域与行为不适用于反垄断法，即使它在形式上满足垄断行为的构成要件亦不受反垄断法调整。反垄断豁免是指某些特定的领域、行业或行为违反反垄断法，应该受到反垄断法规制，但由于符合反垄断法规定的免责条件，反垄断法对其不予禁止。反垄断法豁免更多体现的是对本身构成垄断的行为"网开一面"的意味。反垄断法适用除外的实质，是不适用反垄断法。而反垄断法豁免的实质，是本身适用反垄断法，但基于一定的政治、经济与社会的原因考量，其本身存在一定的合理因素，如果其产生的积极效果大于其对竞争的限制所产生的消极效果，即利大于弊，法律权衡之下而进行的不予禁止。对于除外情形，反垄断法本身往往不需作专门的规定，哪些领域属于适用除外情形多由其他法律规定，对于这些领域中发生的垄断行为，反垄断法则要规定详细的标准和机制，而具

---

〔1〕　黄进喜："反垄断法适用除外制度的法理分析与制度完善"，载《东南学术》2011 年第 1 期。

〔2〕　应品广："反垄断法的豁免——中国的视角和选择"，载《中南大学学报（社会科学版）》2010 年第 5 期。

体的垄断行为是否能得到豁免，则需由法院在案件审理中结合案情予以判断。豁免是反垄断法的基本内容和有机组成部分，而适用除外则不是。[1]

在美国反托拉斯法中，并没有适用除外的法律概念，而只有豁免的概念。在欧盟竞争法下，"适用除外"与"豁免"系不同的概念。适用除外的英文翻译为"exception"，而"豁免"则是"exemption"。《欧盟条约》第81条（1）排他性地禁止了一切垄断协议，因此在《欧盟条约》第81条（3）中为第81条（1）中禁止的协议设立了一个豁免制度。由这一规定可以看出，欧盟竞争法中的"豁免"只适用于限制竞争协议中，而并不适用于滥用市场支配地位和经营者集中领域。相对而言，"适用除外"在任何垄断协议、滥用市场支配地位和经营者集中领域中都可以适用。

我们赞同二者区别的理论意义更多于实践意义。实践中不纠结于两者的概念区别，在我国学界特定语境下可以混用。反垄断豁免制度，简言之，就是指对于某些事项在某些领域不适用反垄断法；具体而言，就是指在某些特定行业或领域中法律允许一定的垄断状态及垄断行为的存在，也即对某些虽属限制竞争的特定协调或联合或单独行为，反垄断法不予追究的一项法律制度。[2]因为这种合法垄断在各国的反垄断法中一般不具有主要地位，往往就以"适用除外条款"的形式或以反垄断法典的"例外法"的形式加以确认，又称"反垄断法适用的除外制度"。本书认为"豁免"和"除外适用"在结果上都是反垄断法对特定垄断行业、领域与行为的宽容、认可与容忍，二者都是反垄断法在特定条件下的"不作为或免于作为"。因此，本书中并不区别"豁免"和"除外"，而统一使用"豁免"的概念。

反垄断法以"维护效益，弘扬竞争"为根本宗旨，但其目标模式并非是完全的自由竞争，而是有效竞争。在某种程度上，竞争的消极方面正是垄断发挥积极作用的领域。因此，在某些领域允许存在适度的合法垄断可以避免盲目竞争所带来的巨大的社会资源浪费，有利于维护社会公众利益，符合国家产业政策的需要，而如果在这些领域进行自由竞争，对社会经济的发展和国计民生均不利。由此可见，垄断并非完全是消极的，合法垄断的存在是必要且合理的。对合法垄断进行豁免的制度通常是利益衡量的结果，即从经济效果上对于限制竞争行为的性质和影响进行利益的对比，在"利大于弊"时将其排除适

---

〔1〕 许光耀："合法垄断、适用除外与豁免"，载王艳林主编：《竞争法评论（第1卷）》，中国政法大学出版社2005年版，第44~58页。

〔2〕 孙晋："反垄断法适用除外制度研究"，载漆多俊主编：《经济法论丛（第6卷）》，中国方正出版社2002年版，第45页。

用反垄断法的禁止规定。[1]

三、反垄断豁免制度的价值

一般而言，法律规则就是一种价值判断的选择和体现，作为"经济宪法"之称的反垄断法，同样也具有自己独特的价值目标。反垄断法的价值目标并不是一成不变的，在其百年的发展过程中，其所追求的价值目标也在不断地变化。反垄断法以追求市场的有效竞争为其首要目标，这从各国的反垄断立法中可以清楚地看出。随着社会的变化，反垄断法也确立了其他一些目标，如消费者福利、合同自由，等等。反垄断法豁免制度作为反垄断法的一部分，其价值当然应该符合反垄断法的总体价值取向，除此以外，它仍然存在独有的一些价值目标，纵观各国的豁免制度，可以得出豁免的主要价值取向为：社会整体效益价值、社会公平价值和伦理道德价值。

首先，作为经济法的重要组成部分，反垄断法也必然体现经济法社会本位的特征，强调社会整体效益。[2]所谓效益，指"有益的效果，它同目的相比照，指行为所产生的符合目的的有益效果""效益，是指讲结果的有效性，利益性"。[3]作为反垄断法根本价值的社会整体效益指在实施反垄断法的过程中所取得的符合社会大多数人的效果和利益。社会整体效益具有以下属性：第一，广泛性。这种符合社会大多数人的效果包括经济性的和非经济性的有益后果。第二，社会性。有益效果是体现于对社会大多数人（全体人民或受反垄断法调整的一定组织和个人）的利益保护，而不是对国家利益的保护。第三，整体性。反垄断法所要保护的是社会大多数人的全局的、整体的、长远利益，而不是个别的、局部的、暂时的效益。反垄断法豁免制度的建立是基于垄断有其存在的合理性。比如银行、保险这类等对社会影响很大的产业以及像自来水、通信、邮电等公用事业，关系着国计民生并且成本高，允许这些领域存在垄断状态，就是出于"社会整体效益"的考虑。因为这些行业关系国计民生，需要稳健经营，如果过度竞争，片面追求个体效益，极易造成市场混乱，破坏国民经济稳定健康持续的发展秩序，对社会造成损害。此外，在紧急情况下，为了维护社会中大多数人的共同利益，暂时摒弃竞争理念，采取必要的限制竞争措施是十分必要的。[4]我国台湾地区"公平交易法"第14条明确将"有益

---

[1] 孔祥俊：《反垄断法原理》，中国法制出版社2001年版，第658页。
[2] 孔祥俊：《反垄断法原理》，中国法制出版社2001年版，第158页。
[3] 张文显：《法学基本范畴研究》，中国政法大学出版社1993年版，第253页。
[4] 孙晋："反垄断法适用除外制度构建与政策性垄断的合理界定"，载《法学评论》2003年第3期。

于整体经济和公众利益"的"联合行动"排除在反垄断之外。德国《反对限制竞争法》第 8 条"部长特许"的根本理由就是"出于整体经济和公共利益的重大事由必须对竞争进行限制",由此可见,在当代反垄断立法中已包含和体现社会整体效益价值了。

其次,反垄断豁免的价值取向并不仅仅是社会整体效益,除了基于社会整体效益的考虑以外,还有其他方面的价值衡量,其中主要是基于社会公平考虑的反垄断豁免。"所谓公平,从根本上讲就是人与人的利益关系以及人与人的利益关系的原则、制度、做法、行为等合乎社会发展需要之义。"[1]这里的公平指社会经济生活的总体公平和实质公平。[2]社会总体公平是从社会整体而不是从个体或团体的角度来衡量,要求绝大多数的个体和团体间必须公平,但不是要求所有的个体和团体间都必须绝对公平,个体公平或团体公平的总和并不必然产生总体公平。因此,有时为了实现总体公平,必须对个体公平做出一些限制甚至禁止。

公平是反垄断法创设和维持竞争秩序的重要内容,它不仅体现在竞争的前提和竞争的过程中还体现在竞争结果上。竞争前提的公平是指市场机会的均等和市场主体(主要是企业)地位的平等,不允许市场主体的差别待遇;竞争过程的公平是指市场主体只能基于自身财力、技术、管理等条件平等参与市场竞争而不是凭借外在力量(如行政权力的参与)或采取不公平的方法进行竞争;竞争结果的公平要求注重市场竞争各主体间利益的平衡,对处于相对弱势的中小企业给予较多照顾而对大企业尤其是具有垄断地位的大企业给予较多限制,这样的公平才是实质公平。

最后,从社会规范的意义上来讲,法律与道德伦理是人类社会两类基本的社会规范;从法的价值层面上来说,伦理道德是衡量法的"善""恶"的价值标准。法与道德是相辅相成,又是相互关联的,理论界的通说认为,法律是最低限度的道德,法与道德是不可或缺的社会调整规范。博登海默认为,"尽管我们可以假定所有或大多数社会都以某种形式将法律规则与道德准则区别开来,但并不总是能够严格而准确地划出上述两类社会规范之间的界限的"。"法律的制定者们经常会受到社会道德中传统的观念或新观念的影响。……这种道德中的大多数基本原则不仅已几乎不可避免地被纳入了法律体系之中,而且在那些已成为法律一部分的道德原则与那些处于法律范围之外的道德原则之间有一条不易确定的分界线。"在"变革"中"加强与精炼"了"道德感"

---

〔1〕 戴义礼:《公平论》,中国社会科学出版社 1997 年版,第 42 页。

〔2〕 漆多俊:《经济法基础理论》,武汉大学出版社 2000 年版,第 157~158 页。

的反垄断法，正是反映了法与道德的另一个方面的关系，即这时道德便成为衡量法律的价值体系之一。这些"具有实质性的法律规范制度，其目的是保证和加强对道德规则的遵守，而这些道德（伦理）规则（的价值）乃是一个社会的健全所必不可少的"。这一价值取向是针对社会特定组织和人员而言的，如律师、医生、会计等，特殊的职业决定了他们必须遵循自己的道德规则和职业操守，放弃盲目的价格竞争。这是因为这些组织和成员的工作具有崇高的社会性质，其工作性质具有极高的社会性，不能片面地追求经济效益。正是基于这种法律理性的考量，当今许多国家都在其反垄断法中规定某些特殊组织如行业协会和自由职业者，如律师、医生、会计师等应有自己的道德规则和职业操守，放弃盲目的价格竞争，认为这种竞争例外有利于维护社会伦理道德价值。[1]

四、反垄断豁免的原则

目前反垄断法的法律原则有两个，一是本身违法原则，二是合理原则。作为反垄断法的例外规定，豁免制度有着严格的界定范围。作为法律规则的指导思想和基础，豁免制度对于准确地划分合法垄断和非法垄断有着十分重要的意义。同时豁免制度作为反垄断法的重要组成部分，法律原则在豁免制度中依然有效。因此，反垄断豁免的法律原则亦为本身违法原则与合理原则。

首先，纵观国内外，有关反垄断法的本身违法原则的专门著作并不多，且对该原则进行过定义的学者也是少之又少，各种观点也并非完全趋同，如逯星认为，本身违法原则是指只要企业的市场占有超过一定的比例或其行为属于法律禁止的范畴就是非法的，而无需全面考虑它们对市场竞争的影响。[2]吕明瑜在其《竞争法制度研究》中指出，本身违法原则的基本含义是：某些行为对竞争的损害明确、稳定，一般不因其他因素的影响而有实质性的变化，对其违法性的判断、认定无需加以证明，只要这种特定行为一经发生，其本身已构成违法行为。[3]王晓晔教授的定义比较接近美国反垄断法上的合理原则与本身违法原则的本质。她认为，本身违法原则，又译为自身违法原则、当然违法原则，是指市场上某些反竞争行为，不管这些行为是否实际产生危害结果，仅根据其行为本身判定非法而予以反垄断的制裁。[4]该原则意味着，某一行为一旦

---

〔1〕 孙晋："反垄断适用除外制度研究"，载漆多俊主编：《经济法论丛（第6卷）》，中国方正出版社2002年版，第55页。

〔2〕 逯星："论我国反垄断法应采取的原则"，载《政法论坛》2003年第5期。

〔3〕 吕明瑜：《竞争法制度研究》，郑州大学出版社2004年版，第60页。

〔4〕 李钟斌：《反垄断法的合理原则研究》，厦门大学出版社2005年版，第1~2页。

对竞争产生影响，不管其效果与环境，也不管该行为的做出方式，即认定为非法，一言以概之，即"存在即违法"。由此看来，本身违法原则侧重于对事实的定性。是否存在违法行为是确定该行为是否违法的前提和基础。在传统的司法实践中，一般来讲，适用本身违法原则的联合限制竞争行为主要包括：固定价格、划分市场、集体抵制以及搭售。所以，根据本身违法原则，只要某种行为属于上述行为，即可判断该限制竞争行为违法。

本身违法原则有其内在的合理性。本身违法原则在法律上具有明确性、简化性和透明性的优势，具有极大的确定性和可预测性，为商业社会提供了一个确定的行为标准，使企业在计划实施行为时能够更快确定其行为违法与否，以此规避反垄断法的制裁。本身违法原则提高了对限制竞争行为后果的可预测性，这种后果既涉及行为的法律后果又涉及诉讼后果。法律后果的可预测性是行为人通过法律规定可预知自己行为的法律后果，这种可预测性可用来证明司法的权威。诉讼后果的可预测性则增加了争论双方庭外和解的可能性，从而减少了诉讼成本，节约了司法资源。本身违法原则体现了反垄断法的权威同时也简化了反垄断法的适用程序，使审理案件的法院或反垄断执法机构不需对案件作过多调查，就可认定其非法，因而由此省略了为做出判断所付出的一切时间与成本，从而提高诉讼和判决效率。而且原告胜诉的几率很大。因此，其最大的优势就是节省反垄断制裁的诉讼成本。在各种反竞争行为中，许多行为具有非常明确的竞争损害性，这些行为几乎总是缺少社会或经济的补偿价值。因此在涉及其中某一行为的案件中，原告只需要证明这种行为存在，即使在被告认为此行为会促进竞争时，法律也将认定其为本身违法行为而进行处罚和禁止。

但是，本身违法原则的过于简单化、适用的刚性，致使该原则也存在明显的缺陷：

第一，范围不确定。迄今为止，各国对本身违法行为尚未规定一个确定的范围，只是根据司法实践，将固定价格、划分市场、集体抵制以及搭售这四种行为通常认定为适用本身违法原则，但尚未有明确的范围规定。本身违法的解释受制于法院的不同解释。同时由于本身违法原则注重的是行为存在，因此该种行为是否存在成为关键，相应地就要求当事人的商业行为和法律规定之间存在着一种严格的对应关系。

第二，本身违法的基础是法律假设，假设与事实之间的关系不一定恰当，当事人与法院对本身违法行为的理解和认定也常常意见相左。如何确定非法垄断的范围、类型，本身就具有很大的不确定性，最终可能导致对被告判决的不公正。

第三，本身违法原则只要求对垄断行为的存在与否做出事实上的判断，不考虑当事人的市场地位以及垄断行为的经济后果，虽然可以在一定程度上降低诉讼成本，同时也给予人们的商业行为以明确的指导，但是也常常容易造成巨大的社会成本，很可能遏制了生气勃勃的竞争过程，造成"一刀切"的局面，从而损害效率和正义。反垄断法是与经济状况密切相关的，在一个经济时期属于垄断情形，而在另一个经济时期可能就不属于垄断情形。因此，基于法律假设的本身违法性的规定在一个经济时期可能与现实相符，但随着时间推移、经济发展和环境变化，它的合理性就会有问题。正是由于这个原因和维持成文法的体系性，成文法国家通过频繁地修订反垄断法来实现法律合理性和确定性的结合。反垄断法是市场经济制度中的基本法，与其他基本法相比，它的修改频率是最高的。[1]

第四，运用本身违法原则还有一个不利，如果一组竞争者以本身违法行为为辅助手段，使竞争者的数目扩大，提高竞争，从而获得更大的公共利益，而运用的行为是辅助的和合理的，同样会被法院宣布为非法。[2]

第五，关于合理原则的定义，对此有所研究的学者们众说纷纭，不存在一个权威性的释义，但是，任何的论述都需要建立在一个基本概念的基础上。因此，与本身违法原则相对应，在此仍采用王晓晔教授的结论，她指出，合理原则是指对市场上某些限制竞争行为不是必然视为违法，而需要根据具体情况来判定，尽管该行为形式上具有限制竞争的后果和目的，但同时如果又具有推动竞争的作用，或者能显著改变企业的经济效益，或其他有利于社会整体经济和社会公共利益的实现，如有利于采用新技术降低产品成本，更好地满足消费者利益的需要，该行为就被视为合法。[3]也就是说，合理原则是指在全面衡量垄断行为或垄断状态对市场的影响之后，即评价被指控行为或状态的目的或结果后，据此确定它们是否违法。针对《谢尔曼法》第1条和第2条的解释，法院认为，合理原则是一种衡量方法，用来确定某种行为是否属于法律禁止的行为。即在判断它们是否违法时，要根据具体案情和对市场的影响程度而定。

合理原则弥补了自身违法原则过于刚性的缺点，使反托拉斯法能更好地适应复杂的经济情况，具有更强的灵活性。这是因为合理推定原则涉及个人的评价，不似本身违法原则仅根据所违反的行为类型来做判决，而是鼓励法院根据案情的实际情况做出灵活反映。同时由于合理原则避免了对本身违法原则做出系统而且明确规定的成本，以及随着条件不断变化来修订该原则以保持精准水

---

〔1〕余东华："从'本身违法'到'合理推定'——美国反垄断违法判定原则的演进"，载《华东经济管理》2008年第9期。

〔2〕沈敏荣著：《法律的不确定性——反垄断法规则分析》，法律出版社2001年版，第80页。

〔3〕王晓晔主编：《经济法学》，社会科学文献出版社2005年版，第101～102页。

平的成本，因此，合理原则提高经济效益。毕竟要把本身违法原则完善到列出所有属于《谢尔曼法》所禁止的有害行为，几乎是不可能的。合理原则也维护了被告申辩的权利。因为本身违法原则根据行为的类型来判决，如果它事先没有对个别行为进行规定，那么法院就可能判决它违法。由于合理原则是在权衡损害与社会利益所做出的判决，因此当事人与法院双方对通过合理原则来判决的结果比本身违法原则判决的结果所引起的争议更小。

五、对合作社实施审慎的反垄断豁免

为增强合作社在市场中的竞争力，大多数国家都鼓励合作社的联合，同时不少国家还规定了合作社的反垄断豁免制度。

（一）明确对各种类型的合作社组织实行有条件的豁免

在美国，《谢尔曼法》曾一度给合作社的发展带来极大的冲击，[1]对于合作社尤其是关于农业和渔业组织的直接豁免的法律规定，最早的是 1914 年《克莱顿法》对于农业组织的部分豁免。该法第 6 条规定："人的劳动不是商品或者商业物品。反托拉斯法不限制那些为了互助、没有资料、不盈利的劳动组织、农业组织、园艺组织存在和活动，也不限制或禁止其成员合法地实现该组织的合法目的。依据反托拉斯法，这些组织或成员不是限制贸易的非法联合或者共谋。"[2]由此，阻止联邦政府对农业合作社跨越州界运输农产品进行定价的行为提起诉讼。与此同时，一些州以法规授权农业合作社排除适用州反托拉斯法项下的起诉。[3]从此，农民之间为了互助而构成的没有资本、不盈利的合作型组织就由法律明确规定而不处于反托拉斯法禁止的范围。而国会 1922年通过的《卡帕——沃尔斯坦德法》将《克莱顿法》第 6 条所没有涵盖的股本农业合作社也从反垄断法中被豁免出来。[4]该法第 1 条前半部分规定："凡从事农产品生产的农场主、种植业主、牧场主、奶农、坚果或水果生产者可以采取股份的或非股份的合作社、公司或其他形式组织起来，进行集体加工、包装、处理和在州际及国际贸易中销售他们所经营的那些产品。"当然，该法案对适用反垄断豁免的合作社做了限制性规定，即第 1 条后半部分描述的，"这

---

〔1〕 罗必良：《经济组织的制度逻辑》，山西经济出版社 2000 年版，第 428～430 页。

〔2〕 15 U. S. C. §17. 参见尚明主编：《主要国家（地区）反垄断法律汇编》，法律出版社 2004 年版，第194 页。

〔3〕 蒋华龙：《论农业领域在反垄断法上的适用豁免》，对外经济贸易大学 2007 年硕士学位论文。

〔4〕 《克莱顿法》第 6 条只适应于两种条件下的农业合作社：（1）没有发行资本股份；（2）运营和经营是非营利性的。参见蒋华龙：《论农业领域在反垄断法上的适用豁免》，对外经济贸易大学 2007年硕士学位论文，第 5 页。但随着农业合作社的发展，很多农业合作社采取了投资公司的行为，出现了股份资本形式的农业合作社，而这并不在《克莱顿法》的豁免范围之内。

些合作社可以有共同的销售代理人；这些合作社及其成员可以订立必要的合同和协议实现这些目的：只要这些合作社是为其生产者社员互利目的经营的，并符合下面要求中的一个或两个：第一，不允许合作社的任何一个成员因为其所持股票或社员股金的数额而拥有一票以上的投票权。第二，合作社按股票或社员股金分配的红利每年不超过 8% 。同时，在任何情况下都必须遵循。第三，合作社处理的非社员农产品的价值不超过为社员处理的农产品的价值。"[1] 1934 年的《渔业供销合作社法》也有类似规定。[2]这些对合作社的豁免的条件限制反映了美国的相关立法并不是对所有的合作社组织都进行豁免，而是有所区分和限定。正如《卡帕——沃尔斯坦德法》的《众议院报告》所说："本法并非授予一项集团特权，目的在于通过修改法律，使之适用于农民能利用的普通商业法人。"[3]事实上，在 1967 年的 Case-Swayne Co. v. Sunkist Growers 案中，法院就认为 Sunkist Growers 这个由非种植者而由加工者组成的组织违反了反托拉斯法（强调农业合作社的成员必须生产农产品），由此明确了加工者和包括加工者合作社，不属于反托拉斯豁免的范围。[4]而在 1978 年的 National Broiler Mktg. Assn. v. United States. 案中，法院认为，对于不拥有家禽、孵卵所，或者抚育设备的鸡仔生产者或者不能提供充分鸡仔、饲料、医护支持和服务的鸡仔生产者不能予以豁免，由此明确将生产承包给农民的组织也不属于反托拉斯豁免的范围。[5]此外，在 1979 年的 Northern Cal. Supermarkets v. Central Cal. Lettuce Producers Coop. 案中，[6]法院认定即使一个农业合作社不种植、收割、运载、卖出或者就买卖谈判，而只是确定成员出售产品的价格，也属于反托拉斯豁免范围。由于美国判例法在整个法律体系中的主导地位，这些就是否属于反垄断豁免范围的合作社的案例产生了较大的影响。

　　在德国，其《反限制竞争法》第 28 条第 1 款规定："第 1 条（卡特尔禁止）不适用于农业生产者企业有关的农业产品的生产或销售，或使用储藏、加工或处理农业产品的共同设施的协议，不适用于农业生产者企业联合会以及此类联合会订立的有关农业产品的生产或销售或使用储藏、加工或处理农业产

---

〔1〕　42 Stat. 388（1922），7U. S. C. §291.

〔2〕　48 Stat. 1213（1934），15U. S. C. §521.

〔3〕　H. R. Rep. No. 24，67th Cong.，1st Sess. 2.

〔4〕　联邦最高法院认为一家农业合作社不能获得 Capper-Volstead 法的豁免，是基于这样的事实，即其成员的 15% 不是生产者而是私有公司、合伙和通过 Sunkist 经营和销售生产者的水果的私人。389U. S. 384，386 – 388（1967）. 当然，后来 Sunkist Growers 在此之后进行了重组，重组后才进入了豁免的范围。

〔5〕　436 U. S. 816（1978）.

〔6〕　580F. 2d 369（9th Cir. 1978），cent. denied，439 U. S. 1090（1979）.

品的共同设施的协议和做出的决议，但以其不包含价格约束并且不排除竞争为限。生产者联合会订立的协议和做出的决议，必须由该联合会即时向卡特尔当局申请登记。植物栽培企业和动物饲养企业以及在该类企业的层次上从事经营的企业，也视为农业生产者企业。"[1]此外，第29条之"信贷经济与保险"和第30条，第31条也做了类似规定。[2]由于该豁免附加了"以其不包含价格约束并且不排除竞争为限"的条件，[3]我们不难发现德国的反垄断法对农业合作社提供的也是有限度的豁免。[4]

而从欧盟来看，欧盟委员会于1962年4月4日通过的《关于农产品竞争的规章》（1962年第26号规章）并经欧盟理事会于2006年7月24日修改的《关于农产品生产和贸易中的竞争的规章（修订法典）》（2006年第1184号规章）对农民协会进行豁免，但该规章第2条第（1）款规定豁免涉及的农民协会必须同时满足三个条件：(1)协定中涉及的合作协会必须属于单个成员国；(2)协定必须没有涉及价格，但是必须涉及农产品的生产或销售，或者利用公共设施对农产品进行储存、处理或加工；(3)协定必须没有排除竞争或损害共同农业政策的目标。关于第三个条件，法院解释认为，并不能排除规定将成员长期地束缚在协会的条款带来的累积性影响，这一规定剥夺了他们进行竞争的可能性，因为损害了共同农业政策的目标。也就是说，即使农业部门个人收益增长，这些行为不能得到由于原材料出售给不同的加工者中购买价格的竞争者带来的好处。[5]

在日本，根据2005年修订的《禁止私人垄断及确保公平交易法》第22条规定："本法规定，不适用于具备以下各项所列条件并且依法律的规定设立的合作社（含合作社的联合会）。但是，当使用了不公正的交易方法时或者由于实质性地限制了一定交易领域内的竞争而将会不正当地提高对价的场合，则不在此限。一、必须以小规模的事业者或消费者的相互扶助为目的；二、任意设立，且合作社成员可以任意入伙或者退伙；三、各合作社成员必须具有平等的

---

〔1〕《德国反限制竞争法》，邵建东译，载尚明主编：《主要国家（地区）反垄断法律法规汇编》，法律出版社2004年版，第17页。

〔2〕许光耀："合法垄断、适用除外与豁免"，载王艳林主编：《竞争法评论（第1卷）》，中国政法大学出版社2005年版，第54～56页。

〔3〕许光耀："合法垄断、适用除外与豁免"，载王艳林主编：《竞争法评论（第1卷）》，中国政法大学出版社2005年版，第56页。

〔4〕经第7次修订并于2005年7月1日生效的《德国反限制竞争法》对原有的反垄断适用除外规定的调整，其中取消了信用和保险行业、体育业等适用除外，而仅保留了农业（第28条）和报纸、杂志行业的转售价格维持（第30条）的适用除外。参见王健："德国竞争法的欧洲化改革——《反限制竞争法》第7次修订述评"，载《时代法学》2006年第6期。

〔5〕蒋华龙：《论农业领域在反垄断法上的适用豁免》，对外经济贸易大学2007年硕士学位论文。

表决权；四、在对合作社成员进行利益分配时，其限度应规定在法令或者章程之中。"[1]同时，"根据《关于〈禁止私人垄断及确保公平交易法〉的适用除外等的法律》第2条的规定，《禁止私人垄断及确保公平交易法》第8条（即有关垄断行为的禁止及对垄断状态的措施）的规定不适用于虽具备《禁止私人垄断及确保公平交易法》第22条规定的各项要件，且根据《水产业合作社法》《中小企业等合作社法》《森林合作社法》等法律规定而设立的合作社及相关团体；不适用于根据《农村负债整理合作社法》《农业合作社法》《消费生活合作社法》《船主相互保险合作社法》《烟草耕作合作社法》等法律规定而设立的团体；根据《中小企业等合作社法》的规定而设立的中小企业团体中央会；由不超过19人的个人事业者以相互扶助为目的而设立的团体，且每个事业者雇佣人数不超过20名的。"[2]

（二）对合作社组织实施的相关行为实行有限度的豁免

在美国，一方面，针对合作社的合并，反垄断法对该行为实行豁免，免受反垄断审查。事实上，美国司法部和联邦贸易委员会从来没有因为合并而追究过任何农业合作社的责任，而且，美国政府也几乎没有对任何农业合作社提起过反托拉斯诉讼。[3]当然，这种豁免也是有限度的，1939年United States v. Borden Co. 案[4]和1960年 Maryland & Virginia. Milk Producers Ass'n. v. United States 案[5]及1965年的North Tex. Producers Assn. v. Metzger Dairies 案[6]等都反映了该反托拉斯豁免不适用于通过合并或者协议而与非豁免的组织进行联合的情形。在 Maryland and Virginia Milk Producers Ass'n v. United States 一案中，美国联邦最高法院对"合法目的"这一问题进行了分析。法官布莱克认为，"《克莱顿法》第6条的完整效力是，对于在协会中以单个主体一致行动的农民组织，其依法实施合法目的的行为不受限制，但该条不支持认为该主体能按

---

　[1]　[日]根岸哲、舟田正之：《日本禁止垄断法概论（第三版）》，王为农、陈杰译，中国法制出版社2007年版，第384~386页。

　[2]　《日本禁止垄断法》，王长河，等译，法律出版社1999年版，第150~152页。

　[3]　Comment, "Agriculture Implications of Agricultural Cooperatives", 73 Kentucky Law Journal 1033, 1037n. 14 (1984). 事实上，直到1929年国会都一直明确禁止司法部动用政府经费与农业合作社的建立和经营有关的活动进行追诉。例如，Act of February 24, 1927, ch. 189, 44 Stst. 1194. 转引自［美］亨利·汉斯曼著：《企业所有权论》，于静译，中国政法大学出版社2001年版，第185页。

　[4]　United States v. Borden Co., 308 U. S. 188, 203 – 205 (1939).

　[5]　Maryland & Virginia. Milk Producers Ass'n. v. United States, 362 U. S. 458, 466, 80 S. Ct. 847 (1960).

　[6]　348 F. 2d 189 (5th Cir. 1965), cert denied, 382 U. S. 977 (1966).

照意愿自由参与掠夺性的贸易行为的观点。"[1]同时，关于《卡帕—沃尔斯坦德法》第 1 条，法院认为这些农民组织的"合法目的"是通过共同销售代理"共同加工、准备销售、运营和销售"他们的农产品，并"为实现这些目的而签订必要的合同与协定"。而当一个组织不仅议定价格，而且还将没有按照其固定价格进行买卖的所有人排除出市场的时候，该组织就超出了豁免所允许的范围。虽然该农业合作社是一家符合《卡帕—沃尔斯坦德法》条件的农业合作社，但是法院认为国会没有意图规定《谢尔曼法》第 2 条[2]的豁免适用于涉嫌抑制竞争行为的农业合作社。由此，我们不难发现，美国法院虽然没有明确地认定农业合作社或农业合作社的某种行为当然违法，但是通过分析"合法目的"、掠夺性交易行为、排除竞争的后果等因素，以强调农业合作社必须不能"通过对独立的生产者的掠夺而实现独占"。而农业合作社要获得《卡帕—沃尔斯坦德法》的豁免则必须满足两个标准：(1)农业合作社必须努力达到一家农业合作社参与到的农业商业行为的合法目的。(2)农业合作社在实现它的目标时必须没有实施掠夺性交易行为。[3]而这正如负责审查反托拉斯法及其程序的国家委员会所建议的，"农业合作社之间的合并、共同市场代理与类似的协议应当只有在竞争结果没有实质性减少的情况下被允许。"[4]另一方面，尽管 1936 年《罗宾逊—帕特曼反价格歧视法案》第 3 条规定"本法不限制联合会将其经营收益的一部或全部，按照购销比例返还其成员、生产者、消费者"，但《卡帕—沃尔斯坦德法》和《渔业供销合作社法》等法案还提出要保护消费者及公众的利益，反对垄断及贸易限制，即"如果农业部长有理由发现合作社垄断或限制州际或国际贸易以致农产品价格不合理地提高，其有权要求该合作社停止垄断或贸易限制"，[5]如《卡帕—沃尔斯坦德法》第 2 条指出："如果农业部长有理由相信任何合作社垄断或限制州际或国际贸易以致农产品价格不合理地提高，其有权就此向该合作社签发……控告，要求该合作社说明为什么（价格不合理上涨的）指令没有停止的原因，并要求其停止垄断

---

〔1〕 United States v. King, D. C., 229 F. 275; D. C., 250 F. 908, 910. United States v. Borden Co., 308 U. S. 188, 203 ~ 205, 60 S. Ct. 182, 190 – 191, 84 L. Ed. 181.

〔2〕《谢尔曼法》第 2 条规定："任何人垄断或企图垄断，或与他人联合、共谋垄断州际或外国间的商业和贸易，将构成重罪。如果参与人是公司，将处于不超过 1000 万美元的罚款；如果参与人是个人，将处于不超过 35 万美元的罚款，或三年以下的监禁，也可由法院酌情并用两种处罚。"参见 15U. S. C. s 2, 15U. S. C. A. s 2.

〔3〕［美］菲利普·阿瑞达、路易斯·卡普洛：《反垄断法精析》（第五版），中信出版社 2003 年版，第 108 页。

〔4〕参见负责审查反托拉斯法和程序的国家委员会：《对总统和司法部长的报告》的第一部分，第 253 页 (1979)。

〔5〕 42Stat. 388 (1922), 7U. S. C. § 292; 48 Stat. 1213, 1214 (1934), 15U. S. C. § 522.

或贸易限制。"[1]此外，农业部长和内政部长如果发现"这类组织如果实施垄断或者限制贸易达到了一个这样的程度，即将农产品的价格提高到不必要的程度"，可以命令"这类组织停止实施垄断或限制贸易"[2]。由此，我们不难发现《卡帕—沃尔斯坦德法》等为美国合作社提供的是有限的反托拉斯豁免。[3]

在日本，根据《中小企业等协同组合法》第9条之二第一款的规定，事业合作社即小合作社，可以从事包括有关生产、加工、销售、购买、保管、运输、检查及其他成员事业的共同设施等六项行为，[4]但"在合作组织的范围内实施仅以对合作组织成员的活动加以限制为目的的价格协定的行为以及就合作社自己实施的事业与其他事业者（包括合作社）结成卡特尔的行为，则不属于'共同设施'，要接受禁止垄断法的适用"。[5]同时，对于"在法律上或者形式上是合作社的行为，但从其实施的过程、运营方法的实态等来看都不是合作社的行为，而应当视为各个合作组织成员之行为时，应将合作组织成员作为'事业者'适用禁止垄断法"。[6]此外，尽管日本《禁止私人垄断及确保公正交易法》第24条之二第一款规定了"转售适用除外制度"，但在第五款中又明确强调农业合作社、国家公务员共济合作社、消费生活合作社、水产业合作社、中小企业合作社等作为对方事业者实施转售行为时不在转售适用除外制度的范围之内，而属于违法行为。[7]而1965年5月20日对花王肥皂案的劝告裁决和1995年11月30日对资生堂案的同意裁决就是明证。[8]由于日本对合作社反垄断的豁免主要是对其垄断状态的豁免，而对合作社限制竞争提高价格和

---

〔1〕　42 Stat. 388（1922），7U. S. C. §292.

〔2〕　［美］菲利普·阿瑞达、路易斯·卡普洛：《反垄断法精析》（第五版），中信出版社2003年版，第108页。

〔3〕　对此，有学者认为"美国对合作社的反垄断豁免是比较彻底的，不仅豁免其联合（以协会形式一起行动）等垄断状态，而且豁免其联合定价、针对购买者的惠顾返还等垄断行为。"详见欧阳仁根："论我国反垄断立法中的合作社豁免问题"，载《财贸研究》2005年第1期。但需要注意的是，1922年《卡帕—沃尔斯坦德法》只是规定通过农户合作社集体定价本身并不违反反托拉斯法。如果某个合作社试图在市场上运用它的垄断支配力，它还是有可能被追诉。参见［美］亨利·汉斯曼：《企业所有权论》，于静译，中国政法大学出版社2001年版，第185页。

〔4〕　《日本禁止垄断法》，王长河，等译，法律出版社1999年版，第206页。

〔5〕　［日］根岸哲、舟田正之：《日本禁止垄断法概论》（第三版），王为农、陈杰译，中国法制出版社2007年版，第373页。

〔6〕　［日］根岸哲、舟田正之：《日本禁止垄断法概论》（第三版），王为农、陈杰译，中国法制出版社2007年版，第374页。

〔7〕　《日本禁止垄断法》，王长河，等译，法律出版社1999年版，第20～21页。

〔8〕　［日］根岸哲、舟田正之：《日本禁止垄断法概论》（第三版），王为农、陈杰译，中国法制出版社2007年版，第384～386页。

转售行为等则不予豁免，本书认为这种豁免也是有限度的。[1]

我国台湾地区也在"反垄断法"中对合作社予以了相关豁免。台湾地区"公平交易法"第46条规定：事业关于竞争之行为，另有其他"法律"规定者，于不抵触本"法"立法意旨之范围内，优先适用该其他"法律"之规定。其"立法"理由为："事业已有其他'法律'予以规范者，如'电业法'，'银行法'，'邮政法'、'矿业法'、'台湾省内烟酒专卖暂行条例'、'保险法'、'农业发展条例'等，该等特定企业所为之营业上行为，已为特别法所容许，且有其主管机关加以监督，自无须再由本'法'予以管理，故不适用本'法'之规定。"[2]依此规定，台湾地区对工会、农会、渔会、合作社、电力供应业等20个行业的"法"定行为进行豁免。

此外，加拿大、阿尔及利亚、巴西等国在其竞争法中明确给予合作社以豁免，而在乌干达，农民合作社免于适用那些针对盈利组织的竞争规则。显然，给予合作社以反垄断豁免是一个世界性的现象。[3]

我国《反垄断法》第56条规定："农业生产者及农村经济组织在农产品生产、加工、销售、运输、储存等经营活动中实施的联合或者协同行为，不适用本法。"这是我国首次在法律上认可农村经济组织的反垄断豁免，是我国反垄断法发展的一大进步。

合作社的反垄断豁免促进了合作社的发展，使其实力不断增强，规模不断扩大，但正如学者通过细致的考察分析后所说的，"从根本上来说农业合作社并不是简单地因受反托拉斯法的豁免而发展起来的"。[4]

第二节　有限豁免合作社披露义务等推动合作社功效发挥

一、有限豁免合作社信息披露义务

"阳光是最好的防腐剂，路灯是最好的警察"，而"公开制度作为现代社

---

〔1〕　如中小企业等合作社中的事业合作社、信用合作社的成员中如果有法定条件以外的事业人时，是否给予豁免的权限在公正交易委员会而不是直接法定；同时这些合作社的成员发生变化时，应将相关内容在一定期限内呈报给公正交易委员会。参见欧阳仁根："论我国反垄断立法中的合作社豁免问题"，载《财贸研究》2005年第1期。

〔2〕　赖源河编审：《公平交易法新论》，中国政法大学出版社2002年版，第110~121页。

〔3〕　IFAP, Statement on legal and institutional aspects of industrial concentration in the agri-food xector. 转引自李胜利："合作社反垄断豁免制度研究"，载《财贸经济》2007年第12期。

〔4〕　[美]亨利·汉斯曼：《企业所有权论》，于静译，中国政法大学出版社2001年版，第190页。

会与产业弊病的矫正手段而被推崇"，[1]这已经成为现代社会对信息公开的最
好注脚。为规范证券市场的发行和交易行为、维护证券市场的稳定以保护投资
者的合法权益，各国均强调对证券发行之经济组织尤其是上市公司的信息披露
义务。但基于合作社的特殊性，有些国家对合作社设置了披露义务的豁免制
度。在美国，根据 1933 年《证券法》的规定，尽管强调除非其属于该法列举
的豁免证券或豁免交易，禁止一切未经 SEC 注册的证券的要约和销售，但证
券法对农业合作社采取的一些筹（募）资方式不被当作"证券"[2]来进行管
制。对于《证券法》和《证券交易法》所规定的上市证券进行登记、证券发
行单位定期报告经营情况、披露信息的法定义务，合作社享有豁免权，如
1933 年《证券法》第 3 节(a)(5)规定，受州或联邦政府有效监管的储蓄贷款
协会、建筑贷款协会、合作银行、住房协会以及类似的非银行金融机构等组织
发行的证券豁免登记。除非发行人在投资之时或发行终结时以手续费或其他报
酬形式取得发行面值 3% 以上，便不适用豁免。[3]同时，第 3 节(a)(5)还豁免
了农民合作组织及符合联邦免税条件的某些合作组织发行的证券（另外一类
是根据美国 1954 年国内税收法典规定的农民合作组织和一部分符合相关规定
的公司。实践中在确定发行主体是否符合该项所规定的机构时，还要审查该机
构的业务实质是否符合要求）。[4]此外，尽管依据 1934 年《证券交易法》第
12 节(g)(1)的规定，拥有超过 500 个股东并且超过 500 万美元总资产的发行
人必须提交登记文件，但第 12 节(g)(2)明确第 12 节(g)(1)的规定并不适用
于存贷委员会、建筑和贷款联合会以及其他的服从州法或者联邦机构管辖的类
似机构的证券，该证券代表发行的不可收回的资本；《农业市场法》所定义的

---

〔1〕　Louis D. Brandeis, Other People' Money（Harper Torch Books, 1967）, p. 67.

〔2〕　根据美国 1933 年《证券法》第 2 节（1）的规定，"证券"一词是指任何票据、股票、国库
券、债券、无担保债券、任何利润分享协议的利息或参与证、从属信托证、公司设立前的证书或认股
证、可转让股权、投资合同、表决权信托证、存股证、石油、天然气或其他矿藏权利的未分割的部分
利益，任何证券、存款证、一组证券或指数（包括任何利益或基于价值所生利益）的任何卖出期权、
买入期权、跨期买卖或优先权、在全国性证券交易所交易的与外汇相关的任何卖出期权、买入期权、
跨期买卖或优先权，或者总而言之，通常称为"证券"的任何利益或工具，或上述任何一种的利益证
书或参与证书，或上述任何一种的暂时或临时证书，或接收、担保、认购或购买的授权或权利证书。
参见［美］托马斯·李·哈森：《证券法》，张学安，等译，中国政法大学出版社 2003 年版，第 23 ~
24 页。而 1934 年《证券交易法》第 3 条（a）款也有对"证券"相关定义。

〔3〕　参见《美国法典注释》15 §77c（a）(5)，转引自［美］托马斯·李·哈森：《证券法》，
张学安，等译，中国政法大学出版社 2003 年版，第 142 页。

〔4〕　参见《国内税收》§§501(a).501(c)(2),(16),521，转引自［美］托马斯·李·哈森：
《证券法》，张学安，等译，中国政法大学出版社 2003 年版，第 142 页。

"合作协会"发行的证券；特定的其他的互惠或者合作协会发行的证券等。[1]
当然，尽管法律并没有明确这种登记的豁免存在限制，但事实上在具体豁免
时，一方面实行"谁要求豁免保护，谁对可适用豁免负举证责任"，[2]从而由
相关机构来审查相关主体是否符合豁免登记的实质，事实上，"只要是善意的
合格证券而不是规避登记的计划，适用该豁免就相对简单"；[3]另一方面，仍
然"有一个司法解释说，抵押贷款协会的股票发行人只有将股票或其他证券
向其成立地州的居民销售，或者仅向借款人发行，该股票才能享受豁免"，[4]
此外，"如果储蓄或建筑和贷款机构的全部营业实质上并不限于向其成员提供
贷款，便不能适用第3节(a)(5)的豁免"。[5]尽管注册是原则，豁免是例外，
除非法律另有规定豁免证券在任何出售和交易中都可获得注册豁免，但有两方
面的问题需要注意：首先，之所以设置豁免合作社的信息披露义务，原因在于
农业合作社社员购买的"股份"不按股份分红，股权转让要经过董事会（或
理事会）同意，实行一人一票制，而不是一股一票制。[6]其次，这种豁免也不
是绝对的，只要是证券发行就必须接受1933年《证券法》第17条反欺诈诉讼
条款和第12条第（2）款的民事责任及1934年《证券交易法》相关反欺诈规
定的约束，正如有学者阐释的，"无论证券是否登记或是否为第3节所豁免，
(1933年《证券法》)第17节(a)(b)中关于证券法的反欺诈条款均适用"，而
且"有判决认为第17节（b）并不限于证券分销，还适用于新证券和已经发
行的证券"。[7]此外，还要受1933年《证券法》第12条（2）款民事责任的
约束，以为保护投资者的权利筑起最后一道防线。[8]

需要注意的是，尽管美国证券法等对证券的界定非常广泛，但因证券表现
形式等的复杂性，一个被称为"股票"的权益或工具有可能不被法庭视为证
券。相反，一个不被称为证券的权益或工具反而有可能被法庭视为证券。如在

〔1〕 参见《美国法典注释》15§781（g）（2）；12§§1141。转引自［美］托马斯·李·哈森：
《证券法》，张学安，等译，中国政法大学出版社2003年版，第142页。

〔2〕 Steinberg, Securities Regulation, third edition, Matthew Bender（1998），pp. 12~13.

〔3〕 ［美］托马斯·李·哈森：《证券法》，张学安，等译，中国政法大学出版社2003年版，第
187~188页，第142页。

〔4〕 参见《相关证券法规汇编》No. 33－86（联邦贸易委员会1933年12月13日）。转引自
［美］托马斯·李·哈森：《证券法》，张学安，等译，中国政法大学出版社2003年版，第142页。

〔5〕 Securities and Exchange Commission v. American International Sav. and Loan Ass'n, 199 F. Supp.
341（D. Md. 1961）. 转引自［美］托马斯·李·哈森：《证券法》，张学安，等译，中国政法大学出
版社2003年版，第142页。

〔6〕 米新丽："美国农业合作社法初探"，载《江西社会科学》2004年第3期。

〔7〕 ［美］托马斯·李·哈森：《证券法》，张学安，等译，中国政法大学出版社2003年版，第
298~300页。

〔8〕 周晓刚："美国证券发行注册豁免制度研究"，载《证券市场导报》2001年第4期。

United Housing Foundation, Inc. v. Forman 案的判决中，法院就认为一个非营利性住房合作社的股票不是证券（法院裁定合作住房计划中的股权不属于《证券法》调整范围）。[1]由此可见，美国之所以对合作社发行的证券进行豁免，主要是因为发行人的性质和证券本身的性质两方面原因。

二、其他相关豁免制度

有的国家还设置了意在保护合作社及社员利益的豁免社员债权人对社员的合作社财产份额的强制执行。如意大利《民法典》第2537条（社员的特别债权人）规定："只要合作社存在，合作社社员的特别债权人不得对该社员份额和股份提出主张。"[2]这一点与现行各国商事立法在鼓励投资的同时基于交易安全而强化债权人利益的制度设计有所不同。

此外，美国1926年颁布的《合作社销售法》规定农业生产者和他们的联合会可以合法地取得或交换过去、现在和将来的生产和销售资料。而1936年《罗宾逊—帕特曼法》又规定合作社对惠顾资助金留成的支付不被视为非法回扣。由此对一些行为给予了豁免而不视为是应受处罚的非法行为。

事实证明，这些措施取得了显著的效果。

第三节　合作社之有限豁免的理论基础

市场经济首先是法治经济，强调各类市场主体在市场活动中公平的参与市场竞争，不得有违法和危害市场竞争之公平、公正的行为。然而，作为市场主体之一部分的合作社缘何能超越一般的市场主体而享受豁免之殊荣呢？尽管这种豁免是有限度的，但基于合作社主体的特殊性，这种豁免有其深厚的理论基础，同时也更好地印证了"同种情况同种对待，不同情况区别对待"的经济法实质正义的价值理念。

一、豁免是反垄断制度的补充和完善

自由资本主义早期其实就已经存在过商业垄断，不过都没有在市场经济中处于主导地位。随着经济的发展和资本原始积累，便由自由资本主义时期进入

---

[1]　United Housing Foundation, Inc. v. Forman, 421 US 837 , 95S. Ct. 2051 , 44L. Ed. 621 (1975).
[2]　《意大利民法典》（2004年），费安玲，等译，中国政法大学出版社2004年版，第665页。

了垄断资本主义时期，这些垄断联合体几乎统治着经济领域的一切，如工业、农业、银行信用业、运输业、公用事业等，此时人们对于垄断便有了一定的认识：垄断组织手中集中了大量的资本优势，他们掌握着天然资源、生产资料、科技成果，其实力总和甚至会超越许多中小企业的联合；垄断组织在很大程度上可以操纵市场，比如价格固定、限制竞争。垄断组织攫取大量的利润，并把持着经济统治权。因此，人们惧怕垄断组织对社会经济甚至政治、文化产生的巨大操控能力和影响，于是就纷纷制定反垄断法来对垄断组织进行规制，保护市场充分、自由竞争。甚至在 19 世纪末 20 世纪初的相当一段时间，人们普遍认为，垄断是有害的，竞争是有利的，只要任何市场主体在自由竞争的环境中活动，就会对经济社会发展产生良好的作用。

然而，随着现代经济的发展，人们对竞争和垄断又产生了新的认识：当竞争促使市场主体提高劳动生产率、发挥市场资源有效配置的作用、优化社会经济结构的同时，也会带来许多负面的效用。首先，过度的竞争会使得许多市场主体为了提高竞争力，采用降低成本、牺牲产品质量的方式来获取更高的利润；其次，竞争者为了使自己获得绝对优势，采用不正当竞争的手段，破坏市场环境；最后，激烈的市场竞争会使得社会资本流向容易获取暴利的行业，而忽视对国民经济发展有利而利润较低或投入产出回报极低的行业，严重影响一国经济的发展。特别是农业等国家经济基础产业，由于回报利润率远不如其他行业高，并且竞争能力较弱，在市场环境中充分竞争不仅不有利于农业发展，反而会严重打击农业的发展。随着对前述几点的认识，国家立法者逐渐认识到，对特定组织、行业的反垄断豁免是完全有必要的。

垄断并非有百害而无一利，垄断也不必然排斥竞争。相反，由于垄断在某些经济利润收益较低的行业所形成的规模效应，反而更加有利于该行业的发展。英国著名经济学家马歇尔晚年对英国的经济政策提出了这样的忠告，把一切垄断都认为是坏事是毫无充分理由的简单化，将对英国的经济发展有害无益。反垄断法豁免制度的基础在于垄断对经济发展的影响具有正负两面性——既有限制竞争、阻碍经济发展的属性，也有促进经济发展的属性。[1]因此，反垄断制度不仅是反对垄断那么简单，而且也应该包括垄断豁免方面的制度安排。

二、豁免的价值基础

价值既是一个哲学范畴，也是哲学之外的其他人文学科、社会科学以及日

---

[1] 王日易："论反垄断法的一般理论及基本制度"，载《中国法学》1997 年第 2 期。

常生活中广泛使用的概念。在对价值进行确定、选择时，即存在着必须遵循一定的准则对各种事务进行价值判断。美国法学家庞德认为："在法律调整或安排背后总有对各种互相冲突和互相重叠的利益进行评价的某种准则。""在法律史的各个经典时期，无论在古代和近代世界里，对价值准则的论证、批判或合乎逻辑的使用，都曾是法学家们的主要活动。"法律价值是多元化的，同时也是多层面的，其中有自由、效率、正义、秩序等基本的价值，而对多元化多层面的法律价值的评价、协调、选择是我们的立法与司法工作的核心内容。由于人类生活需要的多样性导致了价值目标多元化，进而使得人类社会利益主体间出现法的价值冲突变得更为常见和复杂。法律价值反映社会生活和人类本性的各个方面，分别处于不同地位，不同层次的法律价值虽然相互联系和渗透，但也常常发生冲突与矛盾，从而构成一个复杂而又有机的价值体系。反垄断法也不例外，它也是一个由多种价值构成的法律体系，而作为反垄断法有机组成之一的豁免制度同样是符合这一特点的。从本质上说，社会整体效益是反垄断法所追求的价值目标，不过反垄断法自身也需要通过完善各种制度来修正前期立法缺位，从市场经济历史及立法经验证明：要想实现社会整体效益的价值目标，必须有反垄断法基本原则及其豁免制度的结合。

因此，制度的取舍与具体规范设计离不开立法所需体现的价值，所需要实现的目的。从公平、正义、效率、秩序等法的价值来分析和判断合作社的豁免，考量其限度，对于充分认识合作社的有限豁免这一问题具有极为重要的意义。

(一) 豁免并不违背公平

柏拉图将公平等同于正义，指出所谓正义，即于一切正当之人、事物与行为之间完全公平之谓。亚里士多德认为，遵守法律就是公平，违法则是不公平，并且，公平不仅包括遵守法律，还包括利益机会分配的均等。[1]反垄断法豁免制度从表面上看是限制竞争的，但是豁免制度所体现的价值和反垄断法的价值目标实质上是一致的（公平价值）。反垄断法目标是促进市场充分竞争，提高市场活性，使资源配置达到最大的效用，即在追求效率的同时也充分考虑公平价值，让每个主体都能够在公平的环境中凭借自身力量参与竞争，若垄断组织利用自身优势限制竞争便会违背效率价值和公平价值。然而若仔细考察就会发现，当过度追求反垄断效果，就会使市场上一些原本处于弱势而又不能吸纳社会资本力量的行业在残酷的市场竞争中败下阵来，反而更加损害公平的价值目标。罗尔斯的《正义论》认为：使处于情况最坏的人

---

〔1〕　彭海斌：《公平竞争制度选择》，商务印书馆2006年版，第47页。

获得最大的收益是公平的，然而如果能使这样的情况实现，就允许"不公平"。竞争是一种手段，垄断也是一种手段，当过于偏袒某种手段时，必然会使法律所追求的价值出现异化，因此当反垄断法在追求公平价值时，同样应当考虑对某些特定行业予以反垄断豁免不仅不违背公平价值，反而更加促进了公平价值目标的实现。

从某种程度上说，垄断制度与市场经济的自由竞争制度有着较大的冲突。市场经济的自由竞争制度强调市场主体平等、公平地参与市场活动，要充分发挥市场和价格机制对资源配置的基础性作用，制裁不正当竞争行为，有效实施反垄断。随着机器和大工业时代的到来，工业社会巨大发展和市场竞争的日益激烈与残酷，由此造成个人力量的日益弱化乃至在不同的社会环境中形成一定程度的弱势群体。如果放纵市场竞争对他们的挤压，任凭社会达尔文主义对弱者进行残酷的优胜劣汰，不仅易使他们边缘化，甚至可能把他们推向反市场、反社会的境地，不利于社会的和谐与稳定。反垄断法以其原则性和弹性极大的条款织就了"疏而不漏"的恢恢法网，但它并不禁止所有的限制竞争的行为。利益衡量在反垄断法上占有重要位置，即限制竞争行为既有促进竞争的益处（积极效果），又有排斥或者限制竞争的损害（消极后果），当积极效果大于消极后果时，反垄断法就可以网开一面，对此类限制竞争行为予以豁免。这一点，在农业作为一个较易受自然环境和市场竞争影响的传统产业，农业生产者"靠天吃饭"的格局尚未根本改变的情况下表现得尤为明显，利益衡量在此亦显得尤为重要。发展固然是硬道理，但发展不是以牺牲一部分人的根本利益为代价的，市场竞争促进社会繁荣的同时不应忽视对弱者生存权和发展权的保护。社会发展要倡导公平，离不开自由的市场和充分的竞争，但这种公平不应只是简单的形式公平，也不能仅仅固守绝对平等，还应强调"同等情况同等对待、不同情况区别对待"。当充分的市场竞争难以解决处于弱者地位的群体的发展时，法律应当根据其特殊性而予以特殊照顾。尽管合作社也是一种市场主体，也要对外开展活动并有一定的逐利动机和逐利行为，但其具有不同于一般市场主体的组织性质的双重性、财产关系的特殊性、内部管理的民主性、[1]服务于社员并主要与社员进行交易、基于社员互助的非营利性等鲜明特点，其利益追求不同与公司企业的利益追求，公司企业是追求利润的最大化并进而实现投资者（股东）利益分配的最大化，合作社追求的是如何更好地为社员服

---

〔1〕 欧阳仁根："论我国反垄断立法中的合作社豁免问题"，载《财贸研究》2005 年第 1 期。

务。[1]这在一定程度上决定了合作社的立法不能完全按照公司企业等市场主体立法,而应区别对待,以实现互助合作,更好地抵御市场风险。合作社是处于弱者地位的人的联合,是由社员自愿组织起来的、以服务社员为宗旨、民主地满足其成员共同经济和社会需求的互益型团体法人。[2]由于单个的社员难以有效对抗市场风险和自然风险,法律对合作社的联合及合作社的竞争行为进行豁免,这并不违背公平原则,而是以实质公平代替形式公平,以扶植其发展,提高其对外谈判的能力。事实上,从世界各国来看,如挪威、法国、德国、加拿大、美国等国的合作社垄断豁免的实践成果来看,合作社的联合及国家对其垄断的豁免极大地促进了国内的农业发展,并且使原本处于弱势地位的农业和社员地位有了很大的提高。社员的收入也不断地提高,积极性空前高涨。并且,合作组织的农产品大部分用于出口,不仅实现了国内自给自足,还完成了对外输出。因此,豁免不仅不违背公平,甚至"由于合作社的固有特点和形态,……更具有促进社会公正、平等的社会职能"。[3]

(二) 豁免有助于提高效率,增进效益

市场经济的充分发展,包括合作社在内的各种市场主体都要积极应对复杂的市场环境和激烈的市场竞争。然而,竞争是残酷的,若处于弱势地位的群体还是单门独户的与其他经济主体进行竞争,势必加剧其弱者地位乃至被边缘化。萌发于18世纪中后期的合作经济,从英法等国逐渐走向全世界,第二次世界大战以后已成为当代全球性浪潮。经历了两个多世纪的合作经济,为什么具有如此经久不衰的生命力? 答案就在于这种社会经济形式以其特殊的组织方式深深地扎根于需要它依赖它的劳动群众之中,并以一种特殊的社会经济关系维系着劳动群众于组织中共同进行经济活动。无论是在组织性质上,还是在财产关系、内部管理形式上,规范的合作经济组织与其他社会经济组织相比,都有鲜明的特点:(1)组织性质的两重性。一方面它是一种特殊的劳动组织方式,即经济组织,与社会再生产相联系;另一方面,它又是群众性的社会经济组织,即社会团体。(2)财产关系的特殊性。合作社的财产所有权

---

　　[1] 事实上,很多国家的合作社法中均限制合作社每年的分红比例,如《卡帕—沃尔斯坦德法》第1条规定,"合作社按股票或社员股金分配的红利每年不超过8%"。当然,目前美国有些州,如迈阿密州、威斯康星州和明尼苏达州等的合作社法开始松动而允许合作社将超过85%以上的收益用于分配。但这引起了很多人的反思和反对。See Randall E. Torgerson, States needs to carefully consider new "cooperative" law, July/August 2002, Rural Cooperatives, p2, p36; Minnesota law opens co-op membership to new investors, September/October 2003, Rural Cooperatives, p29; Wisconsin governor vetoes new state cooperative law, May/June 2006, Rural Cooperatives, p25.

　　[2] 欧阳仁根、陈岷,等:《合作社主体法律制度研究》,人民出版社2008年版,第13~24页。

　　[3] 李胜利:"合作社反垄断豁免制度研究",载《财贸经济》2007年第12期。

为社员个人所有与社员集体所有相结合，社员分红主要依据社员在合作社中的交易额或贡献，而不是其股金的多寡，社员利益的实现主要表现为获取服务而不是财产收益。(3) 内部管理的民主性。合作社内部管理权力的分配，不以社员股金多少和交易额大小决定，而是实行平等的一人一票制，充分体现合作经济组织不是"资本的联合体"而是"人的联合体"，注重劳动者平等价值观的实现。一方面，他们只有组织成合作社乃至成立合作社联盟，才能提高他们的谈判地位，最大限度地防止工商企业对其盘剥；处于弱者地位的群体只有通过合作结社兴办经济实体进入市场并不断发展壮大，才能有效降低其交易成本、改变他们的弱势地位，维护他们的利益，而这也有利于提高整个社会的经济效率。另一方面，"竞争虽是配置资源的最佳方式，但是有些市场因其特殊的条件，优化资源的配置只有在限制竞争条件下才能实现。在这种情况下，通过合作实现合理化就比自由竞争更可取"[1]。同时，"竞争并非全部是有利的，垄断并非全部是有害的"，[2]从这个层面来分析，我们认为对合作社所做出的限制竞争的协议合同、联合等特定的合法的垄断行为给予反垄断法的豁免，不仅有利于提高人们自愿联合组建合作社的积极性，更有利于促进大规模区域性、专业性乃至全国性的联合社出现，增强抵御市场的竞争力，这必然大大提高生产效率，这一点在农业合作社方面体现的较为明显。[3]同时，还有利于促进合作社之间经营和服务的联合和有关出于进步和经济发展的协议的达成，从而降低交易成本，因合作社作为一个组织参与市场相对提高了社员的博弈能力。

(三) 豁免有利于弥补市场的不足，增进社员福祉

从科斯的交易成本理论来分析，当交易费用为零时，不论制度如何规定与设计，都能实现市场的完美、有序运作。但经济发展的现实不可能在这种几乎完美的理论假设中运行，而存在交易费用问题。这就使得不同的竞争环境和竞争领域中，因交易费用的大小不同而有必要进行不同的制度设计，以更好地促进经济发展。同时，市场是有缺陷的，其存在自发性、盲目性和滞后性等痼疾，由此监管手段应该围绕有效克服这些问题而展开，借助合理的引导和规

---

〔1〕 Suddeutsche Zementwerke, WuW/E, Bundeskartellamt, 421, 422., 转引自王晓晔："德国竞争法中的卡特尔制度"，载《法学家》1995 年第 4 期。

〔2〕 丁凤楚："论合法垄断——反垄断法的适用例外制度研究"，载《青海社会科学》2000 年第 6 期。

〔3〕 学者指出，在信息不对称、成本不确定、平均收益低下的条件下，相对于个体农民来说，合作社具有降低成本的功能，因而可以提升其收益。参见王洪春："合作社与西方经济学的关系"，载王文举，等主编：《中国合作经济发展研究》，经济日报出版社 2006 年版，第 192~217 页。

制，以弥补市场的不足。如果将合作社置于激烈的市场竞争中来谋发展，不仅易使得合作社丧失其应有的本质属性，使处于弱者地位群体之发展难以维系，而且将使社会资源片面集中到风险较大而收益也较高或风险较小而收益较大的行业，而不愿介入那些风险较大而收益却不大的行业，这将置农业等牵涉国民经济基础和社会安全与稳定的产业于发展的停滞状态，长此以往将面临严重的社会危机。因此，美国关于农业领域在反垄断法豁免上的法律主要有《渔民集体销售法》《克莱顿法》第6条、《合作社销售法》《农业销售协议法》《罗宾逊·帕特曼法》和Capper-Volstead法等，其豁免的法理是基于农业、园艺、劳动等组织并不同于一般的市场竞争主体，反垄断法的出发点不是为了限制没有资本、为了互助等牵涉国民经济基础和社会安全与稳定的组织和产业的发展。这些组织不被视为非法贸易联合或者合谋。单个农民的力量薄弱，并不能发挥经济的杠杆作用，也没有办法获得更多的收入。美国国会认为，农民可以通过联合组成一个团体或组织，并且该团体或组织以一个共同的销售代理方式为其成员服务，衡定产品价格，从而使单独个体的农民能够在激烈的市场环境中保护自己。许多支持合作社的国会议员们同样认为对农民组建的对自己有利的合作社进行限制和处罚显然是很不公平的。同时，从合作社的市场主体地位和豁免的制度设计来看，正如美国反垄断现代委员会（Antitrust Modernization Commission，简称AMC）在附和国会应取消一些领域的豁免时就指出，"豁免应该较少（如果以前）被赋予，而应只限于有充分的证据证明是：（1）竞争不能实现增进消费者福利的重要社会目标；或者（2）一个市场失灵而明确要求政府规制来取代市场竞争。"[1]而这恰恰间接说明，合作社的豁免有利于增进消费者的福祉，也有利于弥补因市场失灵而造成的不利格局，有效促进经济的发展和进步。从某种程度上说，社员是为了共同利益才走到了一起，共同组建了合作社，在保证共同利益得以实现的同时，他们需要在合作社垄断上的豁免制度设计来保护自己在市场上的弱势地位，防止市场失灵并且实现增进消费者福利的重要社会目标。正如挪威农业合作社联合社主任奥雷·雅各布·英格博格鲁德先生说："合作社的发展不仅有效地增加了农民的收入，而且提高了农民的社会地位，合作社是扶持弱势产业和弱势群体最好的组织"。[2]合作社为了适应市场的快速变化，通过联合进行优化和专业化发展，并通过共同的行

---

〔1〕　Antitrust Modernization Commission Report and Recommendations, April 2007, viii–ix.

〔2〕　中华全国供销合作总社赴加拿大、挪威考察团："加拿大、挪威合作社考察报告"，载《中国合作经济》2005年第1期。

动使自身在市场中处于稳固地位。同时，合作社的联合聚集了许多先进技术和力量，使单个社员的优势在此可以互补，进而提高其在市场大环境中的竞争能力，弥补市场不足，增进社员福祉。因此，合作社的联合有益于经济社会本身的发展，给予其豁免特权也是各国在实践中的通行做法。

三、豁免缘何有限

（一）豁免的有限有其法理基础

因一般的市场主体并不享有豁免的权利而需受反垄断法和证券信息披露制度的约束等，相对而言，豁免对于合作社来说是一种特权。然而，正如孟德斯鸠忧心权力可能被滥用而指出的"一切有权力的人都容易滥用权力，这是万古不易的一条经验。有权力的人们使用一直到遇有界限的地方方休止。……从事物的性质来说，要防止滥用权力，就必须以权力约束权力"[1]。反垄断法豁免制度设立的初衷就是为了使农业合作社等市场竞争能力较弱的主体能够得到垄断豁免特权，提高市场竞争能力，保护农业等特殊行业的长久健康发展，然后正如反垄断法所规制的目的一样，当合作社发展壮大并利用自身优势操控市场价格、排挤其他市场主体时，也就背离了豁免的初衷进而符合反垄断法限制垄断"霸权"的目的。那样，尽管合作社是作为处于弱者地位的群体基于互助而进行的联合，但合作社也不是"天使"，其为社员服务而不是为社会服务的本质属性决定了身处市场环境的他们不可避免地具有发展与扩张的欲望。如果不对这种豁免特权予以适度的限制，则可能发生合作社滥用这种豁免权利。由此，豁免的限制不可避免。

（二）豁免的有限度有其现实基础

市场经济强调竞争的平等与公平，而"国家应该创造条件使市场和价格制度发挥最大的功能"，[2]这就使得各国在强调国家适度干预的同时，时刻不忘高举自由市场的大旗，实际上这也是"竞争的资本主义"的根本，而正如美国反垄断现代委员会在阐述反垄断豁免时所指出的："自由的市场竞争是我们（美国）经济的基础，而反垄断法则是作为一个堡垒来捍卫自由市场竞

---

[1] ［法］孟德斯鸠著：《论法的精神》（上册），张雁深译，商务印书馆2002年版，第154页。
[2] ［美］米尔顿·弗里德曼著：《资本主义与自由》，张瑞玉译，商务印书馆2004年版，中译本序言。

争"。[1]自由市场是基础，经济干预是补充且应是适度的，[2]由此衍生出合作社豁免有限性。如果不对合作社的豁免进行适度的限制，则易危及公平市场竞争环境，乃至可能颠覆整个市场规则和市场运作机制，而这显然是得不偿失的，也是合作社所不能承受之重。

基于合作社的特殊属性而给予反垄断法和信息披露等上的豁免，基于整个市场秩序和防止豁免的被滥用而强调豁免的有限性：这种豁免不能无限扩张到所有的商业企业如公司，而是局限于合作社；不是涵盖所有的合作社，而通常只是限于那些符合《卡帕—沃尔斯坦德法》等所限定的合作社，[3]主要是农业合作社；不是农业合作社的所有行为，而只是其部分的行为。同时，由于这种豁免是有限度的，这种有限度的制度设计，使得豁免有了一定的张力，对其有效把握能更好地弥合合作社在市场竞争中可能存在的一些外部性，使其运作更符合合作社的应有价值。

第四节 国外合作社立法之有限豁免制度对我国立法的借鉴

一、我国合作社实行反垄断法豁免制度的必要性和重要性

从各国农业合作社化运动的发展历史来看，合作社化运动是一个国家从较弱的、农业生产落后的单户农业生产状态迈向农业生产水平发达的、农业基础保障能力较强的生产状态必经的过程。同时，各国农业合作社普遍化的发展过程，也是其国内农产品种类丰富、供应充足、农户社会地位历史性大幅度提高的过程，这期间农民有能力更坦然地面对复杂变化的市场环境。许多国家在实现自产自足的同时，还可以大量出口本国的优质农产品，并且出口额占生产份额中很大一部分。如美国的"蓝宝石生产者"是世界上最大的杏仁生产厂家，其产品销往 90 多个国家。法国政府通过推行以原产地监控命名产品、红色标记、有机食品标记、认证合格产品 4 项标准的农业质量革命，将传统农业改变

---

〔1〕 Antitrust Modernization Commission Report and Recommendations, April 2007, viii－ix.

〔2〕 按照新自由主义者米尔顿·弗里德曼的观点，虽然国家有必要干预市场，但"一方面应把干预限制在最少的程度，另一方面，最好还要通过市场和价格制度来进行和实现干预，以便取得更好的效果。"参见［美］米尔顿·弗里德曼：《资本主义与自由》，张瑞玉译，商务印书馆 2004 年版，中译本序言，第 2 页。

〔3〕 Randall E. Torgerson, States needs to carefully consider new "cooperative" law, July/August 2002, Rural Cooperatives, p2, p36.

为高附加值农业和精细农业，在欧盟市场，凡加贴法国"NF"质量标志的产品，在欧盟成员国都畅行无阻。[1]在法国、美国、德国等发达国家，合作社经济已经通过快速、充分地发展逐渐成为第三种经济，前两种分别是国有经济和私营经济。

由于合作社组织自身的特殊功能和对特定行业发展的促进作用，而我国当前仍旧处于社会主义初级阶段，很多方面如农业发展还很不完善，因此合作社经济对我国当前的市场经济发展来说显得尤为重要。我国需要借助和利用合作社经济将许多弱小、散状分布的单户联合起来，充分利用合作社模式发展现代化农业产业。由于合作社是基于自愿、互利、民主管理原则建立起来的，这一经济模式很适合我国当前的农业发展需求。此外，由于我国目前农业生产技术水平较低，很多较为前沿的农业科技不便于单户推广，农户在生产经营过程中存在的问题也不能够很集中地向政府层面反映，而合作社则为这样的状况提供了有效的解决途径。政府可以在合作社组织中设立一个办事机构，这样便于传播农业政策和技术，农户也可以通过合作社将问题直接反映至政府管理层中，这样形成技术、信息的相互流动，会极大地促进我国的农业现代化。这方面的经验可以借鉴加拿大等国：加拿大政府在合作社中设立了秘书处机构，其目的主要是代表政府指导合作社的发展，秘书处既向政府反映合作社的问题、意见和要求，也将政府的政策、措施指导给合作社，给合作社提高技术甚至资金上的支持和服务。

然而我国合作社经济发展与其他发达国家相比，存在发展缓慢、不完善、合作社规模小、管理不严等问题，特别是加入世界贸易组织以后，合作社经济面对较大的挑战和冲击，而给予我国合作社以反垄断法上的豁免，将会对合作社的规模化、现代化、民主化、管理规范化发展有很大的促进作用。因此，我国合作社实行反垄断法豁免制度具有其当然的必要性和重要性。

二、构建有限豁免制度时应充分考虑现实因素

首先，应当充分考虑到我国社会主义基本经济制度，是以公有制为主体，多种所有制经济共同发展，其中公有制企业代表社会主义国家形象，进行反垄断豁免立法应该坚持"三个有利于"。即是否有利于提高社会主义国家综合国力、是否有利于提高社会主义生产力、是否有利于提高国民生活水平。

在充分考虑我国基本社会经济制度的同时，把握当前世界发展形势和我国发展机遇。自2001年我国加入世界贸易组织（WTO）以后，我国全面享

---

[1] 李勇军："农业合作社在各国的发展、功效及立法分析"，载《农业考古》2008年第6期。

受世贸组织赋予其成员的各项权利，并遵守世贸组织规则，认真履行义务，经济全球化的趋势不可动摇。然而"入世"以来，世界贸易对我国本土产业的冲击较大，考虑到我国发展水平依然较为落后、农业基础薄弱、世界竞争力不够，在制定反垄断法豁免制度的同时，应充分考虑保护本土产业如农业。

其次，反垄断法的豁免应当坚持有条件、相对豁免的原则。例如，对金融保险业一般只是允许其在利息、费用及其他方面进行相互协调和合作，但其本身不属于可以保持垄断状态（尤其是独占地位）的行业；出口企业和中小企业的豁免一般也只限于某方面的协调、联合行为而不是全面豁免反垄断法的各种规定。[1]

最后，由于享有垄断特权的主体，很容易在自身特权巨大时操纵市场，危害消费者利益，因此，当进行反垄断豁免立法时，应当考虑到对豁免行业进行相应规制，建立监督制约机制，必要时制定与反垄断法相配套的专门行业法律，对行业主体进入市场的条件、产品或服务的价格以及其他交易条件实行政府监管等。

三、合作社反垄断之有限豁免

我国 2007 年 8 月 30 日第十届全国人民代表大会常务委员会第二十九次会议通过了《中华人民共和国反垄断法》。该法第 56 条规定："农业生产者及农村经济组织在农产品生产、加工、销售、运输、储存等经营活动中实施的联合或者协同行为，不适用本法。"这一规定明确了农民专业合作社享有反垄断豁免，对扩大合作组织的规模，提高农业的生产效率，促进农业的发展将发挥重要的作用。但是该规定过于原则与抽象，既不利于在实践中适用，也没有对各种类型的合作社进行区别对待，这显然不利于对实践中存在的各种形形色色地打着"合作社"的旗号进行各种经济活动的"假"合作社进行规范。这种"鱼目混珠"的结果必然使得真正的合作社得不到法律的保护、政策的支持和充分发展。同时，从国外的立法和司法实践，我们不难发现，即便属于合作社，也不是对其所有的行为进行豁免，而是有限度的。如美国授权农业部长有权制止因垄断豁免而导致的任何农产品不公正的价格上涨，即当出现了侵害消费者利益的情形时也要对农业垄断豁免予以限制。美国法院针对《克莱顿法》第 6 条和 Capper-Volstead 法对农业合作社的豁免进行了一些限制性解释，农业合作社运行的内部任何行为被视为合法职能，然而农业合作社的行为影响到非

---

[1]　王先林："论我国反垄断立法中的两个基本问题"，载《中外法学》1997 年第 6 期。

社员贸易时，则可能受到反垄断法的规制，可以总结为与非内部成员勾结伤害本合作社和针对其他市场主体予以强制或掠夺两种行为。欧共体关于合作社的豁免做出了一些限制条件：禁止协会进行价格固定；协会成员只能是各国内部的农业生产者，不能是欧洲各国联合组成的协会。日本在对合作社给予反垄断豁免时也做出一定的限制，如当合作社利用自身垄断优势哄抬价格或采用非公平的交易方法时则不予反垄断豁免。有些中小企业合作社中部分合作社若有社员以外的从业者时，是否适用反垄断豁免取决于交易委员会而不是法律的规定。

围绕我国合作社反垄断豁免制度的设计，我们认为首先应完善《反垄断法》，总体排除反垄断法对合作社的适用，而不应只是对"农业生产者及农村经济组织在农产品生产、加工、销售、运输、储存等经营活动中实施的联合或者协同行为"进行豁免；其次在将来的《合作社法》中对合作社的反垄断豁免进行比较细致的制度设计，如明确符合反垄断豁免的合作社的条件、获得反垄断豁免的途径及程序、明确不能给予反垄断豁免的行为等；最后，在相关法律法规中针对不同类型的合作社或不同行业及领域的合作社的反垄断豁免进行特别规定。[1]具体应从以下几个方面进行把握。

（一）对合作社进行严格界定

相关立法应该先对合作社进行严格界定，明确相关豁免是特殊商主体类型的豁免：即只有属于合作社范畴的经济组织才能享受反垄断法的豁免和相关立法及政策的支持，否则应该按照企业法人的形式进行对待，如我国《反垄断法》第56条的规定虽然为农村合作社反垄断豁免制度提供了法律依据，但是其规定过于原则性，其豁免的主体为"农业生产者"和"农村经济组织"，该制度适用的首要问题就是哪些农业合作主体享受这样特殊的豁免，若不能将适格的农业主体进行严格明确的界定，将使反垄断豁免制度的具体运用缺少具体可行的操作规则，也不利于设立该豁免制度的目的之实现。从更进一步的角度说，对农业主体的界定是适用《反垄断法》豁免条款的前提，如果对该问题模糊不清，就会在司法实践中遇到种种难题：农业生产者是什么？是仅指较为普遍的种植业还是包括了农林牧副渔的大农业？生产农产品的非农业企业是否可以被列为农业生产者？我国的农业合作社、农业协会、信用合作社等都属于农村经济组织吗？对于合作社反垄断豁免既不能扩大其主体适用范围，使其实体形成垄断力量，进而可以操纵市场、限制竞争，也不能过分缩小适用范围，使许多适格的农业组织得不到应有的保护而起不到豁免制度的作用。同时，将

---

〔1〕 欧阳仁根、陈岷，等：《合作社主体法律制度研究》，人民出版社2008年版，第11~12页。

合作社主体进行合理的限定是反垄断法公平竞争理念的体现，农业因其特殊性而被普遍认同适用反垄断豁免，但是农业豁免制度属于反垄断法整体制度设计的一部分，也必然要符合公平竞争理念，若将豁免制度普遍适用，必然会违背立法初衷，导致农业发展缓慢甚至受阻。农业合作社在很长一段时间被认为是需要全面被豁免的（如《欧盟条例》的规定），但是随着市场经济的发展，农业合作社的豁免由绝对的豁免转为有条件的豁免并且由形式向理念、价值观念方面转变。合作社主体的标准不能太过宽泛以至于全行业甚至相关联的行业都适用，随着市场经济的发展，合作社主体特别是农业主体的严格界定将成为大趋势。我们认为，豁免主体在具体界定时应秉持以下基本原则：（1）必须立足于我国基本国情，充分考虑农业主体自身的性质。我国是一个农业大国，与西方的农业历史和基础有着本质的不同。特别是西方农业现代化的发展是经历了一个较为漫长的历史时期，而我国当前改革开放才几十年的时间，很多农业基础必然较弱，这就需要在立法时充分考虑农业政策的侧重保护及其主体制度设计在我国适用的可行性；（2）必须秉持反垄断农业豁免制度的基本理念。作为合作社，我们认为应该具备法人性、互助性、非营利性等。强调法人性既是强调合作社需经依法登记为具有法人资格的经济组织，也是强调其具有独立的财产、名称、组织机构，并能独立的承担民事责任等；强调互助性乃在于将合作社定位为弱者的联合，即为了共同抵抗市场风险或降低生活成本而进行的联合，通过互助合作以增进社员的福祉；强调非营利性乃在于明确合作社不能等同于公司等企业法人，合作社既不以追求组织自身利益的最大化为目标，也不以实现社员利润分配额最大化为目标，而是为了从整体上实现社员福利的提高，抵抗市场风险或降低生活成本等。同时应该"确保合作社等组织体只能几乎排他性地处理组织成员的农产品，而不能为非组织成员服务，该组织只能由其成员为自己的利益进行管理，才能实现豁免的立法目的"。[1]只要不具备上述几个特征，工商机关既不能将其登记为合作社，也不能享受反垄断的豁免和立法、政策所给予合作社的财政、税收等方面的补贴和优惠；同时，即使登记或错误登记为合作社及合作社的发展偏离了相关本质，不仅应该按照相关法律撤销其合作社主体资格、追回其所获得的相关资助、补贴及享有的相关税收优惠等，责令合作社及其相关责任人予以改正并给予一定的处罚，而且对有触及反垄断法之制度的状态与行为，应依法进行规制。美国是最早进行反垄断豁免制度设计的国家，并将其首先运用在农业上，且在逐渐发展成熟的过程中一

---

〔1〕　时建中、钟刚："试析反垄断法农业豁免制度——兼论我国《反垄断法》第五十六条"，载《财贸研究》2008年第2期。

直在探讨适用的主体范围问题。《克莱顿法》第6条、Capper-Volstead法等都对豁免制度适用的主体做出了一些限定，并且美国的司法部门及司法实践中也同样对于豁免制度的适用进行了一些判例性解释。德国《反对限制竞争法》第28条、芬兰《竞争法》第2条第2款、瑞典《竞争法》第18条、日本《禁止私人垄断及公平交易法》第24条以及欧盟的法律等纷纷效仿美国的立法，对农业领域进行不同程度的豁免，同时也对农业主体进行了相应的限制。如德国将豁免主体限定为农业生产者及农业生产者联合会等，芬兰将豁免的主体限定为农业生产者或生产者协会，欧盟也规定仅适用于农业生产者及其协会，并不适用于销售组织团体。事实上，正如学者所指出的："坚持按照合作社的法律性质对其进行反垄断法的审查更加科学合理。假如我们不管任何情况，只要是与农业相关的领域均给予反垄断法的豁免地位，那就缺乏充足的理论根据，对其他的市场主体而言也是不公平的。"[1]从各国法律对反垄断豁免主体限定的规定考察来看，对合作社（尤其农业）主体的限定是反垄断豁免制度发展的大趋势，由于我国尚处于社会主义初级阶段，农业基础较为落后，基于基本国情的考虑仅仅在《反垄断法》第56条做了较为宽泛的规定，但是可以参考各国对反垄断豁免主体的规定类型从而为我国未来反垄断法豁免制度主体限定的明确方向提供参考：各国豁免的主体大致限定为二种情形，一种是个体的农业生产者，一种就是企业或协会。

（二）豁免合作社的联合与合并行为

对于合作社的联合与合并行为应该予以豁免，但对于合作社滥用市场支配地位或实施限制竞争的行为，如在销售、交易及价格方面制定中的协议行为等，不予豁免而应予以制裁。这也正符合反垄断法之立法目的：一是禁止垄断。垄断本身的定义是中性的，若是合理合法的垄断，有利于提高市场的竞争、保护弱小企业或者行业，但是对大多数行业来说，权力的诱惑足以使其不顾社会经济整体效益和发展，破坏市场竞争环境。二是维护竞争。良好的市场竞争环境有利于各市场要素的合理配置和市场经济的健康发展，各市场主体的积极性会显著提高。反垄断法的目的之一是为了维护市场始终能保持良好的竞争状态。三是保护利益：效率是前提，非效率是保障，二者之间宜平衡。经济利益既是推动竞争的原动力，也是一切竞争的出发点和最终归宿。反垄断法之所以会给予合作社豁免特权是基于保护农业等特殊行业发展的需要，防止农业因参与残酷的市场竞争而遭受打击，但是当合作社发展壮大到操纵市场交易及价格制定、实施限制竞争行为时，其也会跟其他市场垄断

---

〔1〕 陈晓军："合作社若干法律问题探析"，载《学术论坛》2007年第6期。

主体一样处于市场支配地位，当然也就必然需要以反垄断法对其予以限制。故对于合作社的联合与合并等利于合作社发展的行为应予以豁免，而其通过获得的豁免特权发展成为对竞争体制不利的状态时也应当予以规制，对其行为予以制裁。对垄断行为实行有限豁免，一方面表现为当合作社使用不公正的交易方法或者因实质性限制一定交易领域的竞争从而不正当提高价格时不予豁免；另一方面表现为对特定领域中合作社（如中小企业合作社）的特定垄断行为不予豁免。

由此，对于合作社的市场行为，并不是绝对的豁免而应该予以细化。毕竟，发展市场经济、健全市场规则并不是仅仅针对公司、合伙企业、独资企业等而言的，任何市场主体都应该遵守市场规则，坚持公平竞争而不能违背或破坏市场规则。因此，只要合作社的相关行为超越了立法所容忍或允许的界线，行政机关和司法机关可以予以规制，以促使其正常发展。

四、合作社信息披露制度的有限豁免

依据《证券法》的规定，我国对证券的界定比较狭窄，而且目前没有证券审核豁免制度，[1]但并不代表将来不会在相关立法完善中引入该制度，更不代表这一制度没有存在的价值。由于合作社属于处于弱势地位者基于互助而进行的经济联合，同时合作社作为一种独立的商事主体同样需要在激烈的市场竞争中求得发展，也必然面临发展资金上的困境，而仅凭借社员缴纳的入社费和合作社自身积累显然无法满足合作社可持续稳健发展的需要，故而有必要在相关方面予以制度支持。这种支持不仅应该体现为对合作社予以财政扶植、税收减免及允许合作社依法非公开发行相关证券，而且有必要从减少合作社运作成本出发豁免其包括登记在内的信息公开义务。

当然，这种豁免并不是没有约束，一方面应严格合作社的内涵，避免其他类型的商事主体假借合作社之名进行融资和非法集资；另一方面应明确这种豁免是有限度的，该证券发行与销售不得违反诚实信用原则，不得利用该行为实施欺诈和损害社会公共利益等，否则需要承担相应的法律后果。

合作社的发展离不开市场，合作社在市场中发展和壮大，实现其增进社员

---

〔1〕　当然，也有学者认为，由于股票、可转换公司债和投资基金券等由中国证监会负责监管，而其他证券则分属于不同的部门监管：国债由财政部归口管理，金融机构债券由中国人民银行负责，国家投资债券和国家投资公司债券由原国家计委掌管，中央企业债券由中国人民银行与原国家计委统筹，而地方投资公司债券却又属于省级或计划单列市政府审批等，而股票、可转换公司债和投资基金券之外的证券发行因不受中国证监会审核而意味着一定意义上的审核豁免。参见周晓刚："美国证券发行注册豁免制度研究"，载《证券市场导报》2001 年第 4 期。

福祉和作为合作经济组织的社会价值的目的。但合作社的发展同样离不开国家立法确认其合法地位、行政引导其规范发展、司法促进其稳健运行，这一点，在市场缺陷不时显现而国家也早已摒弃"夜警"或"守夜人"的身份而积极调控市场的情况下尤为明显。干预也好，管制也罢，应围绕合作社的作用及其价值实现而对其进行有限度的豁免。

第六章

合作社监管制度研究

第一节 经济法中的监管内涵及监管法内容

一、经济法中的监管含义

（一）监管的语义分析

"监管"一词的使用范围较为广泛，一方面，其在经济学、政治学、法学等专业领域都是作为专业术语使用的；另一方面，该词也已成为非专业领域的日常话语。因此，人们在使用"监管"一词时，其含义并不完全相同。

如果完全按照字面语义，《现代汉语字典》对其的解释是"监视管理"。[1]在英文中与监管对应的词是"Regulation"，《朗文英语当代辞典》解释其主要有两层含义，一是指官方的规则或命令；二是指基于规则对某事的控制，包括对某一活动或某一程序的控制，以及为使钟表、机器等按特定的速度、温度等正常运转而进行的调节和控制。归纳而言，"监管"一词系指监督

---

〔1〕 中国社会科学院语言研究所词典编辑室编：《现代汉语字典》，商务印书馆1996年版，第614页。

或监视管理，含有保持一定距离为保证事物正常运行而进行监督和控制之意。[1]依照《布莱克法律辞典》的解释，监督有照看、主管或检查的意思，管理是指依照一定规则、方法或确立的模式进行调整或指导。

虽然监管包含了监督和管理，但不少人认为，其不是监督和管理内涵的简单相加，而有特定的含义。对此，众说纷纭。有学者指出，监管就是监管者为实现监管目标而利用各种监管手段对被监管者所采取的一种有意识的和主动的干预和控制活动。[2]另有学者认为，监管是监管机构对监管对象及其活动是否符合要求所进行的监察、督促、组织、协调、控制等一系列行为的总称，以此来实现法律和政策旨在实现的目标和目的。[3]还有学者提出，监管即通过一定的规则对事物进行调节和控制，以达到正常运转的状态。[4]

虽然人们的认识不尽相同，但就"监管"一词最广泛的意义来说，其是监管主体对监管对象信息的掌握及相应地对监管对象行为的约束。就其特征而言，主要包括以下几个方面：其一，监管是负有监管职责的主体履行职能的行为。一般而言，监管的主体可以涵盖国际组织、政府机构、行业组织、某些市场主体。依据监管主体的不同，一般意义上的监管可分为政府监管与非政府监管。政府监管包括立法机构的监管、行政机构的监管、司法机构的监管，非政府监管则为非政府组织或者其他相关主体的监管。[5]其二，监管的客体是监管的对象及其活动。其三，监管方式和方法是依照规则对监管对象及其活动进行定期或不定期的现场和非现场检查监督，以及对违规行为进行督促和处罚。其四，监管的内容和要达到的目的是确保监管对象及其活动符合法律、政策的规定和要求，并由此实现法律、政策所寻求的监管目标。[6]

（二）经济法对监管的定义

1. 经济法中监管的内涵

关于经济法中的监管，日本经济学家植草益在其所著的《微观规制经济学》中最早进行了定义，认为其是依据一定的规则对构成特定社会的个人和构成特定经济的经济主体的活动进行限制的行为。国内有学者认为，其属于政

---

〔1〕 马英娟："监管的语义辨析"，载《法学杂志》2005年第5期。

〔2〕 陈岱松："WTO与证券监管理念"，载《上市公司》2002年第3期。

〔3〕 韩龙：《金融服务贸易规则与监管研究——基于入世过渡期后银行局势的探讨》，北京大学出版社2006年版，第3页。

〔4〕 陈婉玲："法律监管抑或权力监管——经济法'市场监管法'的定性分析"，载《现代法学》2014年第3期。

〔5〕 马英娟：《政府监管机构研究》，北京大学出版社2007年版，第20页。

〔6〕 韩龙：《金融服务贸易规则与监管研究——基于入世过渡期后银行局势的探讨》，北京大学出版社2006年版，第3~4页。

府监管，应理解为政府行政机构在市场机制的框架内，为矫正市场失灵，基于法律对市场主体的经济活动以及伴随其经济活动而产生的社会问题进行的微观层面上的干预和控制活动的一部分。[1]

如前文所述，在市场经济中，若放任市场主体自由竞争，难免不出现市场失灵现象，垄断的出现将降低市场竞争效率，不正当竞争行为会扰乱市场竞争秩序。此外，若放任市场自由竞争，为追逐经济利益，基于外部性及信息不对称，公共利益及消费者的利益也难免不受到损害。为此，政府要对市场经营者的市场准入及竞争行为给予干预，而经济法正是此种干预的法制化。因而所谓经济法中的监管，可以认为是行政机构及国家授权部门为维护市场竞争秩序及保护消费者、社会公共利益而对企业等市场经营主体的约束与控制。

2. 经济法中监管的特征

关于经济法中监管的特征，有学者认为其共同特征是政府依据一定的法律法规，通过对企业的市场进入、价格制定、产品质量和服务等领域的直接监督与管理，来保护企业与消费者的合法权益，保障市场经济的稳定运行。[2]该概括仅表明了监管所适用的领域及目标，不够全面，例如没有说明监管主体。依据经济法中监管的内涵及产生原因等因素，比较而言，本书认为，经济法中监管的特征主要表现为以下几个方面：

（1）经济法中的监管主要为政府监管。有人将"监管"语义分为二个层面：一般意义上的"监管"与专业领域中的"监管"。专业领域中的"监管"是在市场环境中发育、用以矫正和弥补市场失灵的一种行为和过程。对其适用范围有三种观点：一是广义的专业领域内的监管，即社会公共机构或私人以形成和维护市场秩序为目的，基于法律或社会规范对经济活动进行干预和控制的活动；二是狭义的专业领域内的监管，是政府（包括立法机关、司法机关、行政机关）对宏观经济层面市场失灵的矫正与对微观经济层面市场失灵的处理；三是最狭义的监管，是政府行政机构在市场机制的框架内，为矫正市场失灵，基于法律对微观经济活动的一种干预和控制。[3]一般而言，经济法中的监管是指最狭义的监管，一种政府行政机构的监管。

（2）经济法中的监管主要是微观监管。微观监管是行政机构通过法律授权，制定并执行的直接干预市场配置机制或间接改变企业和消费者供需决策的一般规则或特殊行为。[4]经济法中的监管即是这样一种监管，针对的是局部个

〔1〕　马英娟："监管的语义辨析"，载《法学杂志》2005 年第 5 期。
〔2〕　肖兴志、宋晶主编：《政府监管理论与政策》，东北财经大学出版社 2006 年版，第 2 页。
〔3〕　马英娟："监管的语义辨析"，载《法学杂志》2005 年第 5 期。
〔4〕　肖兴志、宋晶主编：《政府监管理论与政策》，东北财经大学出版社 2006 年版，第 11 页。

体，目的是增进公共利益或私人合法利益。

（3）经济法中的监管既有直接监管也有间接监管。日本经济学家植草益将监管分为间接监管与直接监管。间接监管是对不公平竞争的监管，即以依照反垄断法、商法、民法等制约不公平竞争为目的的监管；直接监管则是以保障劳动者和消费者的安全、健康、卫生，达到环境保护、防止公害等目的，对产品和服务质量及提供这些产品和服务的行为制定标准，以及禁止和限制特定的行为。关于直接监管，从目的看，其可分为包括经济性监管与社会性监管。所谓经济性监管，是指为了防止无效率的资源配置，确保个体需要者对于资源的公平利用，针对存在的自然垄断、信息不完全的市场领域，建立企业投资、市场准入、市场退出、财务会计、价格、服务质量等一系列制度的监管，其主要表现为一系列的许可手段。[1]社会性监管则是以保障劳动者和消费者的安全健康，防止灾害，实现卫生和环境保护为目的，对产品和服务的质量以及随之产生的各种活动制定一定的标准，并采取一定的禁止、限制特定的行为的监管。[2]从经济法有关监管规范的内容可以看出，其所进行的监管是为了促进市场公平竞争，同时还要维护公共利益及市场弱势群体的利益，因而经济法中的监管既有直接监管也有间接监管。

（4）经济法中的监管是对市场主体及其活动的监管。对于政府的监管，可从行政法及经济法两个角度展开研究。有人认为，行政法中的政府监管，是指"政府行政机构根据法律授权，采用特别的行政手段或准立法、准司法手段，对企业、消费者等行政相对人的行为实施直接控制的活动"。[3]这种观点值得商榷，因其混淆了行政法中的监管与经济法中的监管。由于行政法律规范重在对政府行政行为监管活动的调整，故行政法视野中的"监管"落脚在"规范监管主体及其监管活动"的法律规范上；而经济法视野中的监管，以对市场主体及其行为的控制为目标，其监管规范以市场为对象，即法律、法规通过对某些产业及其企业的价格决定、市场进入、服务质量等控制进而对市场主体及其活动的监督和控制。因此，对经济活动进行监管的规则体系属于经济法范畴，而执行、监管权力及其控制则应是行政法的体系范围。[4]

---

〔1〕 李曙光主编：《经济法学（第 2 版）》，中国政法大学出版社 2013 年版，第 228 页。

〔2〕 曲振涛、杨恺钧：《规则经济学》，复旦大学出版社 2006 年版，第 57 页。

〔3〕 余晖：《管制与自律》，浙江大学出版社 2008 年版，第 3 页。

〔4〕 陈婉玲："法律监管抑或权力监管——经济法'市场监管法'的定性分析"，载《现代法学》2014 年第 3 期。

二、监管法在经济法体系中的地位及基本内容

(一) 监管法在经济法体系中的地位

虽然对经济法体系的构成人们认识不同，但是随着人们对经济法认识的深入，监管法为经济法体系的基本构成部分或核心部分已成为人们的共识。监管法是经济法体系中一个十分重要的部门法，是国家机关对市场进行监管的法律依据，是对市场主体行为的直接干预，其的实施有助于经济法功能的实现。对此，有学者认为，市场监管法是市场经济发展的产物，应当成为经济法制建设的重点。[1]

监管法是经济法的主干内容，这从目前的经济法教材的编写及相关学术著作中就可发现。例如，有学者认为，市场经济法律体系由市场主体法、市场规则法、宏观调控法和社会保障法构成。[2]这其中的市场主体法涉及市场准入，市场规则法涉及对经营主体行为的监管。另有学者认为，市场经济法律体系由四类法律构成：第一类是有关市场经济基础——产权的法律；第二类是与市场经济运行密切相关的法律，包括市场进入、市场交易、市场退出等方面的法律；第三类是有关市场宏观调控与市场管制的法律；第四类是社会保障与公共福利法。从广义上来讲，经济法涉及这四类市场经济的法律；若从狭义上看，经济法属于第三类法律。作为经济法教材，应涵盖第三类法律的基本内容。[3]即便如此，市场准入法部分，比企业法的其他部分具有更强的公法属性，甚至可以说以公法属性为主，将其划入经济法更符合市场准入法的法律属性。[4]还有一种观点认为，经济法包括经济法总论、经济法主体制度、公共经济管理法、经济活动法。[5]其中的经济法主体制度必然涉及市场准入，公共经济管理法、经济活动法也包含监管法的内容。

虽然人们对经济法学体系设计有所不同，甚至对何为经济法的认识也存在一定差异，但可以发现，无论如何经济法体系中不可缺少监管法，这已成为人们的共识。而之所以如此，是由经济法的本质及功能决定的。经济法是国家干预经济之法，干预的最集中体现则为政府的监管。因此，监管法在经济法中居于重要地位，是经济法的有机构成部分。更有人明确指出，经济法体系为三个

---

〔1〕 吴弘、胡伟：《市场监管法论：市场监管法的基础理论与基本制度》，北京大学出版社2006年版，第30页。

〔2〕 王全兴：《经济法基础理论专题研究》，中国检察出版社2002年版，第45页。

〔3〕 李曙光主编：《经济法学（第2版）》，中国政法大学出版社2013年版，绪言。

〔4〕 王全兴：《经济法基础理论专题研究》，中国检察出版社2002年版，第596页。

〔5〕 史际春主编：《经济法（第3版）》，中国人民大学出版社2015年版，第80页。

部分：经济法总论、市场监管法、宏观调控法。[1]

（二）监管法的基本内容

经济法中的监管法往往被称为市场监管法，其主要内容是关于对市场主体及行为的监管。至于监管法应包含哪些内容，学者们的认识及表述也不一致。有的从法律规范的属性来总结监管法的内容，例如，有学者认为，监管法的基本内容应由三大部分构成：(1)市场规制一般法，如市场准入法、反不正当竞争法、反垄断法、消费者权益保护法等；(2)市场规制特别法，如金融市场监管法、房地产市场监管法等；(3)市场规制相关法，如企业法、侵权行为法、合同法、知识产权法等。[2]有的是从市场监管所维护的市场秩序及权益来归纳监管法的内容，例如，有学者认为从市场监管体系上看，市场监管法包括市场竞争秩序监管法律制度、市场要素监管法律制度、要素市场监管法律制度、对市场弱者保护的法律制度、对外市场的监管法律制度。[3]另有人认为，监管法主要由市场竞争法、产品质量法、要素市场管理法、消费者权益保护法构成。[4]

监管体现了两个以上主体之间的关系，故对监管的分析离不开对监管主体及监管对象的讨论。相应地，监管法所涉及的内容，势必包括有关监管主体、监管对象的规范，即对于哪些主体具有监管权给予规定，监管主体具有哪些权力给予规定，哪些主体应成为监管对象要给予规定。此外，应当认识到对市场的监管主要是通过规范市场参与者的行为实现的，哪些行为要给予监管也要给予规定，故监管法少不了有关监管对象行为的规范。基于上述分析，我们认为，监管法的内容主要包括有关监管主体、监管对象及监管对象的行为的规定。

关于行使监管权力的主体，按性质不同大致可分为由政府部门充当的监管主体与非政府组织担任的监管主体。由政府部门充当的监管主体按职能所指向的范围，又可分为综合性政府监管机关与专门政府监管机关。至于非政府组织担任的监管主体则类型众多，包括政府机关附属的一些机构、社会团体和民间机构等，它们依据法律授权、政府机关授权或章程规定进行辅助性或自律性监管。虽然监管主体众多，但应当看到，监管的主体主要还是由政府部门承担的。监管法仅规定市场监管主体是不够的，还必须对监管对象及其行为规范做出规定才能够得以实施。基于监管的目的，被监管主体主要由市场参与者构

〔1〕 杨紫烜主编：《经济法（第5版）》，北京大学出版社2014年版。
〔2〕 王全兴：《经济法基础理论专题研究》，中国检察出版社2002年版，第595～596页。
〔3〕 李曙光主编：《经济法学（第2版）》，中国政法大学出版社2013年版，第231～232页。
〔4〕 曹胜亮、吴秀英、段崴主编：《经济法》，武汉理工大学出版社2006年版，第176页。

成。市场参与者大致可分为三类：一是提供交易产品或服务的经营者；二是产品或服务的接受者；三是各类市场的投资、融资人。从监管概念应有之义出发，监管的主要对象应是市场的经营者与投资、融资人，而监管的行为则包括市场中进行的各种活动，如经营、消费、融资、投资、交易、中介等。[1]通过对这些行为的监管并采取必要的措施，在维护市场竞争秩序的同时，保护各市场参与者的合法权益，确保社会公共利益不受到损害。而对此行为所制定的规范，无疑构成监管法的基本内容。

第二节　合作社的市场准入监管

由于合作社是市场主体之一，其必然要受到政府的指导、监管。因此，政府在调控合作社经济运行、管理合作社经济活动的过程中与合作社所发生的合作经济监督管理关系，自然应属于经济法调整范围。[2]对于合作社而言，其在成员构成及组织结构、运作方面明显不同于其他市场主体，相应地其市场准入条件及程序也区别于其他市场主体，要通过立法给予特别规定。又因为合作社能够得到政府特别的支持与扶持，为防止利用合作社旗号谋取不当利益现象存在，对合作社设立及登记注册事项的变更等进行监管就成为必然。

一、市场准入监管的含义及内容

（一）市场准入监管的含义

市场准入概念，不仅在经济法中出现，民商法、行政法、国际经济法也常使用。而人们使用该概念时，其含义指向存在较大差别。例如，有人认为，市场准入是指政府（或国家）为了克服市场失灵及国际自由贸易和国家安全的需要，实现某种公共政策，根据本国市场经济和国际条约的承诺，允许市场主体、货物、服务、资本等进入某个国家、地区或领域市场的在宏观上的掌握和微观上的直接控制或干预。[3]按此含义理解，市场准入既包括市场主体的准入，又包括产品、服务、资本的准入；既包括本国市场主体、产品、服务、资本的本国市场准入，又包括外国市场主体、产品、服务、资本的本国市场准入，其含义涉及范围很广。也有人将市场准入等同于市场开放，就是市场禁止

---

〔1〕　吴弘、胡伟：《市场监管法论：市场监管法的基础理论与基本制度》，北京大学出版社2006年版，第2页。

〔2〕　蒋玉珉：《合作社制度创新研究》，安徽人民出版社2008年版，第181页。

〔3〕　戴霞："市场准入的法学分析"，载《广东社会科学》2006年第3期。

的否定。[1]还有人认为市场准入就是政府对企业或者其他投资者进入经营领域或地域市场的限制和禁止。在经济法学研究中，多数人是按此意义理解市场准入的，虽然含义表述不尽相同，例如，有学者将市场准入定义为是市场监管机构为确保市场安全稳定与有序竞争，对国内外的个人、法人或其他组织进入一定市场、参与市场活动的约束与限制；[2]另有学者则将市场准入表述为是对企业或其他主体进入某领域或地方的市场从事活动施加限制或禁止的规制或制度。[3]应当说主要含义没有质的差别，所谓市场准入只是涉及市场主体的准入的问题。也有人认为，经济法中的市场准入，不仅包括市场主体的准入，也包括交易对象的准入。[4]因此，关于经济法中市场准入内涵目前尚没有取得一致看法，但应认识到，较多的人是从市场主体的进入来理解市场准入概念的。

对于市场准入，目前还存在的一个争议是有关其的法律规范如何定性，是划归民商法，还是纳入经济法，甚至是行政法？有学者认为，虽然市场准入法可视为企业（公司）法的组成部分，但其比企业法的其他部分具有更强的公法属性，甚至可以说以公法属性为主，将其划入经济法更符合市场准入法的属性。[5]考察各国和地区市场准入模式可以发现，大致有放任模式、特许主义模式、准则主义模式、核准主义模式、混合模式之分。放任模式是国家对主体进入市场不进行任何干预。特许主义模式是指由专门的法律或命令的方式准许市场主体进入市场。准则主义模式是法律规定企业设立的必要条件，只要按照法定条件设立企业，不必经过行政审批，企业即可登记成立。核准主义模式是企业经过国家机关批准才能设立。混合模式是根据市场主体的性质或市场主体拟从事的市场经营活动的类型等具体情况，分别采取准则主义、核准主义。[6]经济法是国家对经济干预之法，无疑，特许主义、核准主义体现了国家的干预。即使是准则主义，也有单纯的准则主义与严格的准则主义之分，严格的准则主义对主体进入市场比单纯的准则主义要求要高得多，明显包含了国家干预。既然市场准入体现了国家干预，将其规范的属性定位于经济法则符合逻辑，具有较强合理性。

市场准入的类型通常可被分为一般市场准入、特殊市场准入、涉外市场准

[1] 王霞主编：《经济法学》，中国民主法制出版社2004年版，第61页。
[2] 吴弘、胡伟：《市场监管法论——市场监管法的基础理论与基本制度》，北京大学出版社2006年版，第97页。
[3] 史际春主编：《经济法（第三版）》，中国人民大学出版社2014年版，第173页。
[4] 王霞主编：《经济法学》，中国民主法制出版社2004年版，第61页。
[5] 王全兴：《经济法基础理论专题研究》，中国检察出版社2002年版，第596页。
[6] 王霞主编：《经济法学》，中国民主法制出版社2004年版，第63~64页。

入。一般市场准入是国家对每一个人和组织进入市场，成为合法经营主体而设立的、具有普遍效力的市场准入；特殊市场准入是对经营主体进入特殊市场从事经营活动所必备的条件和程序做出的规定；涉外市场准入则是指一国对外国资本进入国内市场而规定的各种条件和程序以及一国对本国资本进入国际市场而规定的各种条件和程序。

至于市场准入监管，鉴于市场准入和监管的内涵，则可将其界定为是指政府对欲从事生产经营活动的市场主体的经营条件、经营资格的审查、监督，对符合条件的市场主体给予批准和许可，并对批准和许可的事项进行监督管理。

（二）市场准入监管的内容

市场准入监管所包含的内容，可从不同侧面进行归纳。从市场准入监管的过程来看，市场准入监管主要包括两个方面：一是对欲从事生产经营活动的市场主体的经营条件、经营资格的审查、监督，对符合要求的市场主体给予批准和许可，履行登记注册手续，这可称为市场准入时监管；二是批准和许可后按注册事项进行监督管理，[1]可称为市场准入后监管，这包括年检制度、资格认证制度、变更登记制度、退出市场制度等与市场准入紧密相关的制度。

从市场准入监管的指向来看，既包括有关监管主体的内容，也包括相应的监管对象的规定。监管要通过一定的主体行使权力来实现，缺乏监管主体，市场准入监管就无从谈起。因此，有关市场准入监管离不开对监管主体的规定。至于市场准入监管对象方面的内容，则既包括有关市场经营者自身的规定，也包括经营者行为的规定。

按市场准入监管内容的性质分析，既有实体方面的，也包含程序方面的。实体方面的是对诸如市场主体的名称、出资人、住所、法定代表人、注册资金、章程、经营范围等的规定。同时，市场主体进入市场，要办理登记手续，这包括受理、审查、核准发照、公告等几个阶段，设立后的注册事项发生变化的话要办理变更手续等，这些为市场准入监管的程序方面的内容。[2]

概而言之，有关市场准入监管的内容是较为丰富的，它涉及了谁有权行使市场准入权的问题，也明确了谁能够成为市场竞争主体，并对市场主体参与市场竞争的范围给予了规定。

二、合作社的设立条件

合作社作为具有独立法律地位的社会组织，其设立需要满足一定的条件。

---

〔1〕　肖兴志、宋晶主编：《政府监管理论与政策》，东北财经大学出版社2006年版，第212页。

〔2〕　彭红彬："论市场准入法的定位"，载《南昌工程学院学报》2009年第2期。

如此，方为对其设立后能够依照其本质属性运作奠定基础。条件通常涉及社员资格、发起人人数、名称、资产、设立协议、章程、组织机构、地址等方面，包括一些限制性要求。各国合作社法在设立部分一般只规定发起人人数、名称、设立协议、章程等，对社员资格、资产和组织机构等则设置单独章节予以具体规定。[1]

（一）名称要有合作社字样

名称是合作社与其他社会组织相区别的标志。有学者认为，合作社的名称有三个方面的意义，一是取得了独立民事主体资格的标志，二是不同合作社之间区别的标准，三是合作社无形资产的组成部分。[2]基于名称的重要性，有些国家如蒙古、德国等在合作社法中还对如何确定合作社名称规定了应当遵循的原则，主要包括：其一，名称应与其营业内容相符，应该反映其类型及其从事营业的目的；其二，合作社不能以任何社员或其他人的名字命名；其三，不能与其他商业团体的名称相混淆。[3]

为使合作社能够与其他类型社会组织区别开来，各国和地区合作社法往往明确规定，合作社在其名称上一定要包含合作社字样。例如，德国《工商业与经济合作社法》第3条规定，设立合作社要有合作社之名称，名称必须包含"注册登记合作社"字样或其缩写形式。意大利合作社法则规定，无论以任何方式组成的合作社名称，均应当包括合作社的说明，不论何种合作社，在名称上必须注明是无限责任合作社，还是有限责任合作社。日本《农业协同组合法》第4条规定，在农业协同组合和农业协同组合联合会的名称中，必须使用农业协同组合和农业协同组合联合会的文字。

（二）符合社员人数及资格要求

1. 社员人数

合作社是人的联合，故合作社的社员必须达到一定的人数。至于最少的人数应为多少，各国和地区的合作社法规定差别较大。德国《工商业与经济合作社法》规定，社员人数至少为3人。芬兰《合作社法》规定："合作社应由不少于三个自然人、组织、基金或其他合法的个人组成。"瑞士《债法典》规定："合作社的成立应当至少有7人参加。"在美国，《纽约州农村电力合作社法》第11条规定："5个或5个以上的自然人，或者2个或2个以上的合作社可以组织成立提供这种服务的合作社。"密苏里州则强调合作社成员不得少于

---

〔1〕 陈岷，等：《合作社法律制度研究》，法律出版社2013年版，第77页。
〔2〕 屈茂辉，等：《合作社法律制度研究》，中国工商出版社2007年版，第108页。
〔3〕 陈岷，等：《合作社法律制度研究》，法律出版社2013年版，第79页。

12 人。菲律宾《合作社法典》规定："合作社的组建应不少于 15 个人发起。"泰国《合作社法》规定："合作社的设立应不少于 10 人。"韩国《农业协同组合法》规定："应当有 10 名以上具备条件的组合成员发起。"我国台湾地区"合作社法"规定："合作社非有七人以上，不得设立。"而香港地区的"合作社条例"则规定："任何合作社若其社员人数不足十名者，均不得按本条例注册，但该社社员之一若为注册合作社者，则不在此限。"可以认为，一定的人数是设立合作社必须达到的条件，否则，合作社就不能设立。

2. 社员资格

合作社虽然是"人"的结合，但这里的"人"不是指任何"人"都当然可成为合作社社员。例如，对于自然人，其应是能够自主做出决定的人，也即必须是具有行为能力的人，还应是对合作社具有同质需求的人。国际合作社联盟的"自愿和开放的社员原则"，虽强调合作社对所有能够利用合作社服务和愿意承担社员义务的人开放，无性别、社会、种族、政治和宗教的歧视，但还是隐含着一定的条件限制。首先，参加合作社者是"能够利用合作社服务和愿意承担社员义务的人"，那么，那些不能"利用合作社服务"和不"愿意承担社员义务的人"则被排除在合作社之外的，不具有成为合作社社员的资格；其次，合作社在吸收成员上应"无性别、社会、种族、政治和宗教的歧视"，但并不是说不可对社员资格给予必要的限制。

对于合作社社员资格的条件，主要是通过两种途径来规定的，一是在立法中规定合作社社员的最基本条件，二是为保证合作社的正常运转和保持一些合作社的特色，授权合作社可以通过章程限定社员的条件。

对于自然人参加合作社的资格条件，各国的规定也不尽相同，大致说来，主要有以下几个方面：[1]

（1）年龄的规定。合作社是人们志愿加入的组织，而志愿的前提是须有一定的行为能力，因此，就自然人合作社社员而言，必须达到一定年龄才有能力履行自助互助的合作原则，决定是否参加合作社，正确行使社员权利和承担社员义务。由于判断自然人是否具有行为能力的主要标准是年龄，对此，不少国家对加入合作社都有最低年龄的限制。英国在合作社法律中规定，必须年满16 岁才能成为合作社社员，必须年满 21 岁才能当选为理事及会计等职。越南与印度的《合作社法》均规定，合作社社员为 18 岁以上公民。我国早期的《农村信用合作社示范章程草案》（1957 年 1 月）也规定，年满 16 岁才可参加信用社，年满 18 岁才有被选举权。我国台湾地区"合作社法"规定，合作社

---

[1] 李树生：《合作金融》，中国金融出版社 2004 年版，第 57 页。

社员必须年满20岁，或未满20岁而有行为能力者。我国《农民专业合作社法》《农村资金互助社管理暂行规定》对自然人的规定是必须具有民事行为能力的公民。

（2）国籍和居住区域的规定。比较而言，各国立法在国籍方面，发达国家限制较少，而发展中国家则往往有所限制。那种认为合作社社员不受国籍限制的观点是不准确的。[1]越南《合作社法》规定，合作社社员必须是本国公民。此外，一些类型的合作社对社员国籍也有所限制，许多国家合作社法规定，不许外国人参加信用合作社，信用合作社一般不接受外地区的居民和团体为社员。因为不在同一国家或同一社区的社员，信用状况无法调查，业务开展也有诸多不便。德国《工商业与经济合作社法》第8条规定，合作社章程可规定社员资格的取得和存续与特定区域内的住所相联系。我国《农村资金互助社管理暂行规定》第18条规定，农民向农村资金互助社入股，其户口所在地或经常居住地（本地有固定住所且居住满3年）要在入股农村资金互助社所在乡（镇）或行政村内。

（3）入社许可的规定。对于加入合作社的人选，合作社章程一般规定家庭中只要一个负经济责任的人员参加即可，不须全家同时参加。采用无限责任的合作社，往往只限于对家庭财产有支配权的人，才有资格参加。我国20世纪50年代起草的《合作社法草案》规定，不得同时参加两个同样性质的合作社。意大利1971年2月17日第127号法律第2条规定，对于消费合作社，从事与其经营内容相同商业经营者不得入社。

（4）关联性规定。即社员自身所进行的生产经营活动应与要加入的合作社业务活动存在一定的关联。意大利1971年2月17日第127号法律第2条规定，生产劳动合作社的社员必须是劳动者，并且从事与合作社一致的职业；关于农业合作社，不从事耕作的人不得入社，但无地农民和佃农只要直接务农，亦可入社。

（5）道德方面的规定。合作社特别注重社员的道德，道德品质低下的人，不应成为社员。我国台湾地区"合作社法"第13条规定，被褫夺公权者和吸用鸦片或其代用品者不能加入合作社。我国《农村资金互助社管理暂行规定》第18条规定，入社社员须诚实守信，声誉良好。

整体上看，自然人资格条件可划分为两类：积极资格条件与消极资格条件。[2]积极资格条件是指具备何种条件的自然人方可成为合作社社员，如年龄

---

〔1〕 屈茂辉，等：《合作社法律制度研究》，中国工商出版社2007年版，第179页。

〔2〕 漆多俊主编：《中国经济组织法》，中国政法大学出版社2003年版，第175页。

规定，国籍和居住区域规定等；消极资格条件是指对自然人不能成为合作社社员的限制性条件，如道德要求，不得同时参加两个性质相同的合作社等。

对于团体组织能否成为合作社社员，各国和地区立法态度也是存在差别的。有的国家和地区立法规定，合作社的社员只能为自然人，如意大利《民法典》第 2522 条规定，社员应当为自然人。有的国家规定自然人与家庭均可以成为合作社社员，如越南《合作社法》第 22 条的规定。还有些国家和地区在立法中，没有直接规定相应的社员资格条件条款，而是在其他条款中隐含了合作社社员资格条件，依据德国《工商业与经济合作社法》关于董事会、监事会成员资格规定，可推断出，自然人、法人、人合公司可为合作社社员。也有的规定，法人能够成为合作社社员，例如英国《合作社法》第 42 条规定，其他法人可以向合作社出资。

允许非自然人成为合作社社员，但给予了限制是目前多数国家和地区所采取的做法。[1]例如，日本《农业协同组合法》第 12 条规定，法人可以加入协同组合，但是该法人须从事农业经营及其附带事业。我国《农民专业合作社法》第 14 条规定，公民，以及从事与农民专业合作社业务直接有关的生产经营活动的企业、事业单位或者社会团体，可以成为农民专业合作社的成员。

（三）有符合规定的章程

章程是决定合作社运作的基本性文件，是由发起设立的合作社社员制定的，对合作社、社员、合作社的经营管理人员具有约束力的调整合作社内部关系和经营行为的自治规则。[2]合作社章程的内容分为必备条款与任意条款。必备条款所记载的事项不可缺少，否则章程无效。对于必备条款所记载的事项，各国通过立法予以明确规定。例如，德国《工商业与经济合作社法》第 6 条规定，合作社章程必须载有 5 个方面的内容：合作社名称；经营范围；有关债权人在破产程序中不能通过合作社财产得以满足的情况下，社员是否追加无限的或者一定限额的出资或者完全不追加出资到破产财产的规定；有关合作社大会的召集形式以及大会决议的备案形式和大会主席的规定；有关合作社发布公告的形式以及法律或者社章规定在公开报刊上发布公告时公开报刊的确定之规定。意大利关于合作社的章程必备条款所规定的事项则包括：禁止分红超出生息邮政务的最高利息和超出实际缴纳的资本的 2.5%；禁止向社员馈赠超出其分红所得 2% 的金融工具；禁止向社员分配准备金；在解散时，在扣除合作社

---

〔1〕 王玉梅：《农民专业合作社之法理探究与实践》，科学出版社 2012 年版，第 126 页。

〔2〕 屈茂辉，等：《合作社法律制度研究》，中国工商出版社 2007 年版，第 103 页。

资本和到期分红后必须将合作社的全部资产转移到合作促进与发展互助基金中。我国《农民专业合作社法》第 12 条规定农民专业合作社章程应当载明 11 项事项:(1)名称和住所;(2)业务范围;(3)成员资格及入社、退社和除名;(4)成员的权利和义务; (5) 组织机构及其产生办法、职权、任期、议事规则;(6)成员的出资方式、出资额;(7)财务管理和盈余分配、亏损处理;(8)章程修改程序;(9)解散事由和清算办法;(10)公告事项及发布方式;(11)需要规定的其他事项。

对于合作社的章程形式,有的国家也给予明确规定。例如,德国《工商业与经济合作社法》第 5 条规定,合作社的章程必须采用书面形式。

三、合作社的设立程序

一般而言,合作社的设立要经过发起筹备、召开创立大会、建立合作社内部组织机构、申报批准、申报登记等阶段。由于各国对合作社的设立态度不同,因而各国间合作社设立程序差别是很大的。[1] 在合作社设立过程中,政府可通过对合作社进行审批、登记来审查监督合作社成立的合法性。[2]

(一) 合作社的登记

1. 登记机关

各国和地区关于合作社的登记机关规定差别较大。有的是专门机关,例如在美国,针对信用合作社的设立,根据《联邦信用社法案》规定,凡依该法申请成立信用社的,均须经全国信用社管理局批准。[3] 有的是一般商事主体登记机关,在我国,根据《企业法人登记管理条例》,履行市场主体准入监管职能的政府机构是各级工商行政管理部门。瑞士《债法典》第 830 条规定,合作社的登记机关为商事登记处。瑞典《合作社法》第 15 章第 1 条规定,合作社的注册机关是瑞典专利与注册办公室。还有的是法院。例如,德国《工商业与经济合作社法》第 10 条规定,合作社社章以及董事会成员需要登记到合作社住所所在地区法院的合作社登记簿。

2. 登记审核

合作社的设立主义有四种主张:自由设立主义、特许设立主义、许可设立主义、准则设立主义。目前,很少国家采取自由设立主义,比较多的国家对一

---

〔1〕 屈茂辉,等:《合作社法律制度研究》,中国工商出版社 2007 年版,第 109～112 页。
〔2〕 李长健、江晓华、唐欢庆:"我国农村合作社与政府关系的法律研究——以农村合作社发展模式为视角",载《邯郸农业高等专科学校学报》2005 年第 2 期。
〔3〕 史纪良主编:《美国信用合作社管理》,中国金融出版社 2000 年版,第 94 页。

般合作社采取准则设立主义，例如法国、瑞士、比利时、印度等国。[1]

目前部分国家仍采取许可设立主义，主管机关要对合作社设立进行审核。例如，在日本成立农业协同组合时，发起人在创办全体大会结束后，必须向行政厅申请成立认可，然后才能进行登记。依据德国《工商业与经济合作社法》第11a条的规定，对于合作社的设立申请，法院需要审查合作社是否依法设立和申报，若不是依法设立和申报，法院则拒绝登记；如果明显存在或根据审计协会的专家意见可能存在合作社社员或债权人遭受损害的危险，法院也要拒绝登记。在加拿大，成立一个合作社需要6人以上签署登记表，要经所在省司法厅严格审查，看其是否符合合作社法规定的有关条件，这种审查要比兴办一般企业的审查严格得多。经审查合格后，合作社就要制定自己的章程，章程要送交政府审查。[2]

美国一般合作社立法是在州层面进行的，总体而言采取的是准则设立主义，但也有州采取许可设立主义。例如，加利福尼亚州的合作社法规定，组建合作社首先要由发起人（5人以上）向州长提交申请报告和章程。州长收到申请报告和章程后，要派专人实地考察确有成立合作社的必要，有足够参加合作社的人，确认合作社是最有效解决问题的方式，有适合的管理人才，有资金筹集渠道等，考察后写出可行性报告，经过审批才能进行登记注册。对合作社登记注册的这种特殊规定，不仅可以防止企业以合作社的名义偷逃税款，而且是对合作社的一种特殊保护，以控制数量，保证质量，避免合作社泛滥引起恶性竞争，确保合作社正常发挥作用。[3]

有些国家虽采取准则设立主义，但对需要加强监管的特殊行业合作社采取许可设立主义。例如，法国合作社的设立，与其他企业一样，要到当地的商事法院进行注册登记。登记后就可以进入法国的企业名册，获得法人地位。但若成立农业合作社，则需要农业部核准。农业部专门设有负责这项业务的跨行业合作社审计处，对合作社申请者提交的章程等材料进行审核，考察合作社的运行机制，判断其是否符合合作社的特征。这种核准手续比较复杂，大约需要一年时间。[4]至于一些经营特别业务如信贷、保险业务的合作社，在设立时还要

---

〔1〕 陈岷，等：《合作社法律制度研究》，法律出版社2013年版，第77页。

〔2〕 丁国光："加拿大合作社上下级之间及其与政府的关系"，载《农村财政与财务》1998年第8期。

〔3〕 黄家玉，等："合作社促进美国农业可持续发展——美国农民合作经济组织考察报告"，载《中国农业综合开发》2005年第9期。

〔4〕 全国人大农业与农村委员会代表团："法国农业合作社及对我国的启示"，载《农村经营管理》2005年第4期。

遵守有关特别法的规定。例如在德国，合作社经营信贷业务必须得到联邦银行当局的许可，且只有遵守了《信贷法》有关自有资本和支付能力的条件，满足定期向银行报告发放贷款额的要求，以及服从特别的审计方法时，联邦银行当局才发放许可证。[1]在意大利，信贷合作社的成立，必须经中央银行"意大利银行"批准。

我国对于农民专业合作社采取的是准则设立主义。《农民专业合作社登记管理条例》第16条规定，申请人提交的登记申请材料齐全、符合法定形式，登记机关能够当场登记的，应予当场登记，发给营业执照。除上述情形外，登记机关应当自受理申请之日起20日内，做出是否登记的决定。对于农村资金互助社则实行许可设立主义。《农村资金互助社管理暂行规定》第15条规定，经批准设立的农村资金互助社，由银行业监督管理机构颁发金融许可证，并按工商行政管理部门规定办理注册登记，领取营业执照。

（二）变更登记

合作社的变更，主要涉及合作社的名称、组织机构、业务范围等登记事项发生变化，大致可分为两类：合作社本身的存续要件的变化；涉及合作社存亡的其他变化。对于这些变化，为了保护债权人的利益及交易安全，必须办理变更登记。[2]

在我国，《农民专业合作社法》第13条规定，农民专业合作社法定登记事项变更的，应当申请变更登记。《农民专业合作社登记管理条例》第20条规定，农民专业合作社的名称、住所、成员出资总额、业务范围、法定代表人姓名发生变更的，应当自做出变更决定之日起30日内向原登记机关申请变更登记，第22条、第23条规定，农民专业合作社成员发生变更的、修改章程未涉及登记事项的，报送登记机关备案。台湾地区"合作社法"第9条规定，合作社应登记的事项有十三项，除第五款年龄、出生地、职务及第七款外，登记事项有变更时，应于一个月内为变更之登记。在未登记前，不得以其变更对抗善意第三人。合作社章程有修改时，应经社员大会之决议，并于决议后一个月内，以书面检具会议记录，向主管机关为变更之登记。

---

〔1〕 李生、王乐君主编：《农业基本法律问题研究》，工商出版社2000年版，第250页。
〔2〕 屈茂辉，等：《合作社法律制度研究》，中国工商出版社2007年版，第114页。

第三节　合作社的运营监管

一、运营监管措施

为防止合作社经营异化，平衡各方利益，进而促进合作社健康发展，合作社监管机关可从以下三个方面对合作社的运行给予监管。

（一）掌握合作社的运营信息

为实现对合作社运营的监管，政府有权力掌握合作社的运行情况，合作社有报告其业务经营情况的义务。对此，不少国家和地区合作社法规定，合作社应定期报告其经营情况。日本《农业协同组合法》规定，农协成立时要经行政主管部门批准，并办理登记手续，还必须每年向行政厅报告运营情况。[1]德国《工商业与经济合作社法》第53条规定，为了确认合作社的经济状况和业务执行的规范性，至少每两个营业年度要对合作社的机构、财产状况以及业务执行，包括社员名册的管理进行一次审查。对于资产负债总额超过2百万欧元的合作社，必须每个营业年度审查一次。第54条规定，合作社必须属于一个被赋予审计权的审计协会。在丹麦，1995年实施的最新法律要求大中型合作社必须进行注册并遵守会计法，虽然合作社不一定报告他们的净资产账目，但他们必须递交各自的合作社章程，并随时报告章程、董事会和经理的变动情况。

在我国合作社经营情况报告方面，《农村信用合作社管理规定》《农村资金互助社管理暂行规定》从行业监管角度规定了合作社经营情况报告义务。《农村信用合作社管理规定》第29条规定，农村信用社应按规定向中国人民银行县（市）支行、县联社报送信贷、现金计划及其执行情况，报送统计报表和中国人民银行所需要的其他统计资料。农村信用社对所报报表、资料的真实性、准确性负责。《农村资金互助社管理暂行规定》第52条规定，农村资金互助社应按规定向属地银行业监督管理机构报送业务和财务报表、报告及相关资料，并对所报报表、报告和相关资料的真实性、准确性、完整性负责。《农民专业合作社法》《城镇住宅合作社管理暂行办法》则无相关合作社经营情况报告规定。2014年8月19日国家工商行政管理总局公布了《农民专业合作社年度报告公示暂行办法》，该办法第4条规定："农民专业合作社应当于

---

〔1〕 欧阳仁根、陈岷，等：《合作社主体法律制度研究》，人民出版社2008年版，第137页。

每年 1 月 1 日至 6 月 30 日，通过企业信用信息公示系统向工商行政管理部门报送上一年度年度报告，并向社会公示。当年设立登记的农民专业合作社，自下一年起报送并公示年度报告。"第 5 条规定："农民专业合作社年度报告内容包括：(1)行政许可取得和变动信息；(2)生产经营信息；(3)资产状况信息；(4)开设的网站或者从事网络经营的网店的名称、网址等信息；(5)联系方式信息；(6)国家工商行政管理总局要求公示的其他信息。"《浙江省台州市农民专业合作社管理办法（试行）》第 23 条规定，合作社必须向县级以上人民政府农业行政主管部门提供年度报告；第 24 条规定，合作社应当接受农业行政主管部门的财务审计。

(二) 约束合作社的运营

合作社的属性决定了其业务活动的开展要受到一定限制。对此，仅靠合作社的自律是不够的，还需要政府的监管。要通过监管，确保合作社在不违反合作社原则的要求下运营，促进合作社社员权益的实现，不对其他市场主体的利益造成损害，进而维护市场竞争秩序。在巴西，对合作社和其经营的各种经济活动都要被置于合作社法律的监督和管束之下，目的是避免有人利用合作社的牌子进行某种非法活动，同时也便于政府和社会各界的了解和调查。[1]

政府对合作社运营的监管主要针对两个方面的行为：一是规制合作社的对外活动，规定合作社对外经营行为的范围，区分合法与违法行为、填补立法漏洞；二是规范合作社内部组织行为。[2]例如，在业务范围方面，合作社与非社员交易是有限额的。各国合作社法通常都限制合作社与非社员的交易，如超过合作社总交易额的 50%，则视合作社为一般企业而不能享受政府给予合作社的优惠政策。[3]美国《卡帕—沃尔斯坦德法》就规定，合作社与非合作社成员的交易额不得超过与成员的交易额，这是合作社合法的必要条件。美国联邦及州的法令都规定了合作社资本报酬的限度，美国大部分州规定的资本报酬限度为 8% 的年率。[4]

对于一些从事特殊业务的合作社，为防范风险的出现，政府可给予专门的业务监管。例如，芬兰《合作社法》第 21 章第 10 条规定，从事存款基金运作的合作社应设有现金法定准备金，根据成员存款的数额和性质来说是足够的，

---

〔1〕 秦柳方、陆龙文主编：《国外各种经济合作社》，社会科学文献出版社 1989 年版，第 142 页。

〔2〕 李长健、江晓华、唐欢庆："我国农村合作社与政府关系的法律研究——以农村合作社发展模式为视角"，载《邯郸农业高等专科学校学报》2005 年第 2 期。

〔3〕 蒋玉珉：《合作社制度创新研究》，安徽人民出版社 2008 年版，第 193 页。

〔4〕 张晓山，等：《合作经济理论与中国农民合作社的实践》，首都经济贸易大学出版社 2009 年版，第 97 页。

并不少于成员存款可立即支付数量额的 25 个百分点和合作社其他成员存款 10 个百分点。第 21 章第 12 条规定，从事存款基金运作的合作社应在所有分支机构向成员存款人提供在任何情况下对成员存款的价值产生实质影响的信息，如果依照合作社存款基金运作章程可以接受成员存款。

（三）委派合作社管理人员

如果合作社的运行严重不正常，为维护合作社社员利益，防止合作社倒闭，一些国家还规定有关合作社监管机构有权直接介入合作社的内部管理，以使得合作社的运行恢复正常。例如，意大利《民法典》第 2545 条 XVI 款规定，合作社运行不正常的，政府机构可以撤销董事和监事，将合作社管理交给一名特派员并且确定其权限及任期。特派员可以被授权某些属于社员大会的权限。在监管机构查出新社员入社程序中有不正常的，警告无效后，也可以将其管理交给一名特派员，并被授权某些属于社员大会的权限。在法国合作社制度中，也准许政府直接干预合作社内部管理事务。法国 1959 年 2 月 4 日关于农业合作社章程的第 59—286 号法令第 53 条规定，如果通过检查发现董事不称职，或违反法规、合作社章程，或违反合作社利益，农业和农村部长或省长可以召开特别社员大会；如果社员大会决定的措施无效，农业和农村部长可以征得合作社最高委员会的同意后，解散董事会，任命一个临时管理委员会代行董事会职务。[1]

对于政府要干预合作社内部管理事务的情形，必须认识到应是在合作社经营出现危机，管理人员不能正常行使职权，或是严重违反了合作社宗旨的情况下才能采取措施。对于合作社出现轻微违反合作社法的现象，政府不宜干涉合作社的内部管理活动，合作社毕竟是独立的自治组织。

二、空假合作社的认定

对合作社经营监管的一个重要方面是制止空假合作社的存在。因为空假合作社的存在将极大地干扰合作社事业的健康发展，破坏市场竞争秩序。对于空假合作社，不少国家要采取一定措施予以制止，并防范它们享受真正合作社应得到的待遇。在我国，空假合作社问题一定程度地存在。有学者就指出，农村合作社的发展表面繁荣的背后是鱼龙混杂，真正具有合作制性质的能够保证农民利益的农村合作社寥若晨星。[2]甚至有人总结到，在推进农民专业合作社发

---

〔1〕 参见"法国农产品收购和销售农业合作社示范章程"，载刘振邦主编：《主要资本主义国家农业合作社的章程与法律汇编》。

〔2〕 杨雅如：《我国农村合作社的制度供给问题研究》，人民出版社 2013 年版，第 302 页。

展中，政府的监管职能主要体现在与伪合作社做斗争，维护市场的公平竞争，保护合作社的利益。[1]对于空假合作社，除了严格按照合作社法的相关规定进行注册，避免"空头社"和"翻牌社"的产生外，[2]理论方面还应明晰空假合作社认定标准，防止在清理空假合作社中误伤真正的合作社。具体而言，空假合作社的认定包括对空的合作社认定与假的合作社认定。

（一）空的合作社认定

所谓空的合作社，为有名无实的合作社，系注册后长期没有开展业务或较长时间停业的合作社。对空的合作社认定关键，是明确其注册后不开业或停业时间为多长。应当认识到，有时合作社注册后不即刻开展经营活动是正常的。因为，一个经营实体设立后，往往需要一定期间为其经营做准备；还有，业务开展后由于面临经营障碍，或因经营方式的改变，有时也需要停业一定期间。这对从事经营活动的实体而言，实乃不可避免的，也是符合市场竞争规律的。故而，一旦合作社设立后有一定期间没有开展经营活动，就将其认定为空的合作社，则未免过于苛刻，甚至会误杀掉真实的合作社的。但若成立后相当长时间不开业，或停业后相当长时间不再恢复经营且无正当理由，那就不正常了，就有为空的合作社的嫌疑了。由此，注册后是否超过"一定期间"没有开展业务活动，就成为区分虚实合作社的界限。

那么，这个"一定期间"是多长时间呢？各国合作社法的规定不尽相同，例如，纳米比亚《合作社法》第 77 条第 1 款所规定的时间是"持续停业 6 个月"；而越南《合作社法》第 46 条第 2 款所规定的时间则为 12 个月。各国所规定的合作社停止营业最长时间有差别，缘于各国合作社经营环境不同，自有其规定的合理性。那么，我国判定空的合作社应采用怎样的时间标准呢？

考虑到不少合作社的经营活动与农产品的生产周期息息相关，本书认为，应将是否超过 12 个月没有开展经营活动作为认定我国空的合作社标准。依据我国的气候条件，不少地区的农产品生产周期是以一年来计算的，而一些合作社的经营又是围绕这些农产品的生产与销售开展的，一些合作社往往会在农产品的生长期间无法开展经营活动。在此情形下，将未开业的时间以及开业后自行停业连续超过一年，作为判定空的合作社标准应是合理的。归纳而言，那些注册后无正当理由超过一年没有经营活动的，开业后自行停业连续超过一年的合作社，即为空的合作社。至于正当理由，则可规定为遭遇到不可抗力等。例

---

〔1〕 张晓山，等：《合作经济理论与中国农民合作社的实践》，首都经济贸易大学出版社 2009 版，第 86 页。

〔2〕 杨雅如：《我国农村合作社的制度供给问题研究》，人民出版社 2013 年版，第 232 页。

如，我国台湾地区"合作社法"第 10 - 1 条规定，合作社设立后，应于六个月内开始经营业务。但因天灾事变或不可抗力之事由，得向主管机关申请展延。

（二）假的合作社认定

判定一个社会组织体为合作社的标准是什么？目前，学界尚未有一致的看法。一种观点认为，不符合国际合作社联盟所确定的七项合作社原则的合作社即为假的合作社；也有论者提出，真假的标准为两个方面，即"一人一票制"和"盈余交易额返还制度"；另有人认为，标准是盈余按交易额返还。还有观点强调，标准应是多元兼容的和混合的，只要分配差异还在社员认可程度内，就可以算作合作社，底线是民主的"一人一票"原则；[1]有人认为，"所有者与惠顾者同一"，既是合作社最基本的特征，也划定了合作社的边界，可以被视为合作社的本质规定。[2]此外，还有人提出，应从产权制度安排及治理结构两个方面来辨别合作社的真假。[3]

那么，如何认定一个社会组织体是否为合作社呢？依照辩证唯物主义观点，世界是由不同的物质构成的，存在着多种事物，而万事万物间之所以存在着差异，在于不同的事物有着不同的本质属性，本质属性体现了事物的基本特征，并以此与其他事物相区别。[4]就此而言，若要认定一个社会组织体是否为合作社，关键是看其是否具有合作社的本质属性。基于此，对合作社的本质属性又应如何认识呢？追根溯源，依据合作社的产生、发展及存在价值来看，本书认为，合作社的本质属性主要归纳为两点：一是主要业务为通过交易向其成员提供非营利性服务；二是被成员民主控制。

所谓主要业务为通过交易向其成员提供非营利性服务，包含了如下内容：

第一，合作社的主要业务是面向成员提供服务。研究合作社的运作过程可以发现，其独特之处在于以其成员为服务对象，为各个成员独立的经济活动提供帮助。[5]成员之所以入社，基本出发点是为了获取合作社所提供的服务；合作社存在的基本价值，在于通过向成员提供服务以满足他们的生产或生活需求。对此，国际合作社联盟 1995 年通过的"关于合作社特征的声明"指出，

---

〔1〕 刘老石："合作社实践与本土评价标准"，载《开放时代》2010 年第 12 期。

〔2〕 邓衡山、王文烂："合作社的本质规定与现实检视——中国到底有没有真正的农民合作社？"，载《中国农村经济》2014 年第 7 期。

〔3〕 张颖、任大鹏："论农民专业合作社的规范化——从合作社的真伪之辩谈起"，载《农业经济问题》2010 年第 4 期。

〔4〕 冯契主编：《哲学大辞典》（分类修订本），上海辞书出版社 2007 年版，第 98 页。

〔5〕 屈茂辉，等：《合作社法律制度研究》，中国工商出版社 2007 年版，第 5 页。

"合作社是自愿组织起来的人们通过共同拥有与民主控制的企业来满足他们共同的经济、社会与文化的需求和抱负的自治团体"。在合作社发展的早期，服务对象是被严格地限定在成员范围之内。例如，当代合作社的鼻祖——英国罗虚代尔公平先锋社的经营原则即规定：只与社员进行交易。国际合作社联盟1937年通过的合作社原则也规定，合作社只对成员进行交易。[1]时至今日，一些国家和地区的合作社法仍延续此类规定，例如，我国台湾地区"合作社法实施细则"第5条规定，消费合作社不得将物品售予非社员，或将设备供非社员使用；信用合作社不得对非社员贷放资金；保险合作社不得承受非社员之投保。在当代，基于生存及更好地向成员提供服务的需要，合作社多已冲破不向非成员提供服务的限制，[2]不少国家和地区的合作社法对此也予以认可。例如，欧洲《合作社条例》第1条第4款规定，合作社可以通过章程规定与非成员的交易。但需要强调的是，无论如何，合作社所服务的主体应是其成员，否则，就不是合作社。就此，一些国家的合作社法给予了明确规定。例如，美国《卡帕—沃尔斯坦德法》规定，合作社可以与非社员交易，但每年与非社员的交易额不得超过与社员的交易额。我国《农民专业合作社法》第2条也规定，农民专业合作社以其成员为主要服务对象，提供农业生产资料的购买，农产品的销售、加工、运输、贮藏以及与农业生产经营有关的技术、信息等服务。概而言之，是否以成员为服务对象，是合作社与公司、合伙企业等其他经济组织的基本区别。

第二，向成员提供的服务是通过交易方式进行的。合作社应向成员提供服务，而服务又是如何展开的呢？分析合作社的运营方式可知：服务是围绕交易也即交换进行的。成员入社的基本动机是盼望自身一定的生产或生活等需求得到满足；与此相应，合作社的核心业务是围绕这些需求开展的。对于合作社和其成员来说，他们均为独立的市场主体，故而成员在获得服务时须向合作社支付一定对价，也即要进行价值交换。譬如，供应合作社、消费合作社、利用合作社、公用合作社对社员所提供的服务，是通过向成员出售一定的商品或服务实现的；运销合作社对成员所提供的服务，是须向成员购买其生产的产品完成的；至于信用合作社、保险合作社所提供的服务，则是向成员提供存贷款、保险等业务进行的。总体而言，合作社对其成员所提供的服务，是在其主营业务范围内通过交易的方式实现的。若一个社会组织体虽有合作社之名号，却不与其成员有经营性的交易关系，即使向成员提供了一定的服务，如传递信息、组

---

〔1〕 徐旭初：《中国农民专业合作经济组织的制度分析》，经济科学出版社2005年版，第51页。
〔2〕 马跃进："合作社的法律属性"，载《法学研究》2007年第6期。

织技术培训等，它也不是合作社，性质上属于协会之类的社会团体。

第三，合作社所提供的服务是非营利性的。合作社是人们联合起来进行自我服务的组织，设立的主要目的不在于资本回报，而是满足其成员的生产或生活等需求。是否以追求资本回报为经营目的，构成合作社与公司等营利性经济组织的另一个区别。由于合作社的经营具有非营利性，故在向成员提供服务时所产生的盈余，必须向成员返还。盈余返还通常以合作社与社员的交易额为计算基准。在此方面，各个国家和地区的合作社法往往是给予明确规定的。例如，日本《农业协同组合法》第52条规定：剩余金的分配，以社员交易额之多寡为标准。欧洲《合作社条例》在序言中规定，利润应当根据与合作社的交易进行分配或者保留下来以满足社员们的需要，贷款和股本的利息有限是合作社应当遵守的原则。我国台湾地区"合作社法"第24条规定：合作社盈余除法定提出外，其余额之分配，以社员交易额之多寡为标准。我国《农民专业合作社法》第37条也规定，对于弥补亏损、提取公积金后的可分配盈余，按成员与农民专业合作社的交易量（额）比例返还，且返还总额不得低于可分配盈余的60%。

合作社的宗旨是服务于成员，而此宗旨又是何以被确保得到落实的呢？这就不能不提到合作社的另一本质属性：合作社为其成员民主控制。对此，有学者就指出，合作社质的规定性或合作社必须遵循的基本原则是社员民主控制，社员掌控决策权；其次是剩余主要按照交易额（惠顾额）返还。[1]

所谓成员民主控制，是指合作社的决策要体现出多数成员的意愿，能够依多数成员的意愿行事。而合作社之所以能为成员民主控制，源于成员身份的多重性。就合作社而言，其成员是合作社资源的所有者、经营者与惠顾者，三位一体，系合作社本质规定性之一，是合作社与其他经济组织的根本区别，这种同一性是由交易额决定的。[2]美国法学家亨利·汉斯曼也指出：总地来说，合作社是一种由客户掌握所有权的企业。[3]基于此，"合作社开展业务应当满足社员的需要。为了保证这一点，需要和利用合作社服务的人们拥有和控制合作社。只有这样，合作社才能按照利用者的意志行事，才能为利用者服务。"[4]需要指出的是，能够实施民主控制的"成员"应是接受合作社服务的成员。

---

〔1〕　张晓山，等：《合作经济理论与中国农民合作社的实践》，首都经济贸易大学出版社2009版，第14页。

〔2〕　张晓山，等：《合作经济理论与中国农民合作社的实践》，首都经济贸易大学出版社2009版，第15、101页。

〔3〕　［美］亨利·汉斯曼：《企业所有权论》，于静译，中国政法大学出版社2001年版，第19页。

〔4〕　马跃进："合作社的法律属性"，载《法学研究》2007年第6期。

在当代，不少国家和地区为增强合作社的竞争实力及扩大合作社资本金的来源，已准许投资型成员入社。由于投资型成员入社目的不在于获得合作社的服务而是追求资本回报，故合作社不能为他们所控制，否则，将无法确保合作社以成员为主要服务对象并提供非营利性的服务。由此，为避免投资型成员控制合作社，他们的表决权利要受到限制。德国《工商业与经济合作社法》第8条即规定，合作社社章可允许不使用或生产合作社之物品和不使用或提供合作社之服务的人士作为投资型社员加入合作社，但社章必须通过适当的规定确保，投资型社员的表决权比例绝对不能超过其他社员。在美国，认定合作社真假时，也将是否为使用者所控制作为一个重要的指标。[1]

合作社成员民主控制中的"民主"，是以"一人一票制"为基础的体现多数成员意志的决策。所谓"一人一票制"，即不管成员的股金多少，也不论是普通成员还是理事成员，每个成员均要有一票的表决权，并以简单多数或绝对多数形成决议，要保证合作社全体成员的平等管理权，[2]避免合作社为少数资金实力雄厚的个人或团体所控制，致使成员之间权利失衡。[3]在当代，虽然一些合作社为激励成员多参与合作社事务，吸引更多的资金，准许成员持有超过一票的表决权，有的甚至按交易量分配表决权，但无论如何，单个成员拥有的表决权要受到限制，决策不能被少数成员控制，要体现多数成员的意愿。对此，一些国家和地区的合作社法给予了明确规定。例如，德国《工商业与经济合作社法》第43条规定：原则上每位社员拥有一票表决权。但对某些对合作社经营产生重大影响的社员，在章程中可规定他们最多享有3票的表决权。意大利《民法典》第2538条规定：按照所持份额的金额或其成员的人数，设立文件可以给合作社的法人社员以更多的票数，但是不得超过5票。通过社员企业或企业部分的结合实现互助目的的合作社，设立文件可以规定，按照互助交流的参与比例分配表决权。章程对该类社员的多人1票规定一个限度，使其任何人均不得在社员大会上超过总票数的1/10。在任何情况下，他们不得持有出席社员大会的代表总票数的1/3。我国《农民专业合作社法》第17条也规定：农民专业合作社成员大会选举和表决，实行一人一票制，成员各享有一票的基本表决权；出资额或者与本社交易量（额）较大的成员按照章程规定，

---

〔1〕 范鹏、刘凤芹："美国政府在发展农民合作社中的作用及启示"，载《农业经济问题》2007年第9期。

〔2〕 亘景俊："合作社治理结构的法律分析"，载王保树主编：《中国商法年刊（2006）》，北京大学出版社2007年版，第326页。

〔3〕 刘丽萍："合作社产权制度探析"，载王保树主编：《中国商法年刊（2006）》，北京大学出版社2007年版，第283页。

可以享有附加表决权；农民专业合作社的附加表决权总票数，不得超过成员基本表决权总票数的 20%；享有附加表决权的成员及其享有的附加表决权数，应当在每次成员大会召开时告知出席会议的成员；章程可以限制附加表决权行使的范围。第 26 条则规定：理事会会议、监事会会议的表决，实行一人一票。

综上所述，合作社的本质属性内涵丰富，对假的合作社认定也应是多维度的。一个社会组织体必须在各方面均符合这些内涵的要求，才为真的合作社。对这些内涵任何一个方面的悖离，均可成为断定一个社会组织体不是合作社的依据。但反过来说，仅符合这些内涵的一个方面，则不能得出一个社会组织体就是合作社的结论。由此而言，仅以"一人一票制"，或"盈余交易额返还制度"，或以"一人一票制"与"盈余交易额返还制度"为依据来判定一个社会组织体是否为合作社，就不够周全。举例说，若某一社会组织体对成员实行"盈余交易额返还制度"，但其与成员的交易额仅占总交易额的 10%，能够认定其为合作社吗？这明显与以成员为主要服务对象的合作社宗旨相背离。而以国际合作社联盟的七项合作社原则作为认定合作社的标准，则未免太宽泛，不能准确地认定合作社。以七项合作社原则作为认定合作社的标准不合理之处，在于将一些非合作社本质属性的准则作为认定标准。例如，"自愿和开放的社员原则""教育、培训与信息原则""合作社之间的合作原则""关心社区原则"，并不涉及合作社的本质属性，只是与社员入社及合作社发展问题有关，将它们作为合作社的认定标准是不适宜的。

第四节 对合作社违法行为的处置

法律既是对合法行为的一种导向机制，也是对非法行为的约束和制裁机制。[1]由此，对违反合作社监管规范的行为势必涉及经济法责任问题。关于经济法责任，有学者认为其是一种独立的法律责任，区别于传统的法律责任。[2]也有学者认为，它更多是各种法律责任和后果形式围绕着特定功能的创新和综合。[3]但无论如何，基于经济法的内涵，对合作社行使监管职权的部门应要对违法经营的合作社予以行政处罚。[4]因此，本节对合作社违法行为处置的讨

---

〔1〕 谢晖、陈金钊著：《法理学》，高等教育出版社 2005 年版，第 105 页。
〔2〕 曹胜量、吴秀英、段蔽主编：《经济法》，武汉理工大学出版社 2006 年版，第 78 页。
〔3〕 史际春编著：《经济法》，中国人民大学出版社 2010 年版，101 页。
〔4〕 李长键、江晓华、唐欢庆："我国农村合作社与政府关系的法律研究——以农村合作社发展模式为视角"，载《邯郸农业高等专科学校学报》2005 年第 2 期。

论，主要是从监管机关应采取何种措施来分析的，具体包括应由何机关采取处置措施以及可采取哪些处置措施。

一、处置合作社违法行为的机关

（一）各国管理合作社的机关

目前，各国和地区合作社行政管理机构的设置大致分为三种类型：一是不独立设置合作社管理机关，对于具有普惠意义的政策支持来说，国家不设置专门的机关对合作社进行监督，而是由主管商业其他经济主体的机关监管。二是在政府不同的行政职能部门设立各种合作社管理机关。例如，西班牙的合作社管理机关分别隶属农业、劳工两部，法国则在农业、劳工、财政、住宅部门设立合作社管理机关，日本的合作社管理机关分属社会、农林、工商各部。三是设立独立的合作社行政管理机关，统一管理各类型合作社组织，有着与其他部门一样的职责和权利。泰国合作社促进局是泰国政府促进合作社发展的主要组织，其通过组织、监督、检查、指导、建议等手段来促进各个层次合作社的发展。斐济成立了合作社局，基本职能是促进斐济合作社的建立和发展，监督合作社的运行是否符合合作社法的规定。[1]在缅甸，合作社管理局通过行使对合作社的法定调查和观察权来监督合作社。

有人认为，机关设置的类型不同，反映出了对合作社的不同态度。第一种类型，将合作社与其他类型企业同等对待；第二种类型则是重在对合作社的积极规范，至于第三种类型，持对合作社负责推进态度。[2]应当说，各国和地区合作社管理机关设置的不同，除了对合作社态度不同外，还与各国政体不同有关。因各国和地区政府机构体系设置存在差别，自然有关管理合作社的机关也会不同。

（二）我国管理合作社的机关

我国合作社管理机关的设置，就目前的立法来看，采取的是在政府不同的行政职能部门设立合作社管理机关。对于城镇住宅合作社，《城镇住宅合作社管理暂行办法》第7条规定，国务院建设行政主管部门负责全国城镇住宅合作社的管理工作。省、自治区人民政府建设行政主管部门负责本行政区域内城镇住宅合作社的管理工作。县级以上地方人民政府房地产行政主管部门负责本行政区域内住宅合作社的管理工作。关于农村信用社，《农村信用合作社管理规

---

〔1〕 农业部农村合作经济指导司、农业部合作经济经营管理总站编：《1993：亚太国家农村合作社经济》，中国农业出版社1994年版，第46页、第91页。

〔2〕 陈胄：《合作社立法源流考察——合作社二元立法路径比较研究》，华侨大学2008年硕士学位论文。

定》第 6 条规定，农村信用社依法接受中国人民银行的监督管理。而依据
2003 年的《深化农村信用社改革方案》，目前管理农村信用社的机构包括省级
人民政府、银监会、中国人民银行、信用社省级管理机构。至于农村资金互助
社，依《农村资金互助社管理暂行规定》第 53 条的规定，由银行业监督管理
机构按照审慎监管要求对农村资金互助社进行持续、动态监管。

除上述管理机关外，其他的政府机关也在其职权范围内有相应的管理职
权。例如工商、税务等部门在其职权范围内的监管职能。[1]因为，合作社是国
民经济有机组成部分，有义务接受国家工商、财政、税收、审计、物价、卫生
等部门依法管理和监督。[2]

比较遗憾的是，针对我国数量最多，也是发展最快的合作社立法——
《农民专业合作社法》却缺乏对农民专业合作社管理机关的规定。《农民专业
合作社法》第 9 条，对农民专业合作社的建设和发展给予指导、扶持和服务的
机关做出了规定，但却没有规定管理农民专业合作社的机关。这无疑影响了对
农民专业合作社规范发展的促进，也是目前空假农民专业合作社现象较为普遍
存在的原因之一。因此，在今后《农民专业合作社法》修订中，应明确规定
对农民专业合作社行使监管职权的主要机关。鉴于农业行政主管部门所掌握的
农民专业合作社发展情况最为全面，建议主要由县级以上各级农业行政主管部
门承担农民专业合作社的监管职责。

二、对合作社违法行为的措施

对合作社在经营中出现的问题，政府应依照法律和政策采取相应的措施，
比如对经营不善的合作社责令其整顿、停业、解散等，使合作社在政府的监督
管理下健康发展。[3]有关合作社处置措施的规定，大致通过两种立法予以体
现：一是在针对合作社的专门法中，二是在其他与合作社有关的立法中。

（一）各国合作社法规定的处置合作社违法行为措施

对于合作社违法行为的处置措施，各国合作社法往往给予一定的规定。归
纳而言，主要采取的行政措施为四个方面。

1. 警告

警告是行政处罚主体对公民、法人或其他组织违反行政管理法规的行为

---

〔1〕 李长健、江晓华、唐欢庆："我国农村合作社与政府关系的法律研究——以农村合作社发展
模式为视角"，载《邯郸农业高等专科学校学报》2005 年第 2 期。
〔2〕 蒋玉珉：《合作社制度创新研究》，安徽人民出版社 2008 年版，第 181 页。
〔3〕 慕永太主编：《合作社理论与实践》，中国农业出版社 2001 年版，第 228 页。

给予严肃告诫的一种行政处罚，是行政机关或法律授权组织，对违法者所实施的一种书面形式的谴责和告诫。警告一般适用于情节轻微或未构成实际危害后果的违法行为，目的是向违法者发出警戒，避免其再犯。[1]对于合作社不是很严重的违法行为，监管部门可以给予其警告。例如，意大利《民法典》第2545条XVI款规定，监管机构查出新社员入社程序中有不正常的，可以警告合作社。芬兰《合作社法》第19章第4条规定，在合作社注册信息有误的情况下，注册登记机关应对合作社发出警告。若错误没有被修正，注册登记机关应以书面形式向合作社发出警告，载明合作社可以被命令进行清算或者注销。

2. 改正违法行为

改正违法行为包括停止违法行为，积极主动地协助行政处罚机关调查取证，消除违法行为所造成的不良后果，造成损害的，则要依法承担民事责任，依法予以赔偿。[2]我国台湾地区"合作社法"就规定，在名称上没有合作社之业务及责任的，社股年息超过一分，无结余时发息的，公积金、公益金、酬劳金计提不合规定的，理事任职资格不符合规定，罚款并限期令其改正，届期未改善者，按次连续处罚。

3. 罚款

罚款是行政机关和法律授权组织强制违法者承担一定的金钱给付义务，要求违法者在一定期限内交纳一定数量货币的处罚。罚款主要适用于较重的行政违法行为，或者以牟取非法利益为目的的行政违法行为。[3]罚款可以被认为是一种对行政违法行为人强制收取一定数量金钱，剥夺一定财产权利的制裁方法。例如，日本《农业协同组合法》第100条规定，农业协同组合、农事组合法人和中央会违反命令没有提出必要的关于遵守法令和行政厅所规定的措施、章程、规章、规程的报告，没有提交他们自身成员、干部、使用人等资料的，拒绝、妨碍、逃避业务、会计状况检查的，处以三万日元以下罚金。芬兰《合作社法》第6章第9条规定，合作社应在批准损益表和资产负债表两个月内对年度账户进行登记。审计报告的副本和董事或者首席执行官的书面通知在批准年度账户和合作社社员大会决议之日应附于登记注册通知上。母合作社还应对企业集团的合并账户和审计报告进行登记。没有完成上述义务的，登记机关可以要求首席执行官或者董事限期完成，否则处以罚款。

---

〔1〕 应松年、刘莘主编：《行政处罚法理论与实务》，中国社会出版社1996年版，第67~68页。
〔2〕 姜明安主编《行政法与行政诉讼法》，北京大学出版社2011年版，第267页。
〔3〕 应松年、刘莘主编：《行政处罚法理论与实务》，中国社会出版社1996年版，第70页。

4. 解散合作社

责令合作社解散是指合作社的行政管理机关（主要是注册登记机关）强制其解散。各国在赋予行政机关解散合作社权力的同时，一般都会规定行政机关可以责令解散的理由与合作社的救济措施。采取解散措施的前提是合作社严重违法或没有存在的必要，对于合作社轻微的违法行为无需采取该措施。对此，各国合作社法规定了行政机关责令解散合作社的理由，这些理由一般涉及合作社持续一定期限没有开展业务、社员人数少于法定最低人数，或者存在严重的违法行为等。例如，德国《工商业与经济合作社法》第81条规定，合作社由于犯罪或违法行为危及社会公共利益或者追逐本法限定以外的商业目的的，合作社住所所在地最高州主管机关可申请通过判决的形式解散合作社。意大利《民法典》第2545条XVII款规定，对不追求设立目标、不具备实现设立目标的条件、连续两年未提交年度财务报告或者未完成管理活动的合作社，监管机构可以宣布其解散。瑞典《合作社法》第11章第3条规定，如果合作社成员人数低于法定的3名，法院将要求合作社强制解散；第18条规定，如果注册机关在10年内没有收到任何关于合作社的通知，在采取适当方式调查后，没有发现合作社存在信息的，应立即从登记注册中删除相应的合作社，合作社从而被解散。越南《合作社法》第46条第2款规定，"下列情况下，颁发营业证书的人民委员会有权强制解散合作社：①颁发营业证书12个月后还没有开展业务活动；②连续停止业务活动12个月；③连续6个月合作社的社员数不足法律根据合作社不同类型确定的各自最低人数；④连续18个月，没有任何合理理由合作社没有召开普通社员大会"。纳米比亚《合作社法》第77条第1款规定："注册机关可以决定合作社终止的情形有：合作社社员少于法律规定人数、持续6个月没有开展业务、营业期限届满、注册机关认为注册是通过欺骗手段获得的、未根据合作社原则开展业务、合作社被解散是公正的、平等的，或者收到合作社所有社员3/4以上的书面请求。"

（二）其他与合作社有关的法中处置合作社违法行为的措施

合作社是市场主体，其经营行为必须符合市场交易规则的要求。而与市场交易有关的机关，如税收、产品质量、卫生防疫等部门，当然有权在法定职权范围内对合作社违反市场竞争规则的行为予以处理。基于对所有市场主体一视同仁的要求，此类的处置措施一般没有特殊性。例如，对于符合合作社属性的合作社应给予优惠政策或补贴，对于不符合合作社属性的经济组织不允许其享有政策优惠，对于以"合作社"名义骗取国家优惠或补贴的经济组织及其负责人则应予以经济制裁乃至刑事制裁。[1]

在此方面，我国也是有相关立法的。《财政违法行为处罚处分条例》第14条规定，县级以上人民政府财政部门有权追回被骗取的资金，对处罚对象给予警告，没收违法所得，并处被骗取有关资金10%以上50%以下的罚款或者被违规使用有关资金10%以上30%以下的罚款；对直接负责的主管人员和其他直接责任人员处3 000元以上5万元以下的罚款。关于税收优惠的管理，《税收征收管理法实施细则》第43条规定，享受减税、免税优惠的纳税人，减税、免税条件发生变化的，应当自发生变化之日起15日内向税务机关报告；不再符合减税、免税条件的，应当依法履行纳税义务；未依法纳税的，税务机关应当予以追缴。基于上述规定，财政部门及税收部门有权对假的合作社采取相应措施。

（三）我国处置合作社违法行为的立法规定

目前，我国没有统一的综合合作社法，而是针一定类型的合作社给予专门立法。在这些立法中，对合作社的违法行为也规定了一些处罚措施。上述四种处置措施在这些立法中也有所体现。

一是对合作社予以警告。《城镇住宅合作社管理暂行办法》第26条规定，住宅合作社或社员个人擅自向社会出售、出租住宅，由城市人民政府房地产行政主管部门根据情节轻重，分别给予警告、罚款、没收非法所得的处罚。

二是要求改正违法行为。例如，《农民专业合作社法》第54条规定，农民专业合作社向登记机关提供虚假登记材料或者采取其他欺诈手段取得登记的，由登记机关责令改正；情节严重的，撤销登记。《农村资金互助社管理暂行规定》第54条第3款规定，资本充足率低于2%的，银行业监督管理机构应责令其限期增扩股金、清收不良贷款、降低资产规模。第55条规定，农村资金互助社违反本规定其他审慎性要求的，银行业监督管理机构应责令其限期整改，并采取相应监管措施。第56条规定，农村资金互助社违反有关法律、法规，存在超业务范围经营、账外经营、设立分支机构、擅自变更法定变更事项等行为的，银行业监督管理机构应责令其改正。

三是罚款。例如，《农村信用合作社管理规定》第41条规定，农村信用社超越批准的业务范围从事经营活动的，中国人民银行有权责令其停止超越部分的经营活动，没收其超越部分的非法所得，并处以一万元至三万元的罚款。《农村资金互助社管理暂行规定》第56条规定，农村资金互助社违反有关法

---

[1] 朱月娟、李勇军：“合作社的基本属性及其价值”，载《商业时代》2012 年第 29 期。

律、法规，存在超业务范围经营、账外经营、设立分支机构、擅自变更法定变更事项等行为的，应按《中华人民共和国银行业监督管理法》和《金融违法行为处罚办法》等法律法规进行处罚。

四是解散合作社。例如，《农村信用合作社管理规定》第 43 条规定，农村信用社违反本规定，除依照本章第 42 条、第 42 条的有关规定予以处罚外，情节严重的，中国人民银行可以责令其停业，直至吊销其营业许可证。《农村资金互助社管理暂行规定》第 54 条第 3 款规定，在一定的限期内未达到资本充足率规定的，监管要求其自行解散或予以撤销。《城镇住宅合作社管理暂行办法》第 25 条规定，凡违反该办法组建的住宅合作社，县以上人民政府房地产行政主管部门有权责令限期补办有关手续或者予以撤销。

概而言之，我国合作社立法在处置合作社违法行为方面尚存在不足。一是各合作社专门法所规定的处置措施偏少，以至于对部分合作社违法行为无法采取必要的处置措施。例如《农民专业合作社法》第 8 章法律责任中，所处罚的农民专业合作社违法行为，仅为向登记机关提供虚假登记材料或者采取其他欺诈手段取得登记的行为，向有关主管部门提供的财务报告等材料中，作虚假记载或者隐瞒重要事实的行为。对于空假农民专业合作社应如何处置，却无任何规定。由于缺乏处置空假农民专业合作社的规定，一定程度上导致现在消除空假农民专业合作社无力，在某些地区空假农民专业合作社泛滥。《农村资金互助社管理暂行规定》只是从经营安全方面对农村资金互助社违法行为规定了处罚措施，主要涉及农村资金互助社三个方面的行为。《城镇住宅合作社管理暂行办法》更是仅针对两种违法行为规定了处罚措施。二是规定不明确。有的合作社法虽规定了合作社应受处罚的行为，但规定都缺乏可操作性。例如，《农民专业合作社法》第 41 条规定，农民专业合作社可依法被吊销营业执照或者被撤销。但在何情形下可被吊销营业执照或者被撤销，该法没有说明。第 55 条规定，农民专业合作社在依法向有关主管部门提供的财务报告等材料中，作虚假记载或者隐瞒重要事实的，依法追究法律责任，但该"法律责任"是何责任，该法也缺少进一步的规定。

对于这些问题，应在今后的合作社法修改中给予重视并完善相关规定。例如，对于空假农民专业合作社而言，就应规定对它们的处置措施，可注销空假农民专业合作社的登记，进而促进我国合作社事业的健康发展。

参考文献

一、著作

1. ［日］丹宗昭信，等编：《现代经济法入门》，谢次昌译，群众出版社1985年版。

2. 苏永钦：《经济法的挑战》，台湾亚南图书出版公司1985年版。

3. 刘少奇：《刘少奇论合作经济》，中国财政经济出版社1987年版。

4. 秦柳方、陆龙文主编：《国外各种经济合作社》，社会科学文献出版社1989年版。

5. 石秀和主编：《国外合作社简介》，中国商业出版社1989年版。

6. 曾康霖、谢应辉：《资金论》，中国金融出版社1990年版。

7. 毕美家、管爱国编著：《亚洲农村合作社经济》，中国商业出版社1991年版。

8. 张晓山、苑鹏：《合作经济理论与实践》，中国城市出版社1991年版。

9. 聂希斌、胡希宁主编：《当代西方经济学评介》，中共中央党校出版社1991年版。

10. 杨坚白主编：《合作经济学概论》，中国社会科学出版社1992年版。

11. 张文显：《法学基本范畴研究》，中国政法大学出版社1993年版。

12. 农业部农村合作经济指导司、合作经济经营管理总站编：《1993：亚太国家农村合作社经济》，中国农业出版社1993年版。

13. 王树桐、戎殿新主编：《世界合作社运动史》，山东大学出版社1996

年版。

14. 洪远朋主编：《合作经济的理论与实践》，复旦大学出版社 1996 年版。

15. 应松年、刘莘主编：《行政处罚法理论与实务》，中国社会出版社 1996 年版。

16. 戴义礼：《公平论》，中国社会科学出版社 1997 年版。

17. 阮方民、李浩青：《欧盟竞争法》，中国政法大学出版社 1998 年版。

18. 李燕君主编：《农村信用社信贷管理》，西南财经大学出版社 1999 年版。

19. 张文显主编：《法理学》，高等教育出版社 1999 年版。

20. 马俊驹主编：《现代企业法律制度研究》，法律出版社 2000 年版。

21. 李惠安主编：《1999 年农村专业经济合作组织国际研讨会文集》，中国农业科技出版社 2000 年版。

22. 史纪良主编：《美国信用合作社管理》，中国金融出版社 2000 年版。

23. 李生、王乐君主编：《农业基本法律问题研究》，工商出版社 2000 年版。

24. 漆多俊：《经济法基础理论》，武汉大学出版社 2000 年版。

25. 罗必良：《经济组织的制度逻辑》，山西经济出版社 2000 年版。

26. 慕永太主编：《合作社理论与实践》，中国农业出版社 2001 年版。

27. 简新华主编：《产业经济学》，武汉大学出版社 2001 年版。

28. ［美］亨利·汉斯曼：《企业所有权论》，于静译，中国政法大学出版社 2001 年版。

29. 张正德：《中国法理学教程（修订本）》，中共中央党校出版社 2001 年版。

30. ［美］本杰明·卡多佐：《司法过程的性质》，苏力译，商务印书馆 2001 年版。

31. 马忠富：《中国农村合作金融发展研究》，中国金融出版社 2001 年版。

32. 孔祥俊：《反垄断法原理》，中国法制出版社 2001 年版。

33. 沈敏荣：《法律的不确定性——反垄断法规则分析》，法律出版社 2001 年版。

34. 王全兴：《经济法基础理论专题研究》，中国检察出版社 2002 年版。

35. ［法］孟德斯鸠：《论法的精神》（上册），张雁深译，商务印书馆 2002 年版。

36. 吴兆祥、石佳友、孙淑妍译：《瑞士债法典》，法律出版社 2002 年版。

37. ［美］菲利普·阿瑞达、路易斯·卡普洛：《反垄断法精析》（第五版），中信出版社 2003 年版。

38. 漆多俊主编：《中国经济组织法》，中国政法大学出版社 2003 年版。

39. 牛若峰，等：《中国的"三农"问题》，中国社会科学出版社 2004 年版。

40. ［美］博登海默：《法理学：法律哲学与法律方法》，邓正来译，中国政法大学出版社 2004 年版。

41. 《合作经济研究与实践》编委会编：《合作经济研究与实践》，中央文献出版社 2004 年版。

42. 李树生：《合作金融》，中国金融出版社 2004 年版。

43. 吕明瑜：《竞争法制度研究》，郑州大学出版社 2004 年版。

44. 费安玲，等译：《意大利民法典》，中国政法大学出版社 2004 年版。

45. 王利明主编：《民法》，中国人民大学出版社 2005 年版。

46. 韩志红：《经济法调整机制研究》，中国检察出版社 2005 年版。

47. 陈建编：《经济法概论》，中国人民大学出版社 2005 年版。

48. 谢晖、陈金钊：《法理学》，高等教育出版社 2005 年版。

49. 李钟斌：《反垄断法的合理原则研究》，厦门大学出版社 2005 年版。

50. 徐旭初：《中国农民专业合作经济组织的制度分析》，经济科学出版社 2005 年版。

51. 王晓晔主编：《经济法学》，社会科学文献出版社 2005 年版。

52. 曹胜量、吴秀英、段葳主编：《经济法》，武汉理工大学出版社 2006 年版。

53. 谭玲主编：《市场监管法律问题研究》，中山大学出版社 2006 年版。

54. 肖兴志、宋晶主编：《政府监管理论与政策》，东北财经大学出版社 2006 年版。

55. 曲振涛、杨恺钧：《规则经济学》，复旦大学出版社 2006 年版。

56. 韩龙：《金融服务贸易规则与监管研究——基于入世过渡期后银行局势的探讨》，北京大学出版社 2006 年版。

57. 吴弘、胡伟：《市场监管法论：市场监管法的基础理论与基本制度》，北京大学出版社 2006 年版。

58. ［美］约翰·肯尼斯·加尔布雷思：《加尔布雷思文集》，沈国华译，上海财经大学出版社 2006 年版。

59. 彭海斌：《公平竞争制度选择》，商务印书馆 2006 年版。

60. 屈茂辉，等：《合作社法律制度研究》，中国工商出版社 2007 年版。

61. 陈晓军：《互益性法人法律制度研究》，法律出版社 2007 年版。

62. 马英娟：《政府监管机构研究》，北京大学出版社 2007 年版。

63. 王洪春，等：《中外合作制度比较研究》，合肥工业大学出版社 2007 年版。

64. 朱大旗：《金融法》，中国人民大学出版社 2007 年版。

65. ［日］根岸哲、舟田正之：《日本禁止垄断法概论》（第三版），王为农、陈杰译，中国法制出版社 2007 年版。

66. 蒋玉珉：《合作经济思想史论》，安徽人民出版社 2008 年版。

67. 余晖：《管制与自律》，浙江大学出版社 2008 年版。

68. 姜昕、杨临宏主编：《产业政策法》，中国社会科学出版社 2008 年版。

69. 欧阳仁根、陈岷，等：《合作社主体法律制度研究》，人民出版社 2008 年版。

70. 张晓山，等：《合作经济理论与中国农民合作社的实践》，首都经济贸易大学出版社 2009 年版。

71. 朱晓娟：《论合作社的法律主体性》，中国民主法制出版社 2009 年版。

72. 陶广峰，等编著：《经济法》，北京师范大学出版社 2010 年版。

73. 史际春主编：《经济法》，中国人民大学出版社 2010 年版。

74. 姜明安主编《行政法与行政诉讼法》，北京大学出版社 2011 年版。

75. 朱崇实主编：《金融法教程》，法律出版社 2011 年版。

76. 王玉梅：《农民专业合作社之法理探究与实践》，科学出版社 2012 年版。

77. 李曙光主编：《经济法（第 2 版）》，中国政法大学出版社 2013 年版。

78. 陈岷，等：《合作社法律制度研究》，法律出版社 2013 年版。

79. 杨雅如：《我国农村合作社的制度供给问题研究》，人民出版社 2013 年版。

80. 史际春主编：《经济法（第三版）》，中国人民大学出版社 2014 年版。

81. 杨紫煊、徐杰主编：《经济法学（第七版）》，北京大学出版社 2015 年版。

82. 漆多俊主编：《经济法学（第二版）》，复旦大学出版社 2015 年版。

二、论文

1. 管爱国、刘新中："东南亚农业合作社的比较"，载《中国供销合作经济》1988 年第 3 期。

2. 管爱国、刘惠译："国际合作社联盟关于合作社定义、价值和原则的详细说明"，载《中国合作经济》1995 年第 12 期。

3. 程信和："公法、私法与经济法"，载《中外法学》1997 年第 1 期。

4. 王日易:"论反垄断法的一般理论及基本制度",载《中国法学》1997年第2期。

5. 王先林:"论我国反垄断立法中的两个基本问题",载《中外法学》1997年第6期。

6. 欧阳仁根:"我国合作经济立法的几个问题",载《财贸研究》1998年第3期。

7. 丁国光:"加拿大合作社上下级之间及其与政府的关系",载《农村财政与财务》1998年第8期。

8. 董忠:"我国合作社立法的几个问题",载《农村合作经济经营管理》1998年第7期。

9. 谢志平、林翠等:"论利益、权利、权力及其关系人类经济活动基础的辩证分析",载《湖南大学学报(社会科学版)》1999年第1期。

10. 贾生华:"欧盟国家农业产业化的若干经验及启示",载《浙江社会科学》1999年第1期。

11. 李先德:"法国农业合作社",载《世界农业》1999年第3期。

12. 丁凤楚:"论合法垄断——反垄断法的适用例外制度研究",载《青海社会科学》2000年第6期。

13. 马长山:"市民社会与政治国家:法治的基础和界限",载《法学研究》2001年第3期。

14. 周晓刚:"美国证券发行注册豁免制度研究",载《证券市场导报》2001年第4期。

15. 欧阳仁根:"试论我国合作经济法律体系的构建",载《中国农村观察》2002年第2期。

16. 岳彩申、袁林:"经济法利益分配功能之解释",载《社会科学研究》2002年第3期。

17. 贾中海:"法与社会分配正义",载《当代法学》2002年第3期。

18. 夏英:"各国政府与合作社的关系及政策定位",载《中国合作经济》2002年第3期。

19. 应瑞瑶、何军:"中国农业合作社立法若干理论问题研究",载《农业经济问题》2002年第7期。

20. 朱晓喆:"社会法中的人——兼谈现代社会与法律人格的变迁",载《法学》2002年第8期。

21. 孙晋:"反垄断法适用除外制度研究",载漆多俊主编:《经济法论丛(第6卷)》,中国方正出版社2002年版。

22. 欧阳仁根："试论我国合作经济法律体系的构建"，载《中国农村观察》2003 年第 2 期。

23. 张旭峰："当代发达国家的合作社"，载《上海集体经济》2003 年第 3 期。

24. 孙晋："反垄断法适用除外制度构建与政策性垄断的合理界定"，载《法学评论》2003 年第 3 期。

25. 国际劳工组织："合作社促进建议书"，唐宗焜译，载《中国集体经济》2003 年第 4 期。

26. 逯星："论我国反垄断法应采取的原则"，载《政法论坛》2003 年第 5 期。

27. 唐宗焜："中国合作社立法政策与导向问题"，载《经济研究参考》2003 年第 43 期。

28. 王少杰："权利的贫困与"三农"问题——给予"三农"问题的法治思考"，载《西北第二民族学院学报》2004 年第 1 期。

29. 刘水林、雷兴虎："论经济法的社会经济功能"，载《法学评论》2004 年第 2 期。

30. 米新丽："美国农业合作社法初探"，载《江西社会科学》2004 年第 3 期。

31. 夏英："各国政府与合作社的关系及政策定位"，载《中国合作经济》2004 年第 4 期。

32. 雷兴虎、刘水林："农业合作社的法律问题讨论"，载《中国法学》2004 年第 5 期。

33. 全国人大农业与农村委员会课题组："农民合作经济组织法立法专题报告（三）"，载《农村经营管理》2004 年第 11 期。

34. 郭红东、钱崔红："关于合作社理论的文献综述"，载《中国农村观察》2005 年第 1 期。

35. 李长键、江晓华、唐欢庆："我国农村合作社与政府关系的法律研究——以农村合作社发展模式为视角"，载《邯郸农业高等专科学校学报》2005 年第 2 期。

36. 全国人大农业与农村委员会代表团："法国农业合作社及对我国的启示"，载《农村经营管理》2005 年第 4 期。

37. 苑鹏："现代合作社理论研究发展评述"，载《农村经营管理》2005 年第 4 期。

38. 马英娟："监管的语义辨析"，载《法学杂志》2005 年第 5 期。

39. 赵阳林："合作社的本质是弱者的联合"，载《中国合作经济》2005年第6期。

40. 黄家玉，等："合作社促进美国农业可持续发展——美国农民合作经济组织考察报告"，载《中国农业综合开发》2005年第9期。

41. 牛若峰："发展合作社与构建和谐社会"，载《中国合作经济》2005年第9期。

42. 逄玉静、任大鹏："欧美农业合作社的演进及其对我国农业合作社发展的启示"，载《经济问题》2005年第12期。

43. 许光耀："合法垄断、适用除外与豁免"，载王艳林主编：《竞争法评论（第1卷）》，中国政法大学出版社2005年版。

44. 秦国荣："维权与控权：经济法的本质及功能定位"，载《中国法学》2006年第2期。

45. 戴霞："市场准入的法学分析"，载《广东社会科学》2006年第3期。

46. 何黎清、邓声菊："一些国家和地区关于合作社立法的一些规定"，载《农村经营管理》2006年第3期。

47. 熊金才："罗尔斯的公平正义观对当代中国法治建设的启示"，载《企业家天地（理论版)》2006年第3期。

48. 周旺生："法的功能与法的作用辩异"，载《政法论坛》2006年第5期。

49. 刘丽娟："财政扶持农村合作经济组织的个案研究与对策分析"，载《农村经济》2006年第6期。

50. 于华江、魏玮、于志娜："试论农民合作经济组织资金短缺的解决途径"，载《中国农村经济》2006年第6期。

51. 康书生、鲍静海、李巧莎："外国农业发展的金融支持——经验及启示"，载《国际金融研究》2006年第7期。

52. 苑鹏："试论合作社的本质属性及中国农民专业合作经济组织发展的基本条件"，载《农村经营管理》2006年第8期。

53. 郭富青："现代合作社组织运作的法律机制"，载《河南社会科学》2006年第11期。

54. 高萍："合作社与国家互动关系的思考"，载《生产力研究》2006年第11期。

55. 韩俊、罗丹、潘耀国："可持续发展的加拿大农民合作社"，载《调查研究报告》2006年第151期。

56. 秦艳慧："合作社立法问题研究"，载梁慧星主编：《民商法论丛（第

36 卷)》，法律出版社 2006 年版。

57. 郭富青："制定我国合作社立法的构想"，载王保树主编：《中国商法年刊 (2006)》，北京大学出版社 2007 年版。

58. 豆景俊："合作社治理结构的法律分析"，载王保树主编：《中国商法年刊 (2006)》，北京大学出版社 2007 年版。

59. 刘丽萍："合作社产权制度探析"，载王保树主编：《中国商法年刊 (2006)》，北京大学出版社 2007 年版。

60. 李长健："我国合作社立法的若干理论问题"，载《法治论丛》2007 年第 2 期。

61. 陈大钢："应当重视合作社法的研究"，载《法治论丛》2007 年第 2 期。

62. 孔祥智："金融支持与农民专业合作社发展——根据前期对陕西、四川和宁夏的农村金融调查"，载《中国农村信用合作》2007 年第 3 期。

63. 赵新龙："论合作社法律支持体系的运作机理"，载《特区经济》2007 年第 6 期。

64. 陈岷："民商法视野中的合作社"，载《财贸研究》2007 年第 6 期。

65. 马跃进："合作社的法律属性"，载《法学研究》2007 年第 6 期。

66. 朱晓娟："法律语境下的合作社"，载《北方法学》2007 年 6 期。

67. 陈晓军："合作社若干法律问题探析"，载《学术论坛》2007 年第 6 期。

68. 苑鹏、刘凤芹："美国政府在发展农民合作社中的作用及启示"，载《农业经济问题》2007 年第 9 期。

69. 李胜利："合作社反垄断豁免制度研究"，载《财贸经济》2007 年第 12 期。

70. 王文献：《我国新型农民专业合作社融资问题研究》，西南财经大学 2007 年博士论文。

71. 时建中、钟刚："试析反垄断法农业豁免制度——键论我国《反垄断法》第五十六条"，载《财贸研究》2008 年第 2 期。

72. 苑鹏："《农民专业合作社法》关于政府与合作社关系的立法定位"，载《青岛农业大学学报（社会科学版）》2008 年第 3 期。

73. 刘倩、赵慧峰，等："政府促进农民专业合作社发展的动因与职能分析"，载《农业经济》2008 年第 3 期。

74. 李勇军："农业合作社在各国的发展、功效及立法分析"，载《农业考古》2008 年第 6 期。

75. 郑有贵："金融支持路径与政策研究"，载《农村经营管理》2008 年第 4 期。

76. 田祥宇："我国农民专业合作社资金短缺的原因及对策研究"，载《会计之友》2008 年第 8 期。

77. 余东华："从'本身违法'到'合理推定'——美国反垄断违法判定原则的演进"，载《华东经济管理》2008 年第 9 期。

78. 卢学英："试论政府对合作社的财政支持"，载《经济研究参考》2008 年第 58 期。

79. 李微："论经济法的功能"，载徐士英、王健主编：《新世纪经济法的反思与挑战》，中国法制出版社 2008 年版。

80. 张晓山："农民专业合作社的发展趋势探析"，载《管理世界》2009 年第 5 期。

81. 张德峰："经济法的利益分配和再分配功能"，载《法学杂志》2009 年第 7 期。

82. 刘小红："论《农民专业合作社法》的立法完善"，载《农业经济问题》2009 年第 7 期。

83. 张德元："'皮包合作社'的迅猛发展与'诺斯悖论'"，载《郑州航空管理学院学报》2010 年第 1 期。

84. 张颖、任大鹏："论农民专业合作社的规范化——从合作社的真伪之辩谈起"，载《农业经济问题》2010 年第 4 期。

85. 应品广："反垄断法的豁免——中国的视角和选择"，载《中南大学学报（社会科学版）》2010 年第 5 期。

86. 刘老石："合作社实践与本土评价标准"，载《开放时代》2010 年第 12 期。

87. 陈瑛："农民专业合作组织的金融支持研究——以云南省为例"，载《安徽农业科学》2010 年第 24 期。

88. 章群、牛忠红："市场与法治：农民专业合作社法人治理中的动态利益平衡"，载《河北法学》2011 年第 1 期。

89. 黄进喜："反垄断法适用除外制度的法理分析与制度完善"，载《东南学术》2011 年第 1 期。

90. 雷兴虎、刘观来："激励机制视野下我国农业合作社治理结构之立法完善"，载《法学评论》2011 年第 4 期。

91. 唐峻："我国经济法功能研究述评"，载《当代法学》2011 年第 5 期。

92. 黄祖辉、扶玉枝、徐旭初："农民专业合作社的效率及其影响因素分析"，载《中国农村经济》2011 年第 7 期。

93. 翟振才、刘永建、罗政华："农民专业合作社发展存在的问题及对策——以湘西北地区为例"，载《湖北农业科学》2011 年第 7 期。

94. 彭春凝："论西部地区农牧民专业合作社发展的法律支持"，载《西南民族大学学报（人文社会科学版）》2012 年第 6 期。

95. 任强：《合作社的政治社会学》，浙江大学 2012 年博士论文。

96. 肖京："经济法的经济社会二元功能之冲突与平衡"，载《法学论坛》2012 年第 6 期。

97. 朱月娟、李勇军："合作社的基本属性及其价值"，载《商业时代》2012 年第 29 期。

98. 邱本："论经济法的共识"，载《现代法学》2013 年第 4 期。

99. 廖克勤："农民专业合作社财务治理的现实冲突及对策"，载《湖湘论坛》2013 年第 4 期。

100. 张静："黑龙江省农民专业合作社的金融支持研究"，载《研究导刊》2013 年第 15 期。

101. 安徽联合调研组："安徽'谁来种地'有了新主体"，载《农村工作通讯》2013 年第 17 期。

102. 黄胜忠、刘洋洋："促进农民专业合作社发展的财政支持政策"，载《农村经济》2013 年第 12 期。

103. 王凤羽、范云峰、许竹："农民专业合作社金融支持：澳大利亚经验与启示"，载《农业经济》2014 年第 6 期。

104. 陈婉玲："法律监管抑或权力监管——经济法'市场监管法'的定性分析"，载《现代法学》2014 年第 3 期。

105. 高建中，袁航，李延荣："农民专业合作社功能发展程度及影响因素"，载《西北农林科技大学（社会科学版）》2014 年第 6 期。

106. 邓衡山、王文烂："合作社的本质规定与现实检视——中国到底有没有真正的农民合作社？"，载《中国农村经济》2014 年第 7 期。

107. 许晓春，孟枫平："安徽省农民专业合作社发展因素分析"，载《华东经济管理》2014 年第 2 期。

108. 秦红增，韦星光，陆炳乾："当前农民专业合作社发展特点及方向探析——以南宁市盼台归合作社为例"，载《吉首大学学报（社会科学版）》2015 年第 4 期。

109. 张巍巍："新型农业经营主体培育政策反思"，载《西北农林科技大学学报（社会科学版）》2016 年第 3 期。

后　记

　　近年来，中国的合作社数量发展很快。合作社以服务于社员为宗旨，有着其他社会组织不可替代的作用。传统的合作社理论认为，其是社会弱势群体的联合，从社会正义、社会稳定与协调出发，考虑到合作社的功能及价值观，国家应给予合作社一定的扶持与支持，这主要为财政、税收、金融、反垄断豁免等方面的扶持与支持。因合作社能够得到国家的扶持与支持，有人则会假借合作社之名谋取不当利益。为此，又有必要对合作社给予相应的监管。在依法治国的当下，无论是对合作社的扶持与支持，还是对合作社的监管，都应在法制轨道上进行。鉴于此，相关法律规范的研究就不可避免。由于国家扶持与支持合作社的规范、监管合作社的规范，凸显了政府对市场的干预，是公权力的运用，将这些规范限在民商法学、行政法学范围研究是无法得出令人信服结论的，从经济法视野展开研究就成了必然。为促进合作社的发展，目前我国对合作社给予了一定的扶持与支持的，并制定了相应的政策，这从历年的中央一号文件中就可找出答案。但政策毕竟是原则性的、导向性的，还需要通过立法来进一步落实，并制度化。而我国的合作社法律规范，如《农民专业合作社法》，虽对国家应扶持与支持合作社给予了规定，但仍存在规定不够具体，可操作性不强等缺陷，需要进一步完善。在如何监管合作社方面，各合作社专门的相应规定，更是少之又少，不能适应现实的需要，与此有关的研究也显得较为薄弱。基于此，本书作者对这些问题给予了关注。安徽财经大学历来重视合作社研究，形成了研究群体。作为安徽财经大学合作社研究群体的成员，本书的作者一直在进行合作社法律规范方面相关问题的研究,《经济法视野中的合作社》即为此方面的探索。

本书是集体合作的成果。其中,第一章、第四章、第六章作者为陈岷,第二章、第三章作者为赵新龙,第五章作者为李勇军,安徽财经大学法学院研究生张慧、冯生兵参与了第五章部分内容的写作。本书的出版,得到了安徽财经大学"合作社与农村社会保障法律制度"学科特区的帮助与支持,在此特表示衷心感谢。

陈 岷

2016 年 6 月 10 日于龙子湖畔